Marta Karlweis

Der Zauberlehrling

Literaturmuseum Altaussee, Bildarchiv

Marta Karlweis

Der Zauberlehrling

Novellen

Mit einem Nachwort
herausgegeben von
Johann Sonnleitner

das vergessene buch

MIX
Papier aus verantwortungsvollen Quellen
FSC
www.fsc.org
FSC® C083411

1. Auflage 2021

Umschlaggestaltung: Gianluca Coscarelli, Hamburg
Druck und Bindung: CPI books, Leck
ISBN 978-3-903244-02-3

www.dvb-verlag.at

Inhalt

Der Zauberlehrling

Eine Erzählung

1.

Die heiße Stadt hauchte ihren schwülen, beklemmenden Atem durch das offene Fenster in die Mansarde und erfüllte den niedrigen Raum mit einem quälenden Geruch von Menschen, Staub und erhitztem Asphalt.

Georg lehnte an der wackeligen Kommode, die Hände in die Taschen seiner gelben Leinenhose vergraben, und sah zu, wie Katharina vor dem halbblinden Spiegel etwas völlig Überflüssiges tat. Sie brachte an ihrer zierlichen Person allerlei in Ordnung, was gar nicht in Unordnung geraten war. Weiß, schlank und nett stand sie da, lockerte mit vorsichtigen Fingerspitzen die leichten Scheitelwellen ihres roten Haares, tastete prüfend über die feine Krause am Halsausschnitt, zupfte an der Bluse und strich glättend über den Rock. Schließlich wandte sie die gleiche ernsthafte Aufmerksamkeit dem Florentinerhute zu, der neben ihr auf dem Sessel gelegen. Sie hob den Hut, um ihn aufzusetzen, und warf einen huschenden Blick in den Spiegel. Da erschrak sie. Georgs Gesicht sah ihr aus dem Spiegel entgegen. Die hellen Augen lauerten zornig unter den buschigen blonden Augenbrauen hervor, und um den weichen, sinnlichen Mund unter dem hängenden Schnurrbart schlich ein weher Hohn, der auf rätselhafte Weise überall in diesem Gesicht vorhanden und dennoch unauffindbar schien. Katharinens Blick blieb einen Augenblick an der auffallend mächtigen Stirne haften, die merkwürdig weiß aus dem Spiegel leuchtete. Zögernd legte Katharina den Hut wieder fort und fragte unsicher über die Achsel weg: „Was schaust du so?"

Georg drückte die Augen ein wenig zusammen und antwortete langsam, als wäre ihm jedes Wort ein Genuß. „Junge Dame, ich sehe mit Vergnügen, daß Sie heute nichts anhaben."

Blitzschnell drehte sie sich um.

„Was?!"

„Ich meine, um den Hals."

„Ja so!"

Sie sah ihm mit ihren gescheiten grauen Augen von unten her ins Gesicht und verzog den Mund, als müßte sie gewaltsam ein Lachen verschlucken.

Georg sah sie belustigt an. „Wurstl!", sagte er, mit einem raschen Schritt zu ihr hin, nahm sie um die Schultern und küßte sie. „Wurstl, du!"

Gleich war alle Heiterkeit aus ihrem Gesicht verschwunden. Sie sah aus wie ein erschrecktes Kind. Er ließ sie los, strich mit beiden Händen das feuchte Haar aus der Stirn und warf sich auf sein Bett. Sie blieb hilflos mitten im Zimmer stehen.

Er fing an zu pfeifen. Sie erwachte wie aus einem beklemmenden Traum, machte Ordnung in ihrer verstörten Miene und sagte: „Du sollst mich nicht Wurstl nennen!"

„Warum nicht?"

„Vielleicht hast du's gar nicht notwendig!" Ihr Ton

klang eigensinnig. „Ich weiß ja noch nicht, ob du nicht selber einer bist ...“

Georg richtete sich auf. „Komm’ einmal da her, Katharina!“

Sie rührte sich nicht.

Georg sah, wie ihr das Blut ins Gesicht stieg. Plötzlich begriff er. Lachend stand er auf, nahm die geblümte Kattundecke vom Tisch und legte sie über das offene Bett. „Jetzt ist es ein Sofa“, spottete er, „ein anderes hab’ ich nicht. Wollen Sie hier Platz nehmen, Fräulein Katharina?“

Sie kam.

Er streifte sie mit einem lauernden, unter den Lidern verborgenen Blick. „So, Kind, jetzt können wir gemütlich plaudern. Sag’ einmal –“, er beugte sich vor, um ihr ins Gesicht zu sehen, „warum horchst du mich immer so ängstlich aus?“ Er machte wieder eine Pause; dann vorsichtig, jede Silbe abwägend: „Witterst du irgend etwas in mir, was dich – quält?“

Da sie regungslos sitzen blieb, nahm er sie in seine Arme. Sie überließ sich mit geschlossenen Augen seinen Küssen. Er lachte über ihren wehen Mund und küßte sie wieder. Aber ihm wurde nicht wohl bei diesem Lachen.

„Richtig!“, fing er wieder an. „Du bist heute zum erstenmal bei mir, und ich habe dich eigentlich noch gar nie gefragt: hast du mich lieb?“ Er bohrte seinen sonderbar zornigen Blick in ihr armes trauriges Gesicht und wartete. Sie schwieg. Er wartete noch immer. Aber als er fühlte, daß ein trockenes Schluchzen sie schüttelte, gab er sie frei und sagte gelassen: „Na, das macht nichts."

Sie murmelte: „Ich bin doch hier bei dir!"

„Und –?"

„Also für so eine hältst du mich?" Sie fing an zu weinen.

Georg wurde ärgerlich. „Aber Kind, du bist doch da! Und erklärst: du hast mich nicht lieb! Das sind zwei einfache Tatsachen und weiter nichts. Ich konstatiere sie, und du wirst auf einmal sentimental. Du bist doch sonst so gescheit."

„Ich weiß nicht", murmelte sie gereizt, „ich traue dir nicht. Ob du wirklich alles so einfach und natürlich siehst –? Du bist immer im Hinterhalt – ich weiß ja nicht", wiederholte sie gequält, „ich weiß ja nichts!"

Georg lachte wieder. „Wie feig du bist! Wie du das Terrain rekognoszierst! Das ist verächtlich, liebe Katharina – nicht, daß du da bist." Und mit einem Ruck zwang er sie wieder in seine Arme. „Aber einen wundervollen Mund hast du doch."

Sie wehrte sich, stemmte die Arme gegen seine Brust und bog den Kopf weit zurück, keuchend vor Erbitterung. Aber auf einmal ließ ihr ganzer Körper nach, und Mund an Mund flüsterte sie heiß und gepreßt: „Ich hab' dich lieb – ich hab' dich ja lieb –"

Georg riß sie mit sich nieder auf die Polster, und ihre Küsse verbissen sich wütend ineinander. Doch plötzlich wand sich Katharina schreiend aus seinen Armen und stieß ihn mit aller Kraft von sich fort.

„Georg! Um Gottes Willen – ich fürchte mich so entsetzlich vor dir."

„Ach was! Gib deinen Mund her, deinen süßen Mund!"

Katharina entwand sich ihm und glitt zu Boden. „Georg", flehte sie, „sei ruhig, sei gut, Georg!"

Er richtete sich auf und haschte ihre Handgelenke. Gefangen kniete sie vor ihm. „Sei ruhig, sei gut!", höhnte er. „Bist du zu mir gekommen, um mit mir zu plauschen wie zu Haus beim Kaffee? Warum lügst du so? Warum? Warum? Warum?" Und bei jedem „Warum?" rüttelte er sie wie eine leblose Masse.

Sie sank in sich zusammen, als wollte sie sich auslöschen wie ein sinnloses Wort, und fing bitterlich zu weinen an.

Georg fuhr sich durch die Haare. „Katharina! Bist du wirklich so kindisch? Oder spielst du dir und mir eine Komödie vor?"

Sie hob den Kopf und sah ihm gerade ins Gesicht. „Ich weiß nicht. Ich weiß gar nichts von mir. Wüßt' ich etwas, dann wär' ich wahrscheinlich nicht hier bei dir."

Georg wollte antworten, aber sie wehrte mit einer Gebärde ab, die er noch nie an ihr bemerkt hatte. Sie sah wundervoll beredt aus in dieser halb knieenden abweisenden Stellung. Und während er sie betrachtete, erkannte und begriff er plötzlich etwas bisher Unbekanntes und Unverständliches in ihr.

„Bitte: sag' nichts!", bat sie mit einer ungewohnten, tragenden Stimme. „Ich weiß ganz gut, daß es nicht die Angst vor Tanten und Sittenrichtern ist, die mich quält. Und doch hab' ich Angst. Das steckt in mir. Die Leute werden schon wissen, warum sie das erlauben und das verbieten. Irgend etwas predigt in mir: Halte dich an – du wirst nichts davon haben, wenn du losläßt – du wirst einfach fallen! Und deshalb glaub' ich's auch von den andern so schwer, daß sie wirklich auslassen dürfen, und daß sie dann nicht fallen, sondern schweben. Das halt' ich aber nicht aus. Irgend einen Stärkeren muß es doch geben, sonst ist es ja nicht der Mühe wert zu leben! Dann lach' ich wieder über mich und überschrei' mich und ... na ja, und lauf zu einem fremden Mann –", wieder kamen Tränen in ihre Stimme, „und dann übermannt mich wieder dieses gräßliche innere Mißtrauen. Mein Lachen, und wie ich mich benehme, alles kommt nur daher, nur von dieser Sucht, mich in irgend etwas Festes, Geordnetes zu retten, nur von dieser Angst, die mir im Blut sitzt, gegen die ich mich wütend wehre und die mich immer wieder unterkriegt. Nicht die andern tun's. Und von Anfang an, gleich wie dich der Seydler auf dem Dampfer zwischen Strobl und Gilgen vorgestellt hat – gleich hat es mich zu dir gerissen ... vielleicht weil ich gehofft habe: du wirst diese Angst unterkriegen, sie vernichten. Du hast anders ausgesehen als alle, die ich bis dahin gekannt habe. Aber ich werde immer wieder unsicher. Warum? Ich weiß nicht. Und im letzten Augenblick mach' ich mir eben wieder eine Waffe daraus." Sie versank wieder in sich und starrte gerade vor sich hin.

Die Luft im Zimmer wurde unerträglich schwül und schwer. Das Atmen war eine Mühe, die die Haut feucht machte.

Georg stand auf und ging zum Fenster.

Kein Hauch rührte sich da draußen. Von allen Ausdünstungen der heißen Stadt verdorben, stand die Luft regungslos über den Gassen.

Es entstand eine schwere Pause. In diese dumpfe Leere hinein fragte Katharina: „Wo hinaus soll das alles? Was soll ich tun?"

Georg drehte sich um. Irgend etwas lag wie Blei auf seinen Nerven. Träge warf er die Antwort hin:

„Geh zum Theater!"

Sie fuhr herum, und ihre Augen wurden weit, gierig und erschrocken zugleich.

Und er, von ihrer Aufregung angesteckt, wurde lebhafter und fing an, im Zimmer auf und ab zu gehen.

„Es ist wirklich mein vollster Ernst." Er belebte sich an seiner eigenen Idee. „Du hast eine merkwürdig bildsame Seele. Was tagsüber an dir vorüberzieht, bleibt getreu in ihr verwahrt. Du bist voll von aufgesogenen Bildern und Klängen, die du irgend einmal loswerden mußt, weil du sonst daran erstickst. Nur um dich zu befreien, spielst du soviel Komödie! Weil du aber eigentlich ein ehrliches Wesen hast, quält dich das wieder." Er ging auf sie zu und faßte ihren Kopf mit beiden Händen. „Du unberatenes Kind! Hat dir denn noch keiner gesagt, daß du für die Bühne geboren bist?"

Sie sah ihn erstaunt und erwartungsvoll an.

Und Georg begriff plötzlich, daß ihm jetzt ihr ganzes Wesen offen und ohne Rückhalt zugewendet war. Dieser Gedanke befeuerte seine Phantasie und gab seiner Stimme den überzeugenden Ton.

„Was du mit deinen hellsichtigen Augen und deinen feinhörigen Ohren in dich hineintrinkst, was dich verwirrt und mit dir selber uneins macht – das alles wirst du auf deine Rollen laden und von dir weg spielen. So wirst du dein wahres Wesen finden. Und dann brauchst du dich nicht mehr anzuhalten – wie du das nennst. Du wirst loslassen dürfen. Und dann wirst du auch schweben. Und ruhig darfst du die Zügel deines Wesens für eine Weile in andere Hände legen und warten, wohin sie dich führen werden. Und – gleichviel wohin – du wirst nur gewinnen. Es kann dir nichts geschehen." Er schwieg voll Erwartung.

Draußen fielen große Tropfen. Schwer und klatschend fielen sie auf das Fenstergesimse.

Nach einer stummen Weile fragte Katharina mit kleiner, kindlicher Stimme: „Wohin führst du mich dann, Georg?"

Er lächelte glücklich.

„Ins Freie –"

Sie wollte ihm in die Augen sehen. Aber das konnte sie nicht. Sie wurde verlegen. Ihr Blick glitt unruhig ab.

Georg sah, daß sie errötete, und er empfand, wie aus diesem Augenblick eine neue Mauer zwischen ihnen wuchs. „Katharina!" Er nahm den Kampf mit gequälter Lebhaftigkeit wieder auf. „Du bist doch so ganz bühnenhaft! Unglaublich wirkungsvoll! In dir steckt etwas unerhört Tüchtiges. Du mußt nur vorwärts wollen. Könnt' ich dir nur im Blut sitzen und dich vorwärts treiben!"

Aus seinen Worten klang die Anstrengung einer künstlich aufgestachelten Kraft. Aber er fühlte, wie diese Kraft sofort wieder Herrschaft über Katharina gewann.

Sie warf den Kopf zurück und hielt ihm ihren Mund mit einer ganz in Leidenschaft verlorenen Gebärde entgegen.

Er küßte sie lang und heiß, und durch die Nähe ihres Körpers erregt, redete er zerhackte Sätze, abgerissene Worte: „Und ich will Stücke für dich schreiben, Katharina, deine Rollen – o – Rollen! Du wirst – ja weinen wirst du – und – du wirst jauchzen, du wirst den Pöbel aus seinem Elend reißen, wirst ihn begeistern – entflammen – erheben! Katharina! Wir beide, wir wollen miteinander die Welt erobern! O Katharina, Katharina – wie werde ich für dich schaffen, wie wirst du für mich siegen! Gute Waffenbrüder werden wir sein – Schulter an Schulter fechten! Laß' sie nur kommen, die Wohlanständigen, die Geordneten! Sie haben uns gepeinigt, verwundet, geschädigt, unser Blut haben sie vergiftet, unsere Freuden haben sie zuschanden gemacht – aber jetzt! Katharina, wir beide, du und ich, wir wollen schon mit ihnen fertig werden!"

Katharina rang sich so heftig aus Georgs Armen, als könnte sie seine Berührung nicht mehr ertragen.

Georg zürnte schreiend: „Was hast du wieder? Mach' mich nicht toll! Red'! Oder geh'!"

Er ließ ihre Arme los. Sie erschrak. Und während er stumm zum Fenster hinüberging, preßte sie die zuckenden Lippen auf die roten Flecken, die sie von seinen Fäusten an den Handgelenken hatte.

Ein Tropfenschauer wehte über das Fenstergesimse in die Mansarde herein. Es regnete in schweren sturmgepeitschten Strömen.

Georg schloß das Fenster, blieb eine Weile stehen und trommelte wütend auf die Scheiben.

Draußen stürzte das Wasser herunter, wie vom Himmel ausgeschüttet, und tanzte mit sprühendem Wirbel auf den Dächern, die selbst in strömender Bewegung schienen.

Georg sah hinaus. Er wurde ruhiger.

Als er sich wieder umdrehte, kauerte Katharina mit hochgezogenen Knien auf dem Bett und starrte regungslos vor sich hin. Langsam liefen die Tränen über ihre Wangen und fielen ihr in den Schoß.

Georgs letzter Zorn erlosch. Und je länger er sie ansah, desto stärker erwachte in ihm die Sehnsucht, dieses hilflose Geschöpf mit linder Zärtlichkeit zu behüten und vor allen Grausamkeiten des Lebens zu bewahren. Er schloß die Augen, voll tiefer Lust einem körperlichen Erinnern hingegeben. Woher kam auf einmal dieser schwimmende Hauch von Frische und bittern Mandeln? So hatte das junge Heu in Strobl gerochen, wenn er am Morgen durch den schlafenden Ort hinuntergelaufen war zum See. Und dort wartete

Katharina im Boot, weiß und frisch, im roten Glorienschein ihres krausen Haars. Diese Morgen, diese duftenden Morgen am Wolfgangsee! In wundervoller Ruhe lag die ganze Welt. Nur die Grillen zirpten auf den Wiesen, und das Wasser gluckste heimlich unter dem Boden des Kahns. Nun stieg die Sonne und wurde heiß – und verwandelte alles Wollen und Denken in dämmerndes Genießen.

Die Erinnerung an den feinen Zauber jener Stunden rührte Georg. Er setzte sich wortlos neben Katharina, zog ihr das Taschentuch aus dem Gürtel und trocknete behutsam ihre Tränen. Begierig zog er den Veilchenduft ein, der dem dünnen Battist entströmte. Wie er diesen feinen Hauch von Wohlgepflegtheit an ihr liebte! Leise faßte er ihre Hand und begann mit diesen schlanken Fingern zu spielen. Dabei betrachtete er ihre feinen Halbschuhe und dachte darüber nach, wie hübsch und ordentlich die kleinsten Dinge ihrer Kleidung zusammenpaßten. Nur die Krause störte ihn. Und als er entdeckte, daß sie im Nacken mit einem Bändchen befestigt war, fing er behutsam an der Schleife zu ziehen an, hielt immer wieder neugierig inne und lockerte dann vorsichtig weiter.

Sie ließ es sich gefallen. Die Krause fiel herunter. Aber da faßte Katharina seine Hand und bat traurig und leise: „Nicht –!“

Es wurde ganz still. Auf einmal sagte Georg mit einer ganz neuen, leisen Stimme: „Katharina! Ich bin den ganzen Tag hier gelegen und hab’ auf dich gewartet.“

Sie erschrak so sehr, daß sie vor Angst zu zittern anfing. Aber sie schwieg.

„Katharina? Sind wir nicht große Kinder? Wir reden und reden viel und wollen uns helfen mit Reden…" Er faßte sie ungestüm, mit bebenden Händen. „Ist das nicht alles ein Unsinn? Sind wir nicht jung, und ist nicht jeder Tag von Wundern voll, die nur wir empfinden können, weil wir jung sind? Fühlst du denn nicht, Katharina, wie tief jede Stunde ist? Bist du nicht jeden Morgen und jeden Abend selig, wenn du deinen jungen Körper spürst? Katharina – denkst du dann nie an mich, du Süße –, Katharina? Sag' mir's doch einmal: hast du mich lieb?"

„Ja", stieß sie gewaltsam hervor, „ja, ja, ja", mit solcher Qual, mit so verzweifeltem Wollen im Ton, daß Georg die Arme sinken ließ und zurückwich, als hätte ihn Katharina ins Gesicht geschlagen.

Der Regen hatte aufgehört. Nichts regte sich.

Die zwei Menschen atmeten kaum.

Plötzlich drückte Katharina die Hände über die Ohren und schloß die Augen. „Wie weh mir die Stille tut!", flüsterte sie.

Ganz ferne, auf irgend einem Kirchturm, schlug eine Uhr.

Katharina fuhr auf. „Ich muß nach Haus, Georg, ich muß nach Haus!"

Georg antwortete nicht.

„Ich bitte dich – laß' mich Georg!"

Er rührte sich nicht.

Sie war wieder dem Weinen nah. „Ich fürchte mich so!"

Er sagte: „Geh' doch!", und stand auf, um ihren Hut zu holen.

Sie blieb willenlos sitzen, die Hände im Schoß gefaltet, und sah ihm nach.

Gelassen suchte er ihre Handschuhe und die Hutnadeln. Doch er schien ihren Blick zu fühlen und, von diesen weitgeöffneten Augen gezogen, drehte er sich um. Nadeln und Handschuhe fielen ihm aus den Händen.

Er sah deutlich, wie sie ihn nicht rufen wollte und ihn dennoch rief, mit einem leisen Beben des Körpers, einem kurzen, kaum merklichen Heben der Arme.

Sie wollte ihn bitten, ihr den Hut zu reichen. Aber sie hatte die Herrschaft über ihre Züge verloren. Sie wollte schreien – und lächelte. In ihrer Angst drückte sie die Augen zu. Aber zugleich ging ein weiches Lösen durch ihre Glieder, wie sehnsüchtige Zärtlichkeit.

Georg kniete vor ihr und bog ihren Kopf zu sich herab. In seinen Augen flackerte der Wunsch. „Katharina", murmelte er zwischen den Zähnen, „wehr' dich nicht mehr! Siehst du denn nicht, daß ich verrückt werde? Ich hab' dir damals in Strobl gesagt: ich werde dich nicht rufen, du wirst von selbst kommen, wenn es so sein muß! – Ich hab' auf dich gewartet. Du bist gekommen – du bist da! ... Katharina?"

Ihre Augen wanderten wie die einer Irren. Sekundenlang hafteten sie auf ihm. Tausend Schrecken waren in ihrem Blick.

Georg umklammerte sie heißer. „Katharina! Du Süße!

Fürchte dich nicht so vor mir! Ich will ja nichts von dir. Laß' mich nur dein Herz küssen, nur dein liebes, süßes Herz ..."

„Nicht – nicht!" lallte sie erstickt und suchte seine Hände von ihren Brüsten wegzudrängen. Sie wollte aufspringen, aber sie stieß an einen Sessel, taumelte und fiel in seine Arme. Jählings gab sie allen Widerstand auf. Erschöpft und halb bewußtlos überließ sie sich diesen drängenden Händen.

Und er, mit fliegendem Atem und in den Zähnen knirschend, riß ihr wild und ungeschickt die Kleider vom Leib und warf sie auf das Bett hin.

Da stieß sie ihn noch einmal mit aller Kraft von sich und richtete sich auf. Das traf ihn wie ein Stoß mitten ins Leben, er stand wie gelähmt – aber sie bückte sich nur, hob die Kleider, die in einem wirren Haufen dalagen, auf den Sessel, drückte die Augen zu und streifte Schuh und Strümpfe von ihren Füßen.

Georg sah sie an, – ein paarmal zuckte es um seinen Mund – dann mußte er lachen, verwundert und belustigt, wie über einen frechen und dennoch zierlichen Witz. Und mit halb verlöschendem Lächeln sagte er langsam:

„Schau, das hätt' ich heute zum erstenmal in meinem Leben vergessen."

2.

Als Georg das Haustor zuwarf und mit Katharina in die nasse finstere Nacht hinausging, schlug ihm der Sturm das Wort vom Mund. Frostgeschüttelt kreuzte Katharina die Arme vor der Brust und preßte die Lippen aufeinander. Dennoch hörte er das leise Fiebern ihrer Zähne und fühlte selbst, wie ihm die nasse Kälte durch alle Glieder kroch.

Ein Einspänner rasselte vorüber.

Georg zögerte einen Augenblick, dann rief er ihn an, ließ Katharina einsteigen, nannte dem Kutscher Gasse und Hausnummer – und flüsterte: „Adieu, Schatz!" und trat zurück.

Der Wagen rollte fort.

Georg lauschte. Die ganze Florianigasse hinunter hörte er noch das holperige Rollen der Räder und den kläglichen Hufschlag des stolpernden Gauls.

Als alles wieder still wurde und nur der Sturm noch zwischen den Häusern war, atmete Georg tief und ging der Gasse nach, erst langsam, dann immer schneller. Und schließlich rannte er keuchend, bis er vor dem Burgtheater in das Gedränge der eben aus dem Hause strömenden Menschen geriet. Er preßte sich gerade dort durch die Menge, wo sie sich am dichtesten vor der Haltestelle der Straßenbahn staute. Erbittert arbeitete er mit Schultern und Ellbogen, obwohl er mit wenigen Schritten das Gedränge hätte umgehen können. Lautes Schelten und grobe Zurufe umschwirrten ihn. Aber dieses Schieben und Stoßen tat ihm wohl. In der Bankgasse wurde sein Schritt wieder ruhig.

Als er sich im Café Central durch die Drehtüre hineinschob, verschlug ihm diese heiße rauchige Luft, dieser Kaffeegeruch und Alkoholdunst den Atem und trieb ihm den Schweiß auf die Stirn. Der große Raum war voll von Menschen. An allen Ständern hingen nasse Überkleider. Georg sah sich um, fand keinen Bekannten und wollte wieder gehen. Aber der gewohnte schwere Geruch des Saales hatte eine sonderbar zwingende Macht über ihn, der er sich nicht entziehen konnte. Es ließ ihn nicht mehr fort.

Er setzte sich an einen leeren Tisch und murrte: „Zeitungen!"

Endlos lange hielt er das Berliner Tageblatt verkehrt in der Hand und erschreckte den wartenden Kellner durch eine Grimasse, die sein Gesicht bis zur Affenähnlichkeit verzerrte. Plötzlich schleuderte er die Zeitung weg und starrte, die Arme über den Tisch geworfen, dem Kellner ins Gesicht. Irgend etwas juckte ihn in allen Fingerspitzen und reizte seinen Willen zum Bösen.

„Was gaffen Sie, Verehrtester?", knurrte er mit hämischem Lächeln, „hab' ich Hörner wie ein Ochs oder Ohren wie ein Esel? Ist mein Gesicht grün und blau gefleckt oder ziert mich eine Nase wie ein Schweinsrüssel? So reden Sie doch, Sie Muster von Korrektheit, antworten Sie, vorwärts – wird's?"

Der Kellner versuchte zu lächeln. „Der Herr Doktor scherzen. Der Herr Doktor sind ganz tadellos."

„So? Tadellos bin ich? Da kommen Sie her!"

An den nahen Tischen entstand Bewegung. In allen Ecken und an allen Wänden sah Georg weiße Flecken in dem trüben Grau der schwimmenden Rauchschwaden, weiße Flecken mit Augen, die auf ihn gerichtet waren. Eine Weile mußte er dieses unverständliche Gewirr betrachten, bis er Gesichter unterschied. Aber diese Gesichter hatten für ihn nicht menschliche Züge. Es waren Tierfratzen – wirr durcheinander Gesichter von Füchsen und Wölfen mit spitzen Schnauzen und schiefen Augen, von Raubvögeln mit krummen Hackschnäbeln – dazwischen satte, quakende Frösche, und dort, fettleuchtend, kahl und rosig bis in den Nacken hinunter ein dickes zufriedenes Schwein. Georg hatte die Empfindung: du bist in einem Käfig von Bestien! Und plötzlich packte ihn ein gieriges Verlangen, mit einer Peitsche und einem Revolver mitten unter sie zu springen, zu schlagen, zu schießen, zu schreien, sie röcheln zu hören, ihr Blut zu sehen. Er ballte krampfhaft die Fäuste. Da schnarrte der Kellner:

„Der Herr Doktor wünschen also?"

Georg blickte auf. „Ah – Sie sind noch immer da, mein Bester." Er sah dem Schlotternden starr ins Gesicht. „Kommen Sie doch näher!"

„Ich höre hier sehr gut!", stammelte der Gepeinigte.

„Kommen Sie näher, ich kann nicht so schreien!" Georg fuhr mit der Hand in die Hosentasche. Erblassend kam der lange Mensch um einen Schritt näher. Georg riß die Hand aus der Tasche, der Kellner wich zurück. „Einen Schwarzen möcht' ich!", sagte Georg mit seinem liebenswürdigsten Lächeln.

Der Kellner schoß davon. Georg sah mißtrauisch um sich. An den Tischen, an den Wänden und in den Ecken waren nun wieder graue, gekrümmte Menschenrücken.

Da kam Herr Waclav Wondraschek, der Musiker, und näherte sich unter vielen Bücklingen. „Na, wie geht's, Doktor Hübner, wie geht's?" Er rieb sich die Hände, daß die Manschetten locker wurden. Wie ein Vogel in der Mauser sah er aus und war beständig in zappelnder Bewegung.

Georg murmelte eine Antwort und lud ihn mit einer faulen Handbewegung ein, sich zu setzen.

Herr Waclav Wondraschek ließ sich hastig nieder und fing gleich an, von sich und seinen Angelegenheiten zu reden. Er beklagte sich voll versteckter Galle über die künstlerische Qual und Lächerlichkeit seiner Dirigententätigkeit im adeligen Damensingverein und über die Beschränktheit und Arroganz der Vereinspräsidentin, einer Gräfin Prandt, die er nie anders als die „Urschel" nannte. Er wollte sie karikieren, häufte aber die lächerlichen Züge ihres Charakters so ungeschickt, daß eine Dummheit die andere um ihre Wirkung brachte. Dies schien er selbst zu merken, denn er begleitete jeden seiner mißglückten Geistesblitze mit einem meckernden Gelächter, das ihn entschuldigen und zugleich doch eine gewisse allgemeine

Menschenfreundlichkeit markieren sollte – denn Herr Waclav Wondraschek hatte Angst vor seinem eigenen grimmigen Bedürfnis, zu hassen. Dabei focht und wedelte er mit Armen und Beinen, kratzte seinen Kopf und rieb seine Bartstoppeln, daß es einen wetzenden Ton gab.

Georg rührte sich nicht, ließ ihn scharwenzeln und wedeln und beobachtete mit erlesenem, feinschmeckerischem Vergnügen das flackernde Licht in den wasserblauen Augen des Tschechen. Er lehnte sich in den Sessel zurück, grub die Hände behaglich in die Sakkotaschen und fragte sehr freundlich: „Also, Wondraschek, was wollen Sie eigentlich von mir?"

Der Musiker ließ die Virginia fallen, an der er sehr eifrig gekaut hatte, und warf einen raschen mißtrauischen Blick auf seinen Nachbar. Erst wollte er protestieren, dann besann er sich, steckte die Virginia wieder in den Mund und sagte: „Ein Libretto brauch' ich."

Georg war enttäuscht. Er hatte irgend eine Perfidie erwartet, einen großangelegten Betrug, einen künstlerisch vollendeten Raubmord oder irgend ein anderes scheußliches Verbrechen. Und nun: ein Libretto! Er antwortete wütend: „Mach' ich nicht."

Wondraschek warf seine Virginia mit schlecht verhehltem Zorn wieder weg. Doch bevor er reden konnte, trat Maxim Sauermann an den Tisch, grüßte stumm und setzte sich.

Maxim Sauermann stammte aus Warschau, trug schwarze, hochgeschlossene Clothhemden und schwieg beständig. Niemand wußte, ob er von seinen Artikeln für revolutionäre Blätter lebte oder dieses unsäglich kümmerliche Dasein durch einen geheimen Vertrieb von Bomben und Höllenmaschinen fristete.

Fast zugleich mit Sauermann kam der Schauspieler Erwin Lenk, ein blutjunger Mensch von auffallend zierlichem Wuchs. Er tauchte ein paar banale Begrüßungsworte in den goldgetönten Schimmer seiner zärtlichen Stimme und durchflog den Raum mit geübtem Blick. Der Zauber, den er ausübte, wunderte und belustigte ihn noch und erfüllte ihn mit naiver Freude. So jung war Erwin Lenk.

Nun trat auch der Maler Seydler an den Tisch und drückte Georg die Hand.

Georg sah auf und schaute den Maler an, als sähe er diese stämmige Gestalt mit dem Lutherkopf heute zum erstenmal. Neid und Beruhigung stritten in ihm. „Der hat's nicht nötig!", sagte er laut und wies mit dem langen knochigen Zeigefinger auf Seydler.

„Was?", fragten alle; nur Sauermann schwieg.

„Die Welt zu belügen wie ich, anzubellen wie Pan Wondraschek, in die Luft zu sprengen wie Sauermann oder ihren Kasperl abzugeben wie Lenk."

„Warum denn nicht?", fragte Seydler lachend in seiner breiten bayerischen Mundart.

Georg wurde ungeduldig. „Sie stammen doch aus einer fränkischen Bauernfamilie. Und da ist man gesund!"

„Kasperl? Ich, Kasperl?", rief Lenk beleidigt. „Sie haben keine Ahnung, wie ich so ein Haus voll Menschen beherrsche. Wie ich über der Situation stehe. Ich spiele den Romeo – bitte, den Romeo – und beobachte dabei ganz genau, wie jede einzelne Frau im Parkett auf mich reagiert. Also bitte!“ Er bemerkte an Georgs Lächeln, daß er eine Dummheit gesagt hatte. Und errötend, mit einem reizend verwirkten Knabenlächeln, stammelte er: „O, ich bin nicht stark in der Logik. Aber es ist so wundervoll, wenn eine hübsche Frau mit sich selber uneins wird und ihr empörtes Gewissen zu beschwichtigen sucht, weil ihre Gedanken den schon umschlungen halten, der solche Macht über ihre Physis und Psyche hat.“ Er sagte das so naiv, so voll zärtlicher Innigkeit, daß niemand lachte.

Nur Herr Waclav Wondraschek, der zusammengerollt dasaß wie eine alte Katze und an sein Libretto dachte, knurrte ungeduldig: „Ich? Was? Ich belle nie die Welt an! Das ist wieder so eine bösartige Erfindung vom Doktor Hübner.“

Der Kellner kam und fragte nach den Wünschen der Herren. Sie bestellten Schwarzen und Cognac. Für den abstinenten Sauermann brachte der Kellner, ohne zu fragen, die stereotype Limonade.

An dem Tisch herrschte Schweigen. Jeder rührte in seinem Getränk herum und hing seinen Gedanken nach.

Plötzlich sagte Georg, ohne Wondraschek anzusehen: „Also, wie soll dieses Libretto eigentlich ausschauen?“

Im Nu entrollte sich Herr Wondraschek und lächelte demütig wie ein Diener, den die Ansprache des

Herrn zugleich verwirrt und erhebt. Er setzte wortreich und mit vielen Gesten auseinander, was er brauchte. Eine moderne Idee, ganz modern, ein Problem dieser jüngsten Zeit mit allen ihren wirtschaftlichen, geistigen und sexuellen Voraussetzungen, doch so zum Typus vereinfacht, daß es in ein legendenhaftes Spiel hineinzupressen wäre.

Er sprach nicht sehr gescheit, aber mit Vehemenz, und vergewaltigte dabei die Fremdwörter auf eine Art, die in den Zuhörern unwillkürlich die Vorstellung eines gänzlich unkultivierten Menschen erweckte. Doch Georg sah, wie aus diesen unbeholfen holpernden Sätzen etwas wurde und wuchs: ein rohes Gefäß, bis an den Rand gefüllt mit Explosivstoffen. Gewaltsames Aufeinanderprallen von Gegensätzen, brutal wirksame Szenen voll sicheren Theaterinstinktes. „Wirken!", schrie es aus diesen zerhackten Worten. „Tu' deinen Geldbeutel auf, du Gesindel, hier gibt es alle Verbrechen und Laster, nach denen du lüstern bist! Hier ist Haschisch, Opium, Notzucht und Massenmord! Da sind gewaltige Untaten und feine Perfidie! Kommt nur, kommt, hier dürft ihr euch das alles erlauben, und kein Polizeimann kann euch arretieren. Aber Geld müßt ihr dafür geben – Geld, Geld, Geld!"

Waclav Wondraschek, besessen vom Dämon seiner eigenen Ausgeburt, fing Umrisse von Melodien zu brummen an, markierte Orchesterstellen mit gedämpfter Stimme und befehligte mit Armen und Beinen eine unsichtbare Armee von Musikern und Sängern. Seine Augen flackerten, rote Flecken brannten auf seinen Wangen, seine Nüstern blähten sich, seine Halsader schwoll. Und er riß sie alle mit sich fort, dieser stoppelbärtige Kobold, der hemmungslos aus sich herausschrie, was den anderen wie eine ängstlich verschwiegene Schande auf dem Herzen brannte: die Sehnsucht nach Wirkung um jeden Preis!

Auch Seydler, der Ruhige, erhitzte sich und entwarf ein Szenenbild, phantastisch und grandios – doch plötzlich hielt er inne, sah die anderen an und sagte bedächtig, mit einer leichten Ironie: „Das kostet aber eine Million!" Dann schwieg er, lächelte – und ließ die anderen reden.

Lenk behauptete schreiend, er besitze einen herrlichen Tenor, und sang bereits die für ihn geschriebene Hauptrolle dieser Oper – und das war ein Held der Schönheit, er, als einziger Mann in einem Harem junger begehrenswerter Weiber. So sah er sich und schrie und gestikulierte, ohne zu merken, daß er dabei alle Masken seines Lebens fallen ließ.

Sauermann, mit hektisch geröteten Wangen, hockte stumm in dem wirren Geschrei und starrte den Waclav Wondraschek mit dem wachsenden Ingrimm des Rivalen an.

Georg ließ sich willig von diesem Wirbel packen und entlud seine Seele von den düsteren Bildern, die sie bedrückten. Der Mittelpunkt der losen Szenen, die er vor sich hin in die Luft stellte, war ein Knabe, der die Stille nicht ertragen konnte. In diesem Knaben war nichts Festes, keine Ruhe, nur immer das Schwanken, ein tolles Hin- und Herziehen, das ihn halb um den Verstand bringt, wenn er die seltene Muße hat, es zu belauschen. „Sie verstehen", schrie er aufgeregt in das Stimmendurcheinander hinein, „unsere ganze heutige Zeit leidet an dem: Unfreiheit, fürchterliche Unfreiheit aus Mangel an Gesetzen. Es ist – ich kann mich da nur sehr bürgerlich ausdrücken: es ist kein Halt da! Der Zweifel hat alles aufgefressen, was Tradition hieß. Gemeinsinn entpuppt sich als Parteilichkeit und Eigennutz, Religion als Muckerei und Geschäft. Wir erschrecken. Chaos ist in uns. Wäre plötzlich Stille um uns her, wir müßten an unserem inneren Getümmel zugrunde gehen. Drum fühlen wir uns wohl beim Stampfen und Stöhnen der Maschinen, beim Kreischen der Dampfpfeifen, bei dem ohrenbetäubenden Gerassel und Getümmel, das unser modernes wirtschaftliches Leben beherrscht, unsere Gesellschaft, unsere Kunst! Konkurrenz, Reklame, Genie der Spekulation – das ist unser Element! Der Fabrikant ein Ideal! In Maschinen ist Zweckmäßigkeit, Gesetz und Kraft. Drum können wir da vergessen. Procul negotiis werden wir wahnsinnig. Und nun das Schlimmste –"

Er warf sich gegen den Tisch und legte die geballten Fäuste vor sich hin und machte eine Pause. Dann sagte er:

„Die Frauen!"

Sein Ton war voll Rachelust.

„Die Frauen! ... Früher waren sie – noch Frauen! Innerlich durch ein festes Gesetz beruhigt. Eine Erlösung! Und – beschränkt! Ich meine das im schönen, edlen Sinn des Wortes. Sie wußten nicht viel von uns – gut! Aber jetzt, wenn wir's nicht mehr aushalten und in unserer Angst zu ihnen gehen und von ihnen hören, bei ihnen erleben wollen – erleben? – ja! – erleben: das ganze Leben ist ja noch einfach, noch so unschuldig wie in unserer Kinderzeit, und alles Trübe und Wirre kann wieder hell und gut werden! Aber wenn wir danach lechzen und mit jeder Fiber darum betteln, ja, dann packen sie einen an und schreien uns unsere eigene Not ins Gesicht und wissen trotzdem heut' und in alle Ewigkeit nichts und nichts von uns! Und von sich selber auch nichts!"

Betretenes Schweigen herrschte an dem Tisch.

Georg fühlte, daß ihm unter Seydlers ruhigem Blick das Blut in die Wangen stieg. Er haßte die großen Worte und die trommelnden Affekte, und wenn sie aus ihm selbst heraussprangen, schämte er sich ihrer. Ein unerträgliches Gefühl schnürte ihm den Hals zu: er war vor sich selber lächerlich geworden. Hatte er da nicht getobt wie einer, dem ein Abenteuer mißlungen ist? So, ja, wird sich wahrscheinlich der Erwin Lenk benehmen, wenn er eine einmal nicht herumkriegt. Und Seydler sah ihn noch immer an. Der dachte wohl an Katharina? Dieses ruhige Anschauen reizte Georg. Er stand auf und stieß nervös den Sessel zurück.

„Ich bin von meinem Thema abgekommen. Nun, also – Sie, Wondraschek – ja, ich will das machen, mit dieser Oper. Das heißt, nein, ich will das machen mit der Furcht vor der Stille! Ich bringe meinen Helden aus der Stille in die große Stadt, in die Arbeit, lasse ihn Dinge anpacken, die er nicht bewältigen kann – so eine Art von Zauberlehrling will ich daraus machen, verstehen Sie –" Er hielt betroffen inne, schwieg und wußte nicht weiter, sichtlich von einem Gedanken verwirrt, befangen von irgend einer Erinnerung. Dann sagte er aufgeregt: „Das heißt – ich weiß noch nicht genau! Jetzt bin ich müd. Ich geh' nach Hause."

Wondraschek zuckte zusammen. „Darf ich also auf Sie rechnen, Doktor Hübner?", murmelte er unterwürfig und ängstlich.

Georg hatte schon den Hut auf dem Kopf. „Schriftlich geben kann ich's Ihnen nicht", antwortete er grob. „Guten Abend allerseits!"

„Ich gehe mit", sagte Seydler und erhob sich ein wenig schwerfällig.

Georg maß ihn kurz. Er empfand etwas Unbehagliches, wie Furcht. Als müßte er sich nun verantworten.

„Wir haben einen Weg", warf Seydler hin.

„Schön", sagte Georg entschlossen, „gehen wir also miteinander." Sie zahlten und wandten sich zur Tür. Da schoß Sauermann von seinem Sitz wie ein gereizter Kettenhund. „Doktor Hübner?", stieß er in sonderbar singenden Tönen hervor. „Wo wohnen Sie?"

Georg stand eine Sekunde lang verblüfft vor dem Russen, der mehr einem Besessenen als einem normalen Menschen glich. Dann faßte er sich.

„Florianigasse 25." Durch das Nüchterne seiner

Antwort plötzlich wieder ins Menschliche versetzt, mußte Georg unwillkürlich lachen.

Sauermann nickte und verkroch sich wieder in sich selbst.

Georg und Seydler grüßten nochmals und gingen. Von draußen, durch die Spiegelscheiben, sahen sie noch, wie sich Wondraschek und Lenk wieder in eine Debatte, vermutlich über die Oper, vertieften, während Sauermann teilnahmslos vor sich hinglotzte.

Georg ging stumm neben Seydler hin, von einer unbestimmten Scham bedrückt.

Seydler brummte eine Marschmelodie. Draußen auf dem Franzensring hörte er plötzlich zu summen auf und sagte unvermittelt: „Ein Viech, dieser Wondraschek! Hat Sie aber ganz verhext – nicht?"

„Sie meinen, das sollte in meinem Alter nicht mehr passieren?", redete Georg gereizt vor sich hin. „Einer wie ich, der sollte diese Witze alle schon kennen? Sollte auf diesen faulen Zauber nicht mehr hineinfallen? Sollte sich nicht mehr hinreißen lassen, wenn er ein bissel gereizt wird – und sich nicht hinstellen und die große Soloarie mit dem hohen C loslassen? Sie meinen, so ein Mensch hätte besser zu kuschen und zu arbeiten, weil er schon wissen sollte, daß das schließlich die einzige Möglichkeit zu leben ist? Gut, ja, schön, Sie haben ganz recht, Seydler, ganz recht ... aber ..."

Seydler schüttelte den Kopf. „Ich begreife gar nicht, warum Sie so schreien mit mir. Dieser Wondraschek –"

„... Wondraschek?" Georg starrte den Maler verständnislos an. „Ach so“, sagte er dann, „wenn Sie das wollen – ja dieser Wondraschek ist ein Viech.“

Sie gingen schweigend weiter.

Georg beobachtete den Maler. Und dachte: „Streng du deinen schlauen Bauernschädel nur an! Mich kriegst du nicht so leicht!“

Seydler ließ sich nicht in vorsichtige Winkelzüge ein. „Wissen Sie, ich muß Ihnen etwas erzählen“, sagte er bedächtig. „Gestern treffe ich die Kitty Steinbach in der Walküre. Sie kennen sie doch? Die Katharina Steinbach? Nicht? ... Ich hab’ sie ja selbst im Sommer vorgestellt. Sie war gestern mit ihrer feierlichen Mutter Cäcilie und ihrer Schwester Elisabeth in einer Loge. Frau Cäcilie – na ja, die spricht einige bedeutende Worte über den Wert der Wagnerschen Musik für die Intensität des Innenlebens – nicht? Elisabeth sah sehr gut aus, wirklich fein. Die ist wunderschön klar gewachsen. Und Kitty – die war übrigens ausgezeichnet angezogen – Kitty behält mich in der Loge, während Mutter und Schwester ins Foyer gehen, und fängt an, hin und her zu reden, nicht? – bis sie mir das endlich an den Kopf wirft: ‚Sie wissen ja so wie so, wie ich mit Georg Hübner stehe.‘ Wie sie so etwas pointiert, das können Sie sich ja denken, lieber Hübner! Katharina ‚bringt‘ doch jedes Wort. Notabene, ich habe nie etwas Besonderes für sie empfunden, sie weiß das, sie ist nicht mein Typ. Ich sage natürlich der Wahrheit gemäß: ‚Nein, ich weiß gar nichts.‘ Darauf sagte sie: ‚Ich habe die letzten Wochen in Strobl mit ihm geflirtet, habe Rendezvous mit ihm gehabt und gehe morgen zu ihm. Sie lügen, Sie haben das ja gewußt, Sie sind doch sein Freund! Also, daß Sie's wissen, ich geniere mich gar nicht und brauche keine Diskretion. Sie können das dem Georg wortwörtlich zurücksagen. Er soll's nur wissen.' Diese Geschichte mußte ich Ihnen erzählen. Also, ich meine, das alles ist doch ganz primitiv bei ihr. Sie aber, lieber Hübner, Sie sehen da Dinge, die gar nicht sind – zum Schluß kommt bei ihr alles aufs Gesellschaftliche heraus. Die Schwierigkeiten und das Wichtige des Lebens liegen wirklich anderswo, lieber Freund! Guten Abend!" Er lüftete den Hut und bog in den Rathauspark ein.

Georg ging langsam die Grillparzerstraße hinauf. Ihm war zumute, als hätte ihm einer den Hut auf dem Kopf eingedroschen.

Zu Haus in seiner Mansarde zündete er eine Kerze an und hielt sie dicht vor Katharinas Bild, das auf der Kommode stand. Sie trug da ein kindliches Matrosenkleid und schaute ihn mit einem versonnenen, fragenden Lächeln an. Aber Georg sah sie in Gesellschaftstoilette, in der goldüberladenen Opernloge, gepudert und dekolletiert, den anderen gepuderten Weibern in den Logen ringsherum zum Verwechseln ähnlich. Und zwischen einem höflichen Lächeln zur Begrüßung und einem höflichen Lächeln zum Abschied, rasch und zierlich, erledigte sie Dinge, die sein ganzes Leben erfüllten, präsentierte sich losgelöst von ihrer Welt, prahlte ein wenig mit der Freiheit ihres Denkens, angelte ein wenig nach Bewunderung, kokettierte ein bißchen mit der Gefahr, lächelte wieder und – –

Georg stand im Finstern.

Ein Luftzug hatte die Kerzenflamme ausgelöscht.

Georg zündete sie nicht mehr an. Er zog sich im Dunkeln aus. „Fräulein Kitty Steinbach?", sprach er klar und langsam vor sich hin. „Fräulein – Kitty – Steinbach!"

Erleichtert und beruhigt legte er sich schlafen.

3.

Georg erwachte spät am Vormittag. Draußen zerflossen die letzten Morgennebel zu feinen goldenen Dunstschleiern. Georg sah das zarte feuchte Blau des Himmels, ohne sich von seinen Kissen aufzurichten. Nun schloß er die Augen wieder. In wohligem Genießen streckte er die Glieder.

Die Stunde des Erwachens war ihm immer das Liebste des ganzen Tages.

Von tief drunten hörte er das Rauschen der Stadt und wußte: „Die Sonne scheint." Jeder Atemzug war ein feiner, köstlicher Genuß.

Er hatte geträumt. Was? Das wußte er nicht mehr. Und wollte nachdenken. Aber die Wärme und Behaglichkeit des Bettes machte seine Gedanken träge. Und dann stolperte ihm immer wieder diese kindliche Freude durch den Kopf: „Die Sonne scheint!" Er konnte sich nicht mehr erinnern, wovon er geträumt hatte. War's nicht ein blühendes Feld gewesen, ein blühendes Buchweizenfeld in der Sonne? Oder ein Dorf im Abendlicht, tief drunten an einem Fluß, zwischen schwerbeladenen Apfelbäumen und brennenden jungen Ahornstämmchen? Und die Stimmung der spielenden Kinder jauchzten herauf bis zur Bergstraße? Irgend etwas Verschwommenes tauchte in ihm auf und verschwand wieder. Oder hatte er von einem Menschen geträumt? Alle Süßigkeit dieses

Traumes war noch in seinem Blut. Aber das Bild war zerstoben.

Eine Turmuhr schlug. Georg zählte mit, es ging bis elf. Dann zählte er: eins, zwei, drei – schwang sich mit einem Satz aus dem Bett, riß das Fenster auf, wusch sich und zog sich an. Dabei zerbrach er sich den Kopf, um das Datum des Tages zu finden, der so vergnüglich begonnen hatte. Als ihm seine Hausfrau Kaffee und die Zeitung brachte, wurde das Rätsel gelöst. Es war der vierundzwanzigste September.

Nach dem Frühstück ging er fort, leichten Herzens in den blauen Tag hinein, summte leise vor sich hin und sah jedem Mädel erwartungsvoll ins Gesicht. War sie häßlich, dachte er: „Sie ist vielleicht sehr lieb?“, und wenn sie hübsch war, schwoll ihm das Herz vor Dankbarkeit gegen den Schöpfer.

Es wehte ein goldener Hauch durch die Gassen. Im Volksgarten brannten die Bäume in lichtem Feuer. Astern und Georginen leuchteten purpurrot. Ab und zu löste sich ein gelbes Blatt und fiel langsam auf den Rasen.

Georg ging durch die raschelnden Alleen, von einer unbestimmten Erwartung getrieben.

In der inneren Stadt gab's keine Blumen und Bäume mehr. Aber die Häuser sahen aus wie frisch gewaschen, und alle Fensterscheiben blinkten. Und die ganze Menschenmenge, die sich durch diese Straßen schob, war halb bewußt, halb unbewußt durchzittert von der prickelnden Seligkeit dieses Sonnentages.

Auf dem Graben traf Georg den Schauspieler Lenk,

der ihn sofort mit Weibergeschichten und mit Wondrascheks Oper überfiel. Georg überließ sich dem Zauber dieser samtenen Stimme, ohne recht auf Lenks Erzählungen zu achten, und hing seinen eigenen, ziellos schwimmenden Gedanken nach. Auf einmal sagte Lenk: „Donnerwetter! Sind die heute hübsch, diese Steinbachmädeln!"

Jäh aus seinen Träumen gerüttelt, sah Georg erschrocken auf. Da gingen sie eben vorbei. Katharina schlank, blaß, in einem fließenden dunkelgrünen Kleid. Und die schwarzlockige Elisabeth, etwas kleiner, ganz hell, wie in eine Wolke von Kirschblüten gekleidet.

Die zwei jungen Leute grüßten. Die Schwestern dankten, Katharina gemessen, ganz Dame, Elisabeth sehr lebhaft und kameradschaftlich – und waren schon vorüber.

Lenk schwatzte weiter. Georg verstand kein Wort mehr. Seine Gedanken wirbelten durcheinander wie ein aufgescheuchter Wespenschwarm. Er konnte den Geruch von Katharinas Parfüm nicht loswerden, der mit ihr vorübergeflogen war. Und dabei mußte Georg doch immer wieder denken, daß sie sich für diesen Morgengang sicher gar nicht parfümiert hatte. „Kitty Steinbach", wollte er sagen, wie in der Nacht. Aber es ging nicht. „Katharina! Katharina!", schrie es in ihm, und seine Sinne hetzten ihr gierig bettelnd nach. Er zerdrückte ihren Namen auf der Zunge wie kostbaren Wein und lauschte den wunderbaren Verheißungen, die ihm aus diesen vier Silben herausklangen. Katharinas ganzes Wesen wuchs aus diesem Namen empor, jungfräulich und frauenhaft wissend, unschuldig und doch verdorben. Er sah die Bewegung, wie sie ihr Haar zurechtsteckte, das nach jedem Kuß mit wirren roten Flocken in das weiße Gesichtl hing – und fühlte einen Stoß wie von einer unsichtbaren Faust. Er drückte sich die Nägel ins Fleisch und biß die Zähne aufeinander. Und plötzlich merkte er, daß Lenk noch immer schwatzte. Bis zur Wut gereizt, ohne Gruß, stürzte Georg davon, quer über den Stephansplatz hinüber, und die Rotenturmstraße hinunter auf den Kai. Als er das Wasser sah, blieb er erschrocken stehen und besann sich, wie er hier heruntergekommen wäre.

Dieses Rennen hatte ihn ruhiger gemacht. Er lehnte sich an die steinerne Brüstung und sah eine Weile dem Wasser nach, das sich grau und träg im Donaukanal dahinwälzte. Ein schwerbeladenes Floß wurde mit langen, mühseligen Stößen von zwei Männern gesteuert. Ganz ferne draußen gab der Kahlenberg eine feine Silhouette, blau in blau auf dem heiteren Himmel.

Unsinn! Tolle Sprünge seines Blutes! Sonst nichts. Diese Sache war erledigt. Alles verflogen, erloschen.

Und jetzt? Hunger hatte er. Er sah auf die Uhr. Wenn er jetzt zu Onkel Heinrich ging, der auf dem Lugeck wohnte, kam er gerade rechtzeitig zum Mittagessen.

Bei Onkel Heinrich wurde gut gekocht. Von einer undeutlichen, aber angenehmen Erwartung gewiegt, schlenderte Georg die Rotenturmstraße wieder hinauf. Einmal blieb er stehen. „Sic transit –." Er lächelte. „Was der Mensch für ein Vieh ist!"

Als er beim Lugeck um die Straßenecke biegen wollte, blieb er erschrocken stehen. Vor einer Ladentür stand Elisabeth Steinbach, und als sie ihn erblickte, lachte sie und winkte mit den Handschuhen, die sie abgestreift hatte. Ihre Augen glänzten wie schwarze Kirschen, und ein paar ausgelassene dunkle Locken wehten um ihr sonnverbranntes kleines Gesicht. Sie drückte Georgs Hand so fest, daß es ihm trotz seiner Verwirrung auffiel.

„Die Kitty hat natürlich wieder etwas zu besorgen vergessen, wir haben im Galopp zurücklaufen müssen, und schauen Sie, wie nett, da trifft man Sie ohne diesen faden Lenk. Also, wie geht's, mein lieber Zauberlehrling?"

Georgs Brauen zogen sich rasch zusammen.

Elisabeth hielt inne und sah ihn verwundert an. Dann lachte sie und plauderte weiter: „Was treiben Sie immer? Und warum hat man Sie in Wien noch gar nicht zu Gesicht bekommen?"

Sie hatte eine kleine, klingende Stimme, die immer vibrierte vor innerer Lustigkeit.

Dieser zwitschernde Klang hüllte Georg wohltuend in die harmlose Fröhlichkeit der Strobler Tage, und jenes Wort, das ihn jetzt unangenehm berührt und gestern in seinem eigenen Munde sogar erschreckt hatte, war für ihn wieder verwandelt in einen heiteren Scherz. Er lächelte und nannte nun auch Elisabeth bei ihrem Spitznamen: „Mamsell Lotte! Ich befinde mich so, wie ich es verdiene, und hoffe das Gleiche von Ihr zu vernehmen. Denn die Mamsell sieht blühend aus!“ Er wußte, daß diese antiquarisch verschnörkelte Sprechweise sie zugleich ärgerte und amüsierte. „Aber ich weiß gar nicht, was die Mamsell anficht, daß sie den armen Lenk als fad und langweilig proklamiert. Er gehört nachweislich zu Mamsell Lottens eifrigsten Bewunderern.“

Sie lachte mit blitzenden Zähnen und einem zuckenden Grübchen in der linken Wange. „Aber mein Gott, so ein Komödiant ist doch kein Mensch“, sagte sie ungeduldig, „und überhaupt, es gibt nichts Gräßlicheres als Künstler. Die Mama und die Kitty schwärmen für diese Gesellschaft. Ich kann das wirklich nicht begreifen. Es steckt so gar nichts hinter solchen Leuten. Entweder sie sind noch nichts, dann sind sie zwar manchmal amüsant, aber immer ungewaschen und haben keine Ahnung, wie man mit einer Gabel und einem Messer umgeht. Oder sie sind schon was, dann sind sie viel langweiliger als harmlose Bürger, die doch wenigstens den Anschein von geistigen Interessen erwecken wollen. Dafür sind sie unverschämt und rücksichtslos. Und wenn sie ja die Gnade haben, den Mund aufzumachen, reden sie vom Geschäft. Ich kann sie nicht ausstehen!“

Georg lachte jetzt wirklich. Ganz vergnügt. „Danke! Und was soll da aus mir werden?“

Sie sah ihn mit mutwillig funkelnden Augen an. „Aus Ihnen? Sie sind doch der Zauberlehrling. Der gehört noch nicht zur Zunft.“

„Und wenn ich mein Meisterstück liefern und dazu gehören werde? – Übrigens sagen Sie mir doch, Fräulein Elisabeth, wie sind Sie denn auf die Idee gekommen, mich ‚Zauberlehrling' zu taufen?"

„Ja – wie?" Sie dachte nach.

„Denn wissen Sie, der Name ist doch eigentlich keine Ehre für mich. Der Zauberlehrling ist nicht nur ein dummer, sondern auch ein bedauernswerter Kerl. Nicht wahr? Endlich einmal geht der Meister weg, der ihn immer als minderwertig, als nicht voll behandelt, und nun stürzt sich dieser arme, ewig niedergetretene Kerl auf die erste beste Gelegenheit, alles, was er weiß und kann, wie eine Bombe platzen zu lassen und seine Freude an dem Knall zu haben. Und da kommt dieses qualvoll lächerliche Unheil! Das Schreckliche und das Lächerliche sind nicht diese rennenden Besen, sondern daß er sie nicht mehr meistern kann. Fräulein Elisabeth, wie sind Sie nur darauf gekommen, mich Zauberlehrling zu nennen?"

Sie sah ihn erschrocken an. „Mein Gott – ich weiß nicht", stammelte sie, „es war irgend ein ganz harmloser Anlaß. Doch, ja, ich weiß schon! Sie haben eines Abends eine Gespenstergeschichte erzählt, und wie es ganz schauerlich war, sind Sie bleich geworden. Und diesen wunderlichen Schreck haben Sie den ganzen Abend nicht mehr losgebracht. Irgend jemand hat da den dummen Witz gemacht: Die er rief, die Geister, wird er nun nicht los!"

„Ach so!" Georg lachte wie einer, der plötzlich von einer grundlos quälenden Sorge befreit wird. „Das war der Grund! Der ganze Grund? Das –! Und jetzt sind Sie mir noch eine Antwort schuldig: also, und wenn ich mein Meisterstück liefere und zur Zunft gehören werde?“

„Dann?“ Sie sah an Georg vorüber und lächelte versonnen, fast ein wenig trübe. Aber dann schüttelte sie den Kopf und setzte eine sehr weise Miene auf. „Dann werden Sie reich heiraten, eine Villa im Cottage kaufen, Tantiemen herausschinden und unverschämt, rücksichtslos und langweilig werden. Aber da kommt die Kitty aus dem Laden.“

Georg drehte sich um. Katharina kam über die Stufen von der Geschäftstüre herunter und reichte ihm die Hand. Sie sah sehr blaß und müde aus. Ihre grauen Augen wanderten unruhig hin und her. Sie ließ Georg gar nicht zu Worte kommen, redete sehr rasch und ohne Übergang von Dingen, die wenig Zusammenhang hatten, und lachte dazwischen mit eigentümlich hartem Klang. Schließlich sagte sie so leicht, als sie es fertig brachte: „Wir geben morgen vom Nachmittag in den Abend ein Gartenfest – Sie wissen doch, unser Haus in der Wohllebengasse hat einen kleinen Garten. Mama will ihre Getreuen zu Ende der Sommersaison um sich versammeln. Das Fest der Heimgekehrten, verstehen Sie, in Kostüm. Mama schwärmt für Kostüm. Erwin Lenk und Ludwig Seydler werden da sein. Sie kommen doch auch, ja?“

Georg verbeugte sich. „Mit dem größten Vergnügen, Fräulein Kitty. Ich werde kommen.“

Elisabeth drängte zum Gehen. „Also morgen auf

Wiedersehen, Zauberlehrling!“ Sie lachte. „Ich kann Sie wirklich nicht Herr Doktor Hübner nennen. Und haben Sie’s nicht so eilig mit dem Meisterstück! Sie kommen noch früh genug in die Zunft.“

Elisabeth bot ihm kühlen Blicks eine heiße, zitternde Hand.

Georg fühlte noch Elisabeths knabenhaft festen Händedruck – und war allein. Mit einem Kopf voll unklarer, verworrener Gedanken stieg er die drei Stockwerke zu Onkel Heinrich hinauf.

Schon vor der Eingangstüre, während er das altmodische Porzellanschild mit der verschnörkelten Inschrift „Professor Dr. med. Heinrich Hübner“ betrachtete, ärgerte ihn der penetrante, an frische Äpfel und alten Tabak mahnende Geruch, den Onkel Heinrich in seiner ganzen Wohnung verbreitete. Onkel Heinrichs alte Haushälterin, die ihm die Tür öffnete, konnte er auch nicht ansehen, ohne der qualvollsten Stunden seiner Kinderzeit zu gedenken. Am Weihnachtstag, nach Semesterschluß und zu Onkel Heinrichs Geburtstag hatte ihn immer seine blasse, schwarzverschleierte Mama zum Onkel Vormund geführt. Und kam Georg, um ein glückwünschendes Sprüchlein herzusagen oder um einen schlimmen „Sechser“ zu beichten – ganz schrecklich war es immer! So betrat er auch heute diesen dunklen Korridor, in dem auch am Tage eine trübselige Gasflamme brannte, mit wunderlich gepreßtem Herzen und verfluchte die Laune, die ihn herbeigeführt hatte. Ein schwarzer Schlapphut, der an dem gußeisernen Ständer hing, erhöhte sein Mißbehagen.

„Wer ist denn da, Frau Kathi?", fragte er so ängstlich wie vor zwanzig Jahren.

Und Frau Kathi gab mit der gleichen, zwanzig Jahre alten mürrischen Überlegenheit zur Antwort: „Ja, mein, wer wird denn da sein? Der Herr Doktor Kautzner aus Linz halt, dem Herrn sein Schwager!"

„Der Onkel Leopold!" Georg packte seinen Hut. „Frau Katherl, ich war nicht da, nicht wahr, ich bin gar nicht dagewesen!" Er hatte schon die Klinke der Eingangstür in der Hand.

Aber Frau Kathi wurde energisch, so energisch, daß ihre große weiße Haube ins Wackeln geriet. „Ah na!" Sie erwischte Georg beim Rockzipfel. „Wenn der junge Herr schon einmal da ist, da bleibt der junge Herr da! Der Herr Professor kränkt sich ordentlich ab, daß er den jungen Herrn gar nimmer sieht. Drei Monat war der junge Herr jetzt nicht da. Und da will der junge Herr so mir nix dir nix davonlaufen? Ah na! Ah na! Da bleibt der junge Herr!"

Die Küchentür wurde geöffnet, und die wohlbekannte Stimme des Küchenmädchens Resi gellte durch den Spalt: „Frau Kathi! Die Supp'n is ang'richt!" Und zugleich drang ein feiner Duft von Braten und allerlei guten Dingen in Georgs Nase. Er schwankte noch einen Augenblick, dann hängte er seinen Hut resigniert neben den riesigen schwarzen Schlapphut, zupfte vor dem Spiegel seine Krawatte zurecht, bürstete mit der uralten Kleiderbürste seinen Rock ab und betrat das Speisezimmer hinter der triumphierenden Frau Kathi, die den dampfenden

Suppentopf vor sich hertrug, wie eine Priesterin die Opferschale.

Die zwei alten Herren saßen bereits bei Tisch und blickten erwartungsvoll zur Tür. Die Spannung in ihren Gesichtern löste sich, als sie die Suppenschüssel erblickten. Georgs Erscheinen rief keine besondere Veränderung in ihren Mienen hervor. Onkel Heinrich, über den großen runden Hornzwicker wegschauend, betrachtete den unerwarteten Ankömmling nur einen Augenblick und nickte ein „Grüß dich Gott!", Onkel Leopold verzog den breiten Mund zu einem Grinsen, sah auf den Suppentopf und sagte: „Aha! Der Neffe Georg!"

„Da kannst du gleich mitessen", erklärte Onkel Heinrich.

Frau Kathi hatte schon einen dritten Teller bereitgestellt.

Georg setzte sich auf einen dieser schauerlich unbequemen, grünen Samtsessel, die so hart gefedert waren, daß sie bei jedem Druck einen hellen, klingenden Ton gaben. Dabei stieß er mit den Knien an die tückisch geschnitzten Säulchen, die die Tischplatte trugen. Nach längerem Suchen entdeckte er ein sicheres Plätzchen für seine Schienbeine und fing mit einem Seufzer der Erleichterung zu essen an. Er hatte sich wohlweislich so entfernt als möglich von Onkel Leopold gesetzt. Der Tabakgestank dieses Advokaten aus Linz war nicht wie bei Onkel Heinrich durch den freundlichen Geruch nach frischen Äpfeln gemildert. Diese Verschiedenheit drückte sich auch im Charakter der beiden Herren deutlich aus.

Onkel Leopold stürzte die dicke Gemüsesuppe hinunter wie ein Wolf. Dann schnappte er nach den Enden seines schmutziggrauen Schnauzbartes, lutschte sie schnalzend ab und fragte: „Na, also, Georg, was macht die Literatur?"

Onkel Heinrich hatte friedlich den Rest seiner Suppe gelöffelt. Nun tupfte er eben mit einer großen weißen Serviette manierlich den Schnurrbart ab und zog ein mißbilligendes Gesicht. Georg sah es und war ihm dankbar. Doch bevor er dem Onkel aus Linz antworten konnte, redete der schon weiter.

„Ja ja, ja ja, mein lieber Heinrich! Wer so den Kontakt mit der großstädtischen Jugend bewahren kann, wie es dir durch den regen Verkehr mit deinem Neffen Georg möglich ist, der, sage ich, würde sie, ich meine die Jugend, wohl auch besser verstehen. Mir meinesteils geht dieses Verständnis, diese Einfühlung, sage ich, leider fast völlig ab. Ich für mein Teil sehe nur eine hervorstechende Eigenschaft in dieser neuen Generation: eine weitgehende Disziplinlosigkeit, die ihr, dieser Generation, in ihrem Fortkommen Eintrag tut, Abbruch, sage ich, bis ins Kleinste. Aber das mag die bitterböse Ansicht eines Vereinsamten sein, eine Befürchtung, sage ich, vor der du durch den lebendigen Verkehr mit der Jugend geschützt bist."

Georg sah erwartungsvoll den Professor an.

Onkel Heinrich fühlte sich unbehaglich. Er wetzte auf seinem Sessel hin und her und schaute nach der

Tür. Und einmal glitt sein unruhiger Blick über den Neffen hin, halb in Angst, halb in Zorn, und so scheu, als bedrücke den alten Herrn eine Schuld. Er wollte offenbar nicht reden und sah wieder ungeduldig auf die Tür.

Frau Kathi, die Erlöserin, erschien noch immer nicht.

Aber der Doktor Kautzner aus Linz machte den Mund auf, schnappte Luft und sagte: „Tja, du hast dir dieses Fortleben, wenn ich so sagen darf, dieses Fortleben mit der Jugend auch redlich verdient. Wie du für den Georg und seine Mutter gesorgt hast, alle Achtung, sage ich, alle Achtung!"

Da brach es aus dem Professor heraus: „Mein lieber Leopold, das sind lauter Dinge, die nicht für mich existieren. Was ich getan habe, war meine Pflicht, und fertig. Ich fordere keinen Dank und pfeife auf alles, was Dankbarkeit heißt. Aber Gefühl, ein wahres, warmes Gefühl muß ein junger Mensch doch haben. Freilich, Liebe läßt sich nicht kommandieren. Aber ich bin nicht beleidigt. Ich lebe für mich und gut." Onkel Heinrichs Ton wurde unsicher und gebrochen. Dabei sah er keinen der beiden Tischkameraden an. „Ich mache keinem Menschen einen Vorwurf", sagte er zu einem unsichtbaren Zuhörer in der Ofenecke. „Für mich ist der Einzelne nur Träger der Gattungseigenschaften. Diese ganze Jugend ist so. Sie mag begabt sein. Aber sie hat kein Gefühl. Mir persönlich ist das ja gleichgültig. Ich habe nie mit der Menge harmoniert. Ich bin immer für mich gewesen. Man hat mich einen Sonderling genannt, einen Menschenfeind, und weiß nicht, was alles noch! Aber dieses Urteil trifft nicht zu. Ich schau mir die Leute an und rege mich nicht auf. Ich finde sie nur komisch."

Frau Kathi hatte die Hummermayonnaise gebracht.

„Und vor allem finde ich diese heutige Jugend komisch", redete Onkel Heinrich zwischen aufgeregt gierigen Bissen weiter, „diese Jugend, die alle großen Entdeckungen für sich gepachtet hat: das Kunstverständnis, den Lebensgenuß – und vor allem natürlich die Liebe! Wir verstehen nämlich das alles nicht, mußt du wissen, lieber Leopold! So glaubt nämlich diese Jugend! Wie dumm! Wir waren doch auch einmal jung! Aber das war gar keine Jugend, weißt du, die in den Sechzigerjahren. Wir sind als Greise auf die Welt gekommen, verstehst du?" Onkel Heinrich lachte. „Ich habe nie in meinem Leben Dank gefordert", wiederholte er und zerrte nervös an seinem kummervollen Schnurrbart, „auch von meinen Patienten nicht, wenn ich sie mit der größten Aufopferung gerettet habe. Kathi, noch ein Glas Berncastler! Ich rede nicht gern von diesen Dingen, es sieht aus, als wollte ich mich damit brüsten. Aber in allen Angelegenheiten des Lebens kommt es doch auf die Gesinnung eines Menschen an und nicht auf seine Leistung. Und wo findet man bei der heutigen Jugend noch Gesinnung? Wo hinaus soll das alles? Ich bitte dich, Leopold", Onkel Heinrich schlug erregt mit der flachen Hand auf den Tisch, „was wollen diese jungen Leute eigentlich? Kann dir das einer von ihnen sagen? Begeistern sie sich für irgend etwas? Ich würde ihnen alles verzeihen, wenn sie es mit Begeisterung täten. Aber diese jungen Leute haben einen kühlen Verstand – auf allen ihren Irrwegen. Das ist mir fürchterlich!"

Georg betrachtete den Onkel mit steigendem Unbehagen.

Zwei fanatische Flecken brannten auf den Wangen des Professors, und er redete wieder starr in die Ecke des Zimmers.

Georg schwieg; er kannte die Zwecklosigkeit solcher Debatten und fürchtete sie. Zu Onkel Heinrichs beingewordener Welt führten keine Brücken. Aber heute merkte Georg zum erstenmal, daß der Professor sich seiner selbstgeschaffenen Verödung bewußt geworden war. Früher, wenn Onkel Heinrich, mit solchen Anschauungen gepanzert, ihm in spottender Überlegenheit entgegengetreten war, hatte er den Onkel verhöhnt und gehaßt, wie nur unterdrückte Jugend hassen kann. Später war ihm der Professor ein Gespenst aus einer toten Welt geworden, ohne Leben und Gefühl, ein Popanz, an dem man einfach vorüberging. Heute regte sich etwas wie Erstaunen und unwilliges Mitleid in Georg. Er sah einen Menschen in Not. Dieses Von-sich-wegreden des Onkels, diese Angst vor der Kritik des Zuhörers peinigte ihn. Mit einem sonderbaren Mißtrauen achtete er auf jedes Wort und jede Bewegung des alten Herrn.

Onkel Heinrich tranchierte eben den Braten und redete noch immer von der Notwendigkeit einer Gesinnung. „Ich bitte dich, sonst könnten wir ja in aller

Gemütsruhe klerikal werden, da ging's uns viel besser!" Er schrie beinahe vor Empörung.

„Das gehört aber eigentlich nicht zur Sache", lächelte mit sanfter Überlegenheit der Advokat aus Linz, „wir sprachen von der Disziplinlosigkeit der modernen Jugend!"

Der Professor ließ die Gabel im Braten stecken und sah seinen Schwager erschrocken an. „Verzeih, ich verliere mich manchmal", murmelte er, „man gewöhnt sich so, seinen eigenen Gedanken nachzugehen."

Sie aßen schweigend weiter. Georg wurde von einem lästigen, immer wiederkehrenden Gedanken gequält. Onkel Heinrichs Schwächen erschienen ihm auf einmal so begreiflich, daß er davor erschrak. Nicht nur mit dem Verstande konnte er die sonderbar gewundenen Wege dieses wunderlich gewordenen Menschen nachgehen; er witterte sie instinktiv, wie ein Hund den Weg seines Herrn. Diese Persönlichkeit brauchte er nicht zu konstruieren; sie lebte in ihm, wesensverwandt, blutsverwandt. Und floß denn nicht wirklich das gleiche Blut in seinen und Onkel Heinrichs Adern? Ärgerlich versuchte er, diesen Gedanken abzuschütteln.

Die beiden alten Herren stritten wieder aufgeregt aneinander vorüber.

Georg hörte das mit halbem Ohr und unwillkürlich erinnerte er sich des Gefühls, das er als Kind gehabt hatte, wenn über ihm auf einer Eisenbahnbrücke zwei Züge aneinander vorüber donnerten. Er betrachtete den Professor und dachte an eine alte Photographie, die er einmal vor langer Zeit in der Schatulle seiner Mutter gefunden hatte: Onkel Heinrichs Bild aus den Sechzigerjahren: breiter Kragen, flatterndes Haar und flatternde Krawatte, ein Schiller-Jüngling. Und wie er jetzt dort saß, seinen geheimen Gram in aufgeregten Worten loswerden wollte und drauflosschalt und verdammte, erschien er Georg als die Karikatur jener Begeisterung der Sechzigerjahre.

Durch Onkel Heinrichs aufgeregte Stimme wurde Georg aus seinem Grübeln gerissen. Er horchte auf.

„Ich bitte dich – Nietzsche!“, schrie der Onkel. „Diese Aufregung mit dem Übermenschen! Diese Umwälzung durch das eine Wort! Das große Wort! Das Wort der Zukunft! Das neue Wort, das ihnen gehört, ihnen ganz allein!“ Ein böses Lächeln verzog Onkel Heinrichs Mundwinkel. „Wir Greise der Sechzigerjahre haben es aber doch schon gekannt!“, sagte er in einem ganz veränderten hämischen Ton. „Wir haben nämlich den Faust gelesen.“ Er lächelte triumphierend in die Ofenecke hinein, wie man einem Freund zulächelt, der einen bis ins Geheimste versteht.

Onkel Leopold brach in ein kreischendes Beifallsgelächter aus.

Da zuckte der Professor zusammen und drehte sich jäh nach seinem Schwager um. Einen Augenblick schaute er verblüfft in das lächerlich verzerrte unrasierte Gesicht des Advokaten, dann glitt sein Blick über den speckigen, von weißlichen Schuppen bedeckten Rockkragen dieses Menschen hinunter. Er wollte etwas Hartes, Verächtliches sagen, doch er verschluckte das Wort wieder. Eine tiefe graue Traurigkeit legte sich über sein Gesicht und machte seine Züge schlaff. Und ohne jeden Übergang, als hätte er stundenlang von nichts anderem gesprochen, begann er, seinen „letzten schweren Fall" zu erzählen.

Aber Onkel Leopold gehörte nicht zu denen, die sich abschütteln lassen. Laut und aufdringlich fing er wieder an, die Ursachen der Disziplinlosigkeit dieser modernen Jugend zu untersuchen. „Vielleicht ist auch die schädliche Verbreitung jener, ich will sagen: künstlerischen Weltanschauung daran schuld", schrie er, von einer vagen Erinnerung an irgend ein Buch gereizt.

Onkel Heinrich, als hätte er Scheuklappen an den Ohren, redete von seinen „Fällen".

„Die Solo-Arie!", dachte Georg. Der lästige stechende Gedanke kam wieder. Abermals sah er den Onkel Heinrich an. Warum der nicht geheiratet hatte? Da lag irgend ein trübes Geheimnis, das weh tat und sorgsam verborgen wurde. Vielleicht eine ganz simple Geschichte, vielleicht eine Trägheit der Stunde, ein Verpassen des Augenblicks, vielleicht ein großer Schmerz? Oder am Ende gar die Angst vor dem Verlust der Freiheit? Er dachte wieder an den Schiller-Jüngling. Irgend etwas bohrte ruhelos in Georgs Gehirn und wurde eine undeutliche Furcht. Er hatte einen fest eingewurzelten, quälenden Glauben an die Macht des Blutes. Wird er nicht selbst einmal alt werden wie Onkel Heinrich? Ebenso berühmt? Und ebenso einsam? Die anderen werden andere Wege gehen. Er aber wird sich mehr und mehr in seine eigene Welt verspinnen und die neuen Gedanken, die neuen Menschen nicht mehr verstehen. Eine unsinnige Angst schnürte ihm die Kehle zu. Er stand auf. Er fühlte das unbezwingliche Bedürfnis, irgend etwas zu sagen, eine reinliche Trennung zwischen sich und diesen schreienden alten Männern herzustellen. Aber eine sonderbare Scheu hielt ihn ab, Onkel Heinrich anzureden. Er wandte sich an den Advokaten.

„Mein guter Onkel Leopold“, sagte er höhnisch „was würdest du dazu sagen, wenn ich dir mitteilen würde, daß meines Erachtens das Schlimme für die heutige Jugend eben die Disziplin ist, oder sagen wir besser die ...“ Er suchte ein Wort. Plötzlich ging ein helles Lächeln über sein Gesicht, und er sagte mit einer völlig veränderten Stimme: – „die Zunft“. Er redete nicht weiter. Es war nicht mehr nötig. Die Trennung war schon da.

Die beiden alten Herren hatten zu reden aufgehört und hoben verblüfft die Köpfe. Georg sah einen nach dem anderen an. Onkel Heinrich schwankte zwischen einer sonderbaren zitternden Hoffnung und der alten verbitterten Empörung. Georg fühlte, was der Onkel erwartete: daß ihn der Neffe an dem schmutzigen Schmarotzer von Schwager rächen würde für den Augenblick, da der Professor sich zu einer Gemeinsamkeit mit diesem Advokaten aus Linz erniedrigt hatte. Das verstand Georg wohl, aber er fühlte in sich keinen Beruf zu diesem Rächeramte. Ganz weit fort war er von diesen zwei trübseligen alten

Menschen. Und merkwürdig! Nun war sie auf einmal wieder da, diese Traumstimmung der heutigen Nacht. In dem blühenden Buchweizenfelde stand Elisabeth Steinbach und lachte und sagte das von der Zunft. Und dann gingen sie miteinander auf der Bergstraße an dem dämmernden Dorfe vorüber, und die spielenden Kinder lärmten unten vor den Häusern. Aber nein! Elisabeth Steinbach hatte er doch da unten auf dem Lugeck getroffen, er hatte ja gar nicht von ihr geträumt. Oder doch? Ja! Ja! Der wunderbare Traum war Elisabeth Steinbach gewesen, Elisabeth Steinbach!

Noch einmal sah er den Professor an. Der saß noch immer da und wartete. Onkel Leopold gaffte verständnislos und stocherte vorsichtig in den Zähnen. Die Spannung in Onkel Heinrichs Zügen ließ nach. Die alte graue Traurigkeit zog über sein Gesicht, und ein zorniger Widerstand kam wieder in seinen Blick.

Da grüßte Georg und ging aus dem Zimmer.

Draußen im Vorzimmer verwandelte sich plötzlich sein ganzer Körper, alle Glieder wurden ihm leicht und beweglich. Er packte seinen Hut und stürzte davon. Über drei Stufen auf einmal sprang er in langen Sätzen hinunter, durch den kalten, dumpfen Flur hinaus auf die Straße.

4.

Die Luft war warm und der Himmel hell und hoch. Menschen drängten sich an Georg vorüber, und Wagen an Wagen fuhr die Rotenturmstraße hinunter in den Prater. Sie alle, die da gingen oder in den rollenden Wagen saßen, wollten genießen, solange die Sonne noch Wärme gab. Eine dürstende Sehnsucht nach Sonne trieb alle diese Menschen. Wie ein schwerer, kostbarer Wein strömte das warme, milde Gold in ihre Adern. Das war nicht mehr die lachende, tanzende weiße Sonne von heute morgen. Die war durch die Gassen geflogen wie eine flatternde Fahne und hatte die Sinne beschwingt und leicht gemacht. Jetzt war sie heiß und still, war ein Strom von Rausch und sehnsüchtiger Zärtlichkeit, voll von allem Leid und aller Süße des Abschieds.

Trunken von dieser Sonne irrte Georg durch die Straßen. Gar nichts konnte er denken als: „Es war Elisabeth Steinbach, es war Elisabeth Steinbach!“ Immer wieder sah er sie lachen mit ihren blitzenden kleinen Zähnen und hörte ihre Stimme, diese jauchzende junge Stimme, die an den unsinnigen Überschwang jubilierender Lerchen erinnerte.

Diese Sonne, diese Sonne und Elisabeth! Er rannte und rannte. Ein Rhythmus erwachte in ihm, ein Klang und Rhythmus, der vorwärts stürmte, wieder ebbte und von neuem anschwoll. Der trieb ihn und jagte sein Blut. Georg lief blind drauf los. Da, bei einer Straßenbiegung rannte er auf Ludwig Seydler zu.

Er packte den Erstaunten und redete lachenden Unsinn auf ihn ein, verwirrte sich an Seydlers Ruhe, wurde verlegen, ärgerte sich und wollte seinen gewohnten, halb sarkastischen, halb raunzigen Ton anschlagen. Das ging auch nicht recht, er mußte wieder lachen und schließlich sagte er zwischen Ärger, Scham und Übermut nur noch dieses eine: „Also, ich bitte Sie! Bei dieser Sonne –!"

Ludwig Seydler sah ihn aufmerksam an und nickte mit dem Kopf. Er ging eine Weile mit ihm und im Gehen erzählte er die Neuigkeit dieses Morgens. „Wissen Sie schon, Hübner? Unser Freund, Pan Waclav Wondraschek hat sich verlobt. Und mit wem? Mit der alten Gräfin Prandt. Der ‚Urschel', nicht? Und gibt die Musik auf. No freilich, jetzt hat er's nicht mehr nötig. Sie hat ja Geld. Nicht?"

Georg lachte überlaut. Ludwig Seydler sah ihm wieder gespannt ins Gesicht, als suchte er irgend etwas in diesen Zügen. Als sie den Rathauspark erreichten, fragte er plötzlich, ob Georg sich nicht von ihm zeichnen lassen wollte. Georg willigte ein, und so gingen sie miteinander in die Florianigasse.

Auf dem Wege redete Seydler allerlei merkwürdiges Zeug. Daß er das Gefühl habe, Georg müsse soeben kurz vor dem Kulminationspunkt seines Problems stehen. „Alle Menschen schleppen in bestimmter Stunde ein zur Erfüllung drängendes Problem mit sich. Und das drückt sich im Höhepunkt der Entwicklung durch einen merkwürdigen Zug aus, durch einen Zug um den Mund herum. Nicht? Wie die Schwangerschaft bei Frauen.“ Über dieses „Merkwürdige“ sprach er noch lange. Und alles brachte er in seiner grob zugehauenen Redeweise heraus, mit vielen fragenden „nicht?“ und mit zustoßenden, zeichnenden Gesten, immer gehindert durch den arbeitenden Gedanken, oft verstummend, um unvermittelt wieder zu beginnen. Auf einmal bemerkte er, daß Georg sehr ernst geworden war. Verwundert schwieg er. Und schweigend erreichten sie Georgs Wohnung.

Seydler suchte im Zimmer einen günstigen Platz für Georg und begann zu arbeiten.

Plötzlich fragte Georg: „Für wie alt halten Sie mich, Seydler“?

„Dreißig“, kam es prompt zurück.

„Stimmt.“

„Merkwürdig“, fing Seydler wieder an, „wie Sie dem Professor Hübner ähnlich sehen. Nicht? Das ist doch Ihr Onkel?“

„Mein lieber Seydler“, Georg lachte nicht ganz ehrlich, „Sie wittern das Problem.“

„Mhm“, machte Seydler, ruhig fortzeichnend, „Sie interessieren mich nämlich. Sie sind berufen. Ob Sie auserwählt sind, weiß ich noch nicht. Ich muß das abwarten – nicht? Ihr Schicksal vollzieht sich mit einer gewissen todsicheren Naturnotwendigkeit. Aber was die Sache für mich so interessant macht, ist, daß es sich aus Ihnen heraus auf die Menschen Ihrer Umgebung projiziert und die niederträchtige Kraft hat, diese sofort aus selbständigen Individuen zu Figuren Ihrer Lebenskomödie zu machen. So, daß man den Verlauf dieser Komödie einfach an den Menschen ablesen kann, die Sie in Ihre Nähe rufen oder von sich abstoßen – nicht? Also, auf das Rufen verstehen Sie sich, das weiß ich. Ob Sie aber zupacken können, festhalten, binden – und abstoßen, was nicht für Sie taugt, – das ist eben die Frage, das interessiert mich, das weiß ich noch nicht. Verstehen Sie, ich meine: diese Figuren nutzbar machen, Ihre Komödie kräftig aufbauen – hinauf – nicht? Da ist nämlich jetzt eine ganze Generation so! Die Herrschaften genieren sich, das anzupacken, was ihnen nützt, mit den Zähnen hineinzuhauen, wenn's auch noch so zappelt und sich wehrt – und, wenn es auch noch so festhängt, energisch wegzuwerfen, was hemmt und hindert. Nicht? Die sind zu vornehm und zu weise dazu! Oder können sie's nur nicht? Sie, mein Lieber, haben da gestern im Café ein feines Wort gesagt, das mir viel Klarheit gegeben hat. Es sind aber schon wieder neue Leute da, noch jüngere. Die sind anders, Gott sei Dank! Unbewußter. So ein bisserl wie die kleine Elisabeth Steinbach, nicht? Aber die Zauberlehrlinge, um schon Ihr sehr gutes Wort zu gebrauchen, sind Übergangsprodukte. Das heißt, ja was die Figuren in Ihrem Problem betrifft, bin ich mir lange nicht so klar darüber, als das nach meinem Reden den Anschein haben mag. Ich weiß nur von mir etwas – nicht? – daß ich als Kontrolluhr fungiere, sozusagen. Ich bin übrigens fertig.

So – anschauen brauchen Sie's nicht, adieu!"

Er schob das Blatt in eine große Brieftasche, streckte Georg die Hand hin, stülpte den Hut auf den Kopf und ging.

Georg blieb eine Weile ruhig sitzen. Dann stand er auf, faßte mit beiden Händen seine Rockklappen und atmete tief. Er fühlte sich sonderbar bewegt und lauschte gespannt den Schwingungen dieser Stunde nach. Irgend ein Loch war vor ihm aufgerissen, das in unklare Tiefen führte. Ein Licht war auf sein Leben gefallen, das aus Fernen kam, die er nicht kannte. Eine wunderliche Freude, hinter der ein leises Grauen lauerte, gab seinen Gedanken Flügel, große, weite Schwingen, die ihm selbst erstaunlich erschienen.

Er fing an, im Zimmer auf und ab zu gehen, hin und her, immer vom Fenster zur Tür und von der Tür zum Fenster. Sein ganzes Wesen war gehoben durch ein Gefühl der Bedeutung und Notwendigkeit seines Geschickes. In dieser Notwendigkeit fühlte er sich geborgen wie der Gläubige im Erbarmen Gottes. Aber zugleich erwachte in ihm ein jäher Wille, zu formen, zu gestalten, sein Schicksal zu meistern und aufzubauen aus eigener Macht, nur der eigenen Kraft vertrauend. Sein Denken verwirrte sich an diesem Zwiespalt. Hastig warf er ein Blatt Papier auf den Tisch und begann nervös ein paar Zeilen zu kritzeln. Schreiben beruhigte ihn immer. Er mußte Klarheit schaffen in sich – und um sich her. Ordnung machen. Den Figuren in seiner Komödie den richtigen Platz anweisen. Binden und abstoßen.

Da tauchte klar und deutlich Onkel Heinrichs Bild vor ihm auf. Georg sah ihn haarscharf, körperlich, mit den wehmütigen Enden seines grauen Schnurbarts, und hörte ihn von seinen schweren Fällen reden. Zornig scheuchte er das Bild von sich. Er wollte arbeiten. Aber seine hohe Stimmung war gesunken. Er glaubte der Stunde nicht mehr. Und mit plötzlichem Schreck fiel ihm jenes leicht hingeworfene Wort Ludwig Seydlers auf die Seele. „Ja! Jetzt bin ich fertig. Die Kontrolluhr ist stehen geblieben!“, dachte er. Aber das Räderwerk seines Lebens raste weiter. Wohin warf es ihn? Und auf einmal stand Katharina deutlich vor ihm. Blaß und rotlockig, von Zweifeln gequält, innerlich unfrei, von allen anderen Hilfe erwartend, stand sie da, bettelnd und mißtrauisch, und er hörte von allen ihren Worten nur das Eine: „Ich weiß nicht, ich trau' dir nicht. Mein Instinkt läßt mich vor dir im Stich.“ Und dann: „Deshalb traue ich's auch einem anderen so schwer zu, daß er loslassen darf und dann nicht fällt, sondern schwebt.“

Fallen! Georg sagte sich das Wort laut und langsam vor, um es ganz zu begreifen. Fallen! Er hörte nur den hellen Klang der beiden Silben. Fallen!

Plötzlich erschrak er und fuhr auf. Spielten ihm seine Nerven einen tollen Streich? War dieses schwere Poltern ein Fieberschlag seines Blutes gewesen? Aber nein! Er sprang zur Türe. Da draußen stöhnte ein Mensch.

Georg stürzte durch den dunklen Vorraum in den Korridor. Auf der obersten Stufe hockte einer und rieb sich die Knie. Georg machte einen Satz auf ihn zu.

Es war Maxim Sauermann. „Nichts geschehen“, stieß er, jede Erörterung abweisend, hervor, „tut kaum weh. Bin erschrocken. Das ist alles.“

Georg sah auf die Stufen und erblickte die Ursache von Sauermanns Mißgeschick – einen ausgespuckten Zwetschgenkern.

Sauermann saß noch immer da und umarmte seine Knie. Georg wollte ihn bitten, ins Zimmer zu kommen, aber Sauermann schüttelte den Kopf. „Unnötig. Sie sind da, ich bin da. Wozu Wege? Ich muß Ihnen nur sagen: es ist Verbrechen, solche Kräfte wie die Ihren in Worten und Gedanken zu verpuffen. Verstehen Sie nicht die Gemeinheit des Prinzips, das einen Künstler aus Ihnen machen will, um Ihre Kräfte zu binden? Das alles ist Betrug! Sie sollen nicht dichten von Rache und Freiheit! Sie sollen morden und schlagen, um sich Raum zu schaffen. Hören Sie? Verstehen Sie? Sie sollen Ihre Empörung gegen diese Zeit nicht auf Ihre Zunge laden, sondern in einen Revolver! Schießen! Schießen! Schießen!“ Der Russe starrte Georg mit weit aufgerissenen Augen an und streckte die Hände, mit denen er wild gestikuliert hatte, beschwörend nach ihm aus wie ein verrückter Derwisch. Seine Stimme zitterte in der höchsten Anspannung eines fanatischen Willens. „Hören Sie mich! Ich rede nie, weil das Schauen und Hören ein Leben erfüllt. Im nächsten Leben werde ich vielleicht reden dürfen. Viel. Immer. Jetzt bricht es nur aus mir heraus, wenn es muß. Hören Sie mich! Ich bin ein Stummer, der einen Augenblick lang zu Ihnen reden darf. Das ist eine Gnade. Fassen Sie mich fest – Sie ertrinken!"

Wunderlich mitgerissen, schaute Georg den Menschen an, der so ungestüme Hände nach ihm ausstreckte. Ein Besessener, ein für ewig Gebundener schrie da zu ihm auf. Georg bohrte seinen Blick in diese flackernden Augen. Ein Schwärmer und ein Tier. Ein dumpfes Tier, das nur Instinkte kannte, die es nicht begriff. Und ein Schwärmer, der mitten in die Sonne fliegen und einen fremden Menschen mitreißen wollte. Georg beugte sich nieder und suchte und suchte in diesen Augen. War hier ein Weg? Glühte hier ein Feuer, das seine frierende Seele wärmen konnte? Öffnete sich hier eine wunderbare Ferne? Georg sah eine purpurne Tiefe, die ihn gnädig aufnahm, und fühlte eine Hand, die ihn wie ein Kind an das schlagende Herz des Lebens legte. Und langsam, angstvoll, vor der Kälte und Klarheit seines eigenen Wortes schmerzlich zurückschreckend, fragte er: „Was wollen Sie von mir?" Er hielt den Atem an.

Da kam die Antwort, simpel und faßbar wie ein Stück Brot: „Kommen Sie nach Rußland! In unsere Partei!"

Georg richtete sich auf und brach in schallendes Gelächter aus. Das Stiegenhaus gab dieses Lachen hallend wieder und verzehnfachte den Klang. Georg lachte und lachte, er zitterte am ganzen Körper, so schüttelte ihn dieses konvulsivische Lachen. „Mein lieber Sauermann! Sagen Sie solche Sachen nicht so laut! Am

Ende kommt die Polizei und sperrt uns beide ein. Das ist dann wieder so ein Zwetschgenkern – wie der, über den Sie vorhin gestolpert sind! Leben Sie wohl! Leben Sie recht wohl! In Ihre Partei gehe ich nicht. Und Rußland – Rußland ist so schrecklich weit! Und kalt! Verachten Sie mich! Adieu! Grüßen Sie Rußland!"

Mit einem Ruck schnellte Sauermann empor und ging. Ohne Gruß, ohne ein Wort zu verlieren. Sein Schritt hastete über die Stiege hinunter, sprungweise – bis da drunten alles still wurde.

Georg starrte auf den leeren Platz. Er lächelte nicht mehr. Ihn fröstelte. Er ging in sein Vorzimmer und schlug die Türe zu.

Drinnen im Zimmer warf er sich auf das Bett und lag da und rührte sich nicht. Sein Hirn war wie ausgebrannt. Leer und öde. Und sein ganzer Kopf ein einziger qualvoller Schmerz.

Als Georg wieder aufstand, war sein Zimmer vom heißen Rot der scheidenden Sonne durchgossen. Dieses festliche Glühen erregte eine dumpfe Empfindung in ihm.

Er nahm seinen Hut und ging auf die Straße hinunter.

Der Lärm und das Leben der Stadt weckte ihn langsam aus seiner Erschlaffung. Es trieb ihn immer in die innere Stadt. Er folgte diesem Ruf einer alten Gewohnheit, in seine Gedanken verstrickt und versponnen.

Beneidete er nicht diesen Sauermann am Ende doch? So einer Sache hingegeben, die der eigene Glaube zu einer großen machte – ja, da konnte man vielleicht leben! Vielleicht war dies die einzige Lebensform, die den Begabten halten konnte, der hilflos zwischen Durchschnitt und Genie in der Luft hing. Er hätte den Russen doch nicht so brüsk und höhnisch davonjagen sollen. Dann hohnlachte wieder sein festeingewurzelter Fatalismus. „So, innerlich frei und äußerlich gebunden, ist man geboren. Fertig. Das erwirbt man nicht, mein Lieber! Das ist eine Gnade. – Gnade? Hat Sauermann nicht auch von Gnade geredet? Wer hat Gnade?" Er zerdrückte das schöne sanfte Wort und dachte halb versunken: „Gnade – süße Gnade – schlimm, wenn die süße Gnade verloren ging. Der Satz haftete ihm dunkel in der Erinnerung. „Conrad Ferdinand Meyer schreibt das", fiel ihm ein, „ja, schlimm, wenn die süße Gnade verloren ging. Aber wer hat die Gnade in dieser traurigen, vom Verstand besessenen Zeit?"

Er stand auf dem Graben vor der Auslage der Wiener Werkstätten und sah zerstreut und wunderlich bedrückt auf die kostbaren Bizarrerien, die da ausgestellt waren.

Plötzlich ging die Ladentür auf, und heraus trat Elisabeth Steinbach.

Ihr unerwarteter Anblick verblüffte ihn so, daß er sie anstarrte und zu grüßen vergaß. „Nein, das kommt ja nur in ganz naiven Romanen vor!", schoß es ihm durch den Kopf. Und obwohl er Elisabeth lachen hörte, konnte er seine Betäubung noch immer nicht los werden.

„Aus welchem Traum hab' ich Sie gerissen?", spottete die jubilierende kleine Stimme. „Sie haben gewiß gedacht, jetzt kommt die Märchenfee aus dieser goldenen Tür. Natürlich eine Märchenfee, wie sich Klimt so etwas vorstellt. Statt dessen, sieh da, schon wieder Elisabeth Steinbach!" Sie knickste schnippisch.

Georg dachte: „Da kommt sie hergeschneit, ahnungslos und zwitschert mit dieser süßen Stimme, und alles ist gut!" Doch irgend eine Scheu verhinderte ihn, ihr das zu sagen. Er entschuldigte sein Benehmen, ärgerte sich dabei über die Banalität seiner Worte und fragte schließlich ziemlich ungeduldig, ob er sie begleiten dürfe.

Sie wunderte sich nicht im geringsten über seine Art, die zwischen glatter Konvention und unterstrichener Barschheit sonderbar hin und her pendelte – und nahm ruhig seine Begleitung an.

Langsam gingen sie über den Kohlmarkt. Und Elisabeth erzählte, daß sie eben einen Schal für das Kostüm einer Freundin besorgt habe. Die könne sich nämlich mit dem besten Willen nicht anständig anziehen. „Wissen Sie, es ist schrecklich mit diesen Mädeln! Nie haben sie eine Idee! Und gar nichts. Und lauter dumme Buben im Kopf. Da ist eine – ja wenn ich Ihnen die Szenen erzählen wollte, die ich mit der erlebt habe! Liebschaften – immer platonisch, natürlich, und sentimental – Herrgott, wie sentimental! Verlobung, Entlobung, Untreue, Verrat – es gibt nichts, was ich mit der nicht mitgemacht hätte. Und ich bin so dumm und reg' mich immer wieder auf. Ich bin doch schließlich keine Großmutter. Immer wieder setz' ich ihr den Kopf zurecht und erkläre ihr: Schau, Eva, das ist nicht anständig, was du da treibst ... ich hätt' gar nichts dagegen, wenn du dich ehrlich verliebst und – no ja, also! Aber diese – diese Gefühlsschlampereien sind mir ekelhaft! – Wenn ich so was sag', da schaut sie mich dann an mit ihren wunderbaren großen Kinderaugen – sie hat wirklich rührende Augen –, macht ein Krückerl und sagt nichts als: Ja, Elly! Und hat keinen Dunst von dem, was ich will! Wie ich mich ärgern muß!" Sie sah Georg ins Gesicht. Ihre Wangen waren ganz heiß geworden, und ihre Augen funkelten vor Eifer und Zorn.

Georg schaute sie andächtig an und sagte nichts. Er hörte ganz deutlich einen Vogel singen, einen süßen jubelnden Wundervogel.

Elisabeth steckte so tief in ihrer Entrüstung, daß sie sein Schweigen gar nicht bemerkte. „Wissen Sie, was das dümmste ist? Ich fühle mich verantwortlich für dieses – Molluskerl. Sie ist übrigens nicht die einzige. Es sind auch ein paar Buben unter meinen Schutzbefohlenen. Meistens sind sie mit meinen Mädeln verbandelt, und da gibt's dann Liebesnot und Schmerz und kein Ende! Und da kommen sie in mein Zimmer und erzählen – erzählen bis in die sinkende Nacht ..." Sie schwieg. Ihr Zorn war vorüber. Das kleine Gesicht wurde weich, und die dunklen Augen träumten in die Ferne. Sie lächelte. „Freilich", sagte sie nach einer Weile, „ein paar sind da, die sind anders. Die machen mir Freud', wenn ich sie nur anschau! Die leben aber leider nicht in Wien. Kommen nur manchmal zu Besuch her."

Nun gingen sie über den Josephsplatz. Das grüne Dach der Hofburg hatte noch Sonne. In der Augustinerstraße dämmerte schon der Abend.

„Wissen Sie, was ich jetzt denken muß?", fragte Georg, während sie durch die dunkle Gasse gingen. „Nein, das können Sie nicht erraten. Ich sehe Sie in Ihrem Zimmer – aber nein, das sind nicht Sie, und so kann auch Ihr Zimmer nicht ausschauen! Sehen möcht' ich's – dieses Zimmer – – Aber ich wollte Ihnen ja sagen, was ich sehe. Eine Kapelle. Eine kleine, kleine Kirche der Renaissance. Kennen Sie Santa Maria dei miracoli in Venedig? Nein? Also denken Sie sich einen hellen, lustigen, viereckigen Raum mit einer kassettierten Decke – einen kleinen Festsaal voll Licht und Fröhlichkeit, geweiht dem lichten Dienst der Madonna Anadyomene. Ganz heidnisch wirkt der fröhliche Saal mit seinen wundervoll musikalischen kleinen Ornamenten, mit diesen Fruchtkränzen und Putten und Tierköpfen – kein einziges Heiligenbild ist da und kein Kruzifix – und doch ist das eine Kirche, ganz christlich in der süßen Innigkeit ihres Friedens. In diese Kirche der lieblichen wundertätigen Maria schau' ich hinein. Und auf dem Altar seh' ich eine kleine silberne Muttergottes. Warum aus Silber? Ich glaube, das kommt mir aus Ihrem Namen: Elisabeth – Es ist so was Schimmerndes, Silbernes in diesem Klang. Ja. Eine silberne Jungfrau Maria seh' ich. Die lächelt. Und ein schwerer Kranz von dunkelroten Rosen hängt um ihren Altar, schlingt sich um den Saum ihres Kleides, und die Enden schleifen auf den Marmorfliesen des Bodens. Soviel Rosen hat man der lächelnden Madonna gespendet, schwere, dunkle Rosen. Und junge Mädchen, liebliche, blonde und braune, knien zu Füßen des Altars, und junge Knaben, schlankgliedrige, blonde und braune – und die klagen die Schmerzen der Liebe und danken für der Liebe Seligkeit dieser – süßen kleinen Madonna Anadyomene. Und die silberne Jungfrau-Mutter lächelt."

Georg hatte gerade vor sich hingesprochen. Jetzt wandte er sich und sah seiner Begleiterin ins Gesicht. Er wartete auf eine Antwort.

Elisabeth war rot geworden, flammend rot bis über die Stirn. Sie wollte etwas sagen, einen Dank im Scherz, eine Abwehr voll Anerkennung, aber sie fand das richtige Wort nicht gleich. So geriet sie – es war mitten auf dem Straßenübergang – in ein Wagengewirre, das sie für einige Sekunden von Georg trennte. Erst auf dem gegenüberliegenden Trottoir trafen sie sich wieder. Sie gingen nun schweigend den Kärntnerring hinunter und suchten ein überleitendes Wort.

Georg kämpfte ein böses Gefühl verletzter Eitelkeit in sich nieder. Er war voll Scham, unzufrieden mit sich selbst und wollte über die Leere hinwegkommen, die ihn von Elisabeth trennte. „Fräulein Elisabeth ...", fing er an.

Im gleichen Augenblick ging ein großer, breitschultriger, auffallend elegant gekleideter Mann knapp an den beiden vorüber, faßte Georg und Elisabeth scharf ins Auge, lächelte dann mit einem merklichen Zucken der Nasenflügel und grüßte das Mädchen. Elisabeth mußte ihn schon früher bemerkt haben, denn ihr ganzes Gesicht war wie von innen zusammengezogen, und zwischen ihre zornig gehobenen Brauen grub sich ein tiefer Schnitt. Sie nickte kurz und warf den Kopf widerwillig zurück, wie ein wildes junges Füllen, das den straffen Zaum loswerden will.

Georg fühlte etwas Bitteres in sich aufquellen. „Wer war denn das?“, fuhr es aus ihm heraus.

Elisabeth errötete und murmelte verwirrt: „Das war der Doktor Karinski. Fery von Karinski. Haben Sie den in Strobl nicht gesehen? Er verkehrt schon lang bei uns. Mama kann ihn gut leiden.“ Sie sagte das alles so unsicher, als wollte sie sich bei Georg entschuldigen, daß der Mensch sie gegrüßt hatte.

Das reizte Georg noch mehr. Er war voll verbissener Rachsucht. „Elegant ist er! Pickfein!“ Er pfiff häßlich durch die Zähne. „Entschieden Herzensbrecher von Profession. Natürlich. Mit dem schwarzen englischen Schnurrbart und mit dem Stiernacken! Da ist unsereiner freilich ein schäbiger Engbrüster dagegen!“ – Ja! Er wollte ihr weh tun. Er sah sie von der Seite an. Da, als er ihren zuckenden Mund sah und die merkwürdig von innen her verdunkelten Augen, da kam eine jähe Reue über ihn und er gestand in lächelnder Traurigkeit: „Schauen Sie, Fräulein Elisabeth, so bin ich! Und so geht es mir! Ich bin glücklich und froh, auf einmal kommt irgend eine Kleinigkeit, eine lächerliche Dummheit, ein Wort, das man nicht findet, ein Mensch, der vorübergeht – oder – auch – irgend eine schlechte Bewegung bei einer Frau – und die schönste Stunde ist verloren. Und wissen Sie, woher das kommt? Weil ich nicht weiß, wo ich hingehöre, weil ich keine Ahnung habe, wozu ich auf dieser Welt herumlaufe. Und wenn eine solche Dummheit so auf mich wirkt, so kommt das immer daher, weil sie irgend etwas in sich stecken hat, was mich an meine Zwecklosigkeit erinnert. So sind viele, fast alle Jungen heutzutage. Das heißt, es kommen schon wieder neue jüngere – die sollen anders sein – – – " Er sah sie wieder an.

Sie ging mit kleinen eiligen Schritten neben ihm her und schaute erschrocken und hilflos vor sich hin.

„Und sehen Sie", Georg redete schneller, als wollte er alles Drückende von sich abwälzen, „was ich berühre, gerät mir zum Übel. Und glaub' ich einmal, jetzt hast du einen recht glücklichen Fund gemacht, und jetzt kann nichts Schlimmes von außen kommen, so zerbricht sicher gleich etwas in mir und verdirbt mir den Menschen und die Stunde."

Elisabeth schüttelte den Kopf. Ihre Lippen waren ganz schmal vor Willen und Entschluß. „Aber so geht's mir ja auch, oft und oft!", sagte sie mit einem so schweren Ton, als müßte sie ihre ganze Kraft in jede Silbe pressen.

Georg lächelte. Es war nur ein Zucken um seine Lippen. „Jetzt weiß ich eine neue Legende von der Madonna Anadyomene: die silberne Jungfrau wollte so viel und so oft helfen, daß sie sogar einmal gelogen hat – nur um zu helfen.“

Elisabeth wandte ihr blaßgewordenes kleines Gesicht und deutete ein Nein. Als sie seine Augen sah, erschrak sie. Aber eine Ahnung von der Macht ihres Lächelns schien in ihr zu erwachen. Denn sie lächelte kunstvoll, mit einem langsamen Lösen ihrer Züge, und doch voll Angst um das Gelingen ihres Versuches. Aber es half nichts. Ihr Lächeln weckte nichts.

Georg fühlte selbst das Versagen ihrer letzten Hilfe und empfand Mitleid mit diesen enttäuschten Kinderaugen. „Nein, nein, Elisabeth“, flüsterte er, „was Sie jetzt empfinden, ist nur ein böser Traum. Die Welt – Ihre Welt – ist hell und voll Sonne. Und Sie haben Ihre Helferkraft nicht verloren. Denn Sie denken jetzt wohl, weil es einmal mißlungen ist, wäre Ihr Zauber zerbrochen – und alle die lieben holden Blumen, die Sie den Menschen entgegenbringen, müssen auf halbem Wege liegen bleiben und verwelken. Nicht wahr, das denken Sie?“

Sie nickte. Tränen saßen in ihrer Kehle und ließen sie nicht reden.

„Ich hab’s gewußt, Elisabeth, ich hab’s gewußt. Aber glauben Sie mir – das ist alles nicht wahr! Das kommt nur von dem bösen Kobold, der da neben Ihnen geht. Der soll mit Ihnen nichts mehr zu schaffen haben. Der soll Ihnen die Sonne nicht mehr wegnehmen. Ich schwör’s, Elisabeth. Sehen Sie, hier sind Sie zu Hause. Hier droben ist Ihr liebes Zimmer – oder die Kirche der Madonna Anadyomene? Dort wartet vielleicht einer auf Ihr Lächeln, liebe kleine silberne Muttergottes! Und bittet um Ihre Blumen und windet sich einen Kranz daraus, einen schönen bunten, jungen lachenden Kranz – – –“

Sie standen vor der Haustür. Elisabeth öffnete und drehte sich nach Georg um.

Er stand halb gebückt, wie in einer Verneigung und sah sie an – wie ein still Verstehender ein Kind ansieht und doch wie ein Bettler, der eine reiche Gabe empfing.

Da ließ sie die Klinke los und streckte ihm beide Hände hin mit einer so ungestümen schenkenden Gebärde, daß es wie ein ersticktes Jauchzen ihrer Seele war.

Und Georg nahm ihre Hände und küßte sie mit knabenhaft dankbarer Inbrunst. Dieses Danken war wie ein Rausch. Alles um ihn her versank in seinen Küssen.

Da lachte Elisabeth. Ganz leise, mit einem ganz tiefen, zitternden Ton, der sich in kleinen, befreienden Stößen immer wiederholte. Sie konnte doch helfen. Die Welt war wieder hell. Elisabeth lachte. Und lachend entzog sie ihm ihre Hände. Und lachend huschte sie ins Haus hinein.

Georg blieb eine Weile stehen und sah die geschlossene Haustür an.

Ein feuchter, kühler Nebel begann aus der Luft herauszuquellen. Und in die Gassen fiel eine graue, trübe, kalt bedrückende Dämmerung.

Die Laternen wurden angezündet.

Als Georg an diesem Abend nach Hause kam, war ihm so elend zu Mute, daß er daran verzweifelte, ob er das Leben je werde ertragen können.

5.

Zum Gartenfest der Frau Cäcilie Steinbach zog Georg sein Wertherkostüm an, das er seit Jahren besaß. Der blaue Frack sah zwar schon ziemlich schäbig aus, und die gelben Stulpenstiefel hatten große braune Flecken. – „Aber", sagte Seydler, der Georg Punkt 5 Uhr in einem geschlossenen Einspänner abholte, „das geht gerade gut zusammen. Sie kommen aus – na also, wie heißt das Nest, wo Werther immer hingeht? – und sind ein bißchen müde, so um den Mund herum ein bißchen blaß, mit ein Paar brennenden Augen drin, kotbespritzt und sehr verschwärmt, ganz zerrüttelt von lauter Dingen, die andere Menschen gar nicht bemerken, nicht?"

Ludwig Seydler selbst trug eine Art Barett und ein dunkles Tuchwams und sah aus wie das aus dem Rahmen getretene Cranachsche Lutherbildnis.

Georg schwieg, während sie durch die Gassen holperten. Seydlers körperliche Nähe irritierte ihn. Er empfand sie als etwas Fremdes, Unnötiges, zufällig Vorhandenes und konnte gar nicht begreifen, daß ihm die Existenz dieses Mannes je ein Bedürfnis, ja eine Beruhigung gewesen war.

Als der Wagen vor dem Steinbachschen Familienhaus in der Wohllebengasse hielt, atmete Georg erleichtert auf. Und doch war er so beklommen, wie er es seit vielen Jahren nie mehr gewesen war.

Frau Steinbach bewohnte das Haus, das der verstorbene Architekt Steinbach für sich selbst erbaut hatte, seit dem Tode ihres Mannes allein mit ihren zwei Töchtern. Allwöchentlich öffnete sie dieses Haus einer unkontrollierten Menge von Gästen, einheimischen und durchreisenden Schauspielern und Journalisten. Da jeder Gast die Freiheit hatte, mitzubringen wen er wollte, konnte es leicht geschehen, daß einer, von dessen Namen und Existenz die Hausfrau keine Ahnung mehr hatte, von Uneingeweihten zu den Intimen des Steinbachschen Hauses gezählt wurde.

Als Georg und Seydler in die kleine Halle kamen, von der ein paar Stufen hinaufführten in den großen Salon, stand Frau Cäcilie oben in der offenen Salontür und empfing ihre Gäste mit der Würde einer Königin. Sie hatte Sorge getragen, daß ihre in schwere rote Seide drapierte Gestalt auf einem raffiniert ausgeklügelten Hintergrunde mit Majestät zur Geltung kam. Hinter ihr sah man in gedämpftem Licht als undeutlichen Farbenfleck ein Stück eines Gobelins und das scharfe, helle Rechteck der Verandatür, die in den Garten hinunterführte. Der dunkle, aus Eichenholz geschnitzte Rahmen der Salontüre hielt das ganze Bild wirkungsvoll zusammen.

Die Wände der Halle waren mit einem orangefarbenen rauhen Stoff überzogen und in gleichen Abständen mit runden, bunt durchflochtenen Kränzen behängt. Von einem kleinen Raum neben der Halle, in dem ein Buffet aufgestellt war, zur Treppe hin und hinauf in den Salon ging es wie ein festlicher Maskenzug von bunten, lebhaft bewegten Gestalten. Das ganze Haus war erfüllt von Klängen, Farben und Stimmengewirr. Überall das Glitzern und Gleißen von Seide und Schmuck.

Drüben im Garten spielte ein Schraml-Quartett, die Geigen klangen schwärmerisch und ausgelassen, die jungen Menschen lachten, und ihr Gehen war schon ein Tanzen. Und das alles in einer heißen Luft, die wie durchwärmt war von Blut im Fieber der Erwartung.

Gleich neben der Eingangstür zum Salon stand Erwin Lenk in dem Kostüm, das er als Romeo zu tragen pflegte. Verzückt, wie unter Julias Balkon, stand er da und bekannte mit seinem reizenden Knabenlächeln, daß er sich heute hundert Augen und hundert Stimmen wünsche, um sämtlichen anwesenden Frauen und Mädchen die Köpfe zu verdrehen.

Seydler hatte einen befreundeten Maler getroffen, mit dem er in dem Gewühl von phantastischen Figuren verschwand. Georg war in halber Höhe der Treppe stehen geblieben; nachlässig auf das Geländer gestützt, blickte er spähend hinunter in die Halle.

Rotes Haar, in einem goldenen Netz gefangen, leuchtete dort drüben aus einer dichten Gruppe.

Georg hörte Katharinens Lachen und ein paar Worte, die sie wie immer spitz vor sich hin in die Menge stach. Und nun kam sie selbst, einen Kometenschweif von jungen Leuten hinter sich herziehend, in grüner Seide, die wie feucht an ihren Gliedern klebte, mit weißen Armen und weißer Kehle und einem feuchten Puderhauch auf den Wangen. Wie sie sich so im

Gehen ein wenig neigte, sah sie in diesem Grün doch aus wie nackt; so schmiegsam legte sich die Seide an ihren Körper. Schmeichelnde Lichter rieselten an ihr herunter, und ein Rubintropfen, den sie an einem fast unsichtbaren Kettchen am Halse trug, glühte dunkel auf ihrer bleichen Haut.

Mitten auf der Treppe blieb sie stehen, das Kleid mit der Linken zierlich über dem seidenen Strumpf zusammenraffend. „Oh – Herr Doktor Hübner!", sagte sie und lachte ihm grell ins Gesicht.

Georg verbeugte sich stumm. Eine Haarsträhne fiel ihm in das bleiche Gesicht. Sein herb geschlossener Mund glich einem schmalen Spalt.

„Die Sehnsucht nach Lotten macht Euch bleich – und wortkarg, Werther!", spottete Katharina. Und nach einer kurzen Pause fügte sie lauernd hinzu: „Die Flamme der Erinnerung verbrennt Euch!"

Georg richtete sich auf. Die Komödie widerte ihn an. „Sie irren, Fräulein Katharina! Goethe war sehr weise, als er dem Werther Erinnerungen an Lotte versagte." Sein Mund wurde hart. „Erinnerung ist nicht Flamme, sondern Asche."

Katharina erblaßte unter ihrem Puder. Aber sie hielt seinen Blick mit erstarrendem Lächeln aus.

Da half ihr die ahnungslose Schar ihrer Gefolgschaft. Die jungen Leute wurden ungeduldig; aus ihrer Mitte rief Lenk mit seiner vibrierenden Sametstimme: „Ihr verschwendet zuviel Worte an Einen, Monna Katharina. Vergeßt nicht, daß Ihr jedem von uns einen Tanz versprochen habt!"

Draußen im Garten setzten die Geigen wieder ein. Katharina drehte sich nach ihren Vasallen um und hob den Arm mit einer wundervoll ausgelassenen Gebärde. „Ich halte, was ich verspreche! Ich tanze mit euch allen!" Dunkle Verheißungen klangen aus ihrer Stimme. Lärmend und lachend folgte ihr der ganze Schwarm die Treppe hinauf.

Georg blieb auf seinem Posten. Paare und Gruppen zogen an ihm vorüber, Türken, Griechinnen, Spanier, Japaner, Bäuerinnen, Schäferinnen aus dem Rokoko, eine feine kleine Chocolatière, Pierrot und Pierrette, reizende Mädchen aus der Zeit Raimunds und stolze Damen des Empire. Georg sah Bekannte, Künstler und Schauspielerinnen, grüßte, dankte und gab jeden hingeworfenen Scherz zurück, messerscharf, ohne Liebenswürdigkeit. Manchmal schloß er die Augen, dem wogenden Auf und Nieder der Stimme lauschend.

Da flatterte irgendwo ein Lachen, wie das Jubeln einer steigenden Lerche.

Georg riß die Augen auf und spähte nach dem Figürchen, das zu diesem Lachen gehörte. Aber er fand es nicht.

Die Halle war fast leer, und als letzte Gruppe kamen eben zwei kichernde Mädchen in Biedermeierröckchen die Treppe herauf, geführt von einem schlanken Knaben in lichtem Atlas, der die beiden Mädchen vertraulich umschlungen hielt und bald der einen, bald der anderen ein galantes Wort ins Ohr zu flüstern schien.

Wenn auch enttäuscht, freute sich Georg doch des fremdartig reizenden Anblicks, den die zärtliche Gestalt dieses Knaben bot, der so leicht an ihm vorüberschritt, als hätte sein Körper keine Schwere. „Cherubin!“, dachte Georg.

Da drehte sich der Page um und lachte seinen Bewunderer schelmisch an.

Mit einem Ruck warf sich Georg vorwärts. „Elisabeth!“ stieß er hervor. „Sie – Sie!“

Elisabeth blieb mit den zwei Mädchen stehen und lachte. „Ja! Ich! Ist das Kostüm gut?“ Dabei wurde sie dunkelrot. „Aber ich bin kein Page“, sagte sie verwirrt, „ich bin ein Mädchen: Beatrice aus ‚Viel Lärm um nichts‘. Die sagt einmal: ‚Es stand ein Stern am Himmel, der tanzte. Unter dem bin ich geboren.‘ Diesem Wort zuliebe trag’ ich mein Kostüm. Gefall’ ich Ihnen?“

Georg liebte ihr Erröten. Es machte alles Herbe in ihm weich, es machte ihn gut und dankbar. Er wollte ihr ein paar Worte sagen, ihr danken – wofür? Für ihr Dasein, für ihre süße, beseligende Gegenwart, für das holde Geschenk ihrer Lieblichkeit? Sollte er seiner Liebe anmutige und feierliche Namen geben und seine Seele wie eine duftende Rose zu ihren Füßen niederlegen? Ach – sie würde lachen. Stumm und ungeschickt stand er vor ihr, die selbst immer verlegener wurde.

Da schrillte die Torglocke durch die Halle, und der Diener öffnete. Ein Herr im Frackmantel trat ein. Hinter ihm rasselte ein Automobil davon. Georg erkannte den Doktor von Karinski, der seinen Mantel in der Hand des Dieners ließ und sich näherte in seiner raschen, sicheren Art.

Elisabeth machte eine jähe Bewegung, als wollte sie sich hinter den weiten Röcken ihrer Freundinnen verbergen. Aber Doktor von Karinski stand schon vor ihr, lächelte, die auffallend weißen Zähne ein wenig entblößend, küßte ihr halb respektvoll, halb vertraulich die Hand und grüßte die beiden anderen Mädchen. Dann, da Elisabeth vorzustellen vergaß, verbeugte er sich knapp gegen Georg und nannte seinen Namen. Mechanisch tat Georg das gleiche, voll Widerwillen gegen diesen Menschen, der soeben seinen kurzen, breiten Nacken über Elisabeths Hand gebeugt hatte.

„Aber Doktor“, stammelte Elisabeth, „wir feiern ein Kostümfest! Und Sie kommen in einem langweiligen Frack!“

„Langweilig?“ Doktor von Karinski hatte eine tiefe, liebkosende, immer ein wenig verschleierte Stimme. „Der Frack ist das Festkleid dieser Zeit. Wer sich die Kirschblütenfeier als schönstes Fest erträumt, kommt heute als Japaner. Wer mit Watteau von der Insel Cythera schwärmt, trägt Zierdegen und Escarpins. Ich liebe unsere Zeit. Ich habe meine schönsten Feste –“ Er stockte einen Augenblick, wie von einer Erinnerung gehemmt. Dann redete er mit einem huschenden Lächeln weiter: – „Meine schönsten Feste habe ich in diesem Kleid gefeiert. So bin ich hier.“

Georg beobachtete den Doktor mit steigender Abneigung.

Elisabeth schien eine spöttische Antwort zu suchen und fand sie nicht.

Doktor von Karinski hatte Muße, die feinen Linien der zierlichen Gestalt aufmerksam zu verfolgen. Er nickte schließlich mit einem – wie es Georg schien – unverschämten Lächeln.

Georgs Zorn wandte sich plötzlich gegen Elisabeth. Es wirbelte durch seinen Kopf: „Jedem Laffen zeigt sie sich! Geradeso wie Katharina!" Angewidert stieg er die Treppe hinauf. „Ich muß mich doch endlich Ihrer Frau Mutter vorstellen!", sagte er über die Achsel.

Elisabeth blieb einen Augenblick regungslos stehen und fühlte, wie sie blässer wurde.

Doktor von Karinski ließ seine funkelnden schwarzen Augen blitzschnell von ihr zu Georg gleiten; sein Gesicht behielt den gleichen Ausdruck einer glatten Verbindlichkeit, die er aber in einer Weise zur Schau trug, welche deutlich verraten sollte: „Traut mir nicht. Diese Ruhe ist Maske."

„Kommen Sie!", sagte Elisabeth, indem sie gleichfalls die Stufen hinaufging. „Sie wissen – geistreich sein, ist nicht mein Fall. Die Mama wird Ihre Aphorismen besser erwidern."

„Meine Aphorismen verlangen keine Erwiderung", antwortete der Doktor, „meine Aphorismen sind Pfeile, die ich nach denjenigen werfe, die mir ein wenig zu fern stehen." Er machte eine Pause. „Werden die Getroffenen neugierig auf den Bogen, so kommen sie näher. Das ist dann, was ich wollte. Werden sie nicht neugierig – ja, dann um so schlimmer für mich."

Elisabeth drehte sich um und sah den Doktor an. Ihr Mund verzog sich, als hätte sie einen üblen Geschmack auf der Zunge. „Eine meiner wenigen guten Eigenschaften, lieber Herr Doktor, ist, daß ich absolut nicht neugierig bin.“ Sie schnellte die Worte spitz und gereizt gegen den Doktor, nahm ihre beiden kichernden Begleiterinnen wieder um die Taille und stieg ruhig die Treppe hinauf.

Doktor von Karinski folgte ihr lächelnd. Frau Cäcilie hatte ihren dekorativen Posten unter der Tür mit einem nicht minder vorteilhaften in einer Ecke des großen Salons vertauscht.

Die dunklen alten Möbel, die warmgetönten Teppiche, die goldenen Rahmen, die wunderlichen Bilder alter Meister mit verschollenen Namen, das bunte Gewirr von Kissen aus verblichenen Brokaten, dies alles, zu geheimnisvollem Leben erweckt durch das grüngoldene Licht des Gartens, gab dem Raum sein eigentümliches, kostbares Gepräge.

Als Georg unter die offene Eingangstür trat, die gegen den Salon um einige Stufen erhöht war, fand er den Maler Seydler, der entzückt auf das bunte Wogen der Masken in diesem mit soviel feiner Berechnung getönten Raum hinabsah. „Also, das ist schon sehr schön!“, sagte er, zu Georg gewendet. „Schauen Sie nur, wie fein diese bunten Kostüme mit den Farben der Wände und Teppiche zusammengehen! Ja, so etwas hat der alte Steinbach ausgezeichnet verstanden: Feste, Prunkräume, Wein und Frauen. Es ist ein merkwürdiger Duft in dem ganzen Haus. Das muß man dem Seligen lassen. Sonst freilich hat er nicht arg viel gekannt. Aber sehen Sie nur, wie geschickt Frau Cäcilie sich unter den Kopf der ‚Melancholie' plaziert hat! Mit diesen Perlen im Haar sieht sie wirklich ganz à la Feuerbach aus! Aber ich trau' mich nicht hin. Gleich überfällt sie einen mit der Kunst, und ich seh' ihr's an, heut ist sie besonders künstlerisch geladen. Wollen Sie mir den Gefallen tun und den ersten Anprall aushalten, Doktor Hübner?"

Georg nickte und stieg die Stufen hinunter.

Frau Cäcilie lächelte ihm gnädig zu. Sie sah wirklich aus wie ein Feuerbach. Aber ihre mandelförmigen Augen verrieten die östliche Herkunft. Mit einer ihrer großen Gesten reichte sie Georg die Hand. „Grüß Gott, Werther", sagte sie – immer grüßte sie mit „grüß Gott" – „ich hätte nie gedacht, daß Sie sich so sehr über den innersten Kern Ihres Wesens im Klaren sind, wie dieses Kostüm beweist. Sie müssen viel mit klugen Frauen verkehrt haben ... oder sind Sie wirklich so ganz Künstler, daß keine Reflexion Ihre Intuitionen stört? Ich kenne Sie zu wenig. Ich muß Sie näher kennen lernen. Ich glaube fast, wir haben ein Verbindendes?" Frau Cäcilie schloß die Augen halb und ließ den schönen Kopf ein wenig in den Nacken sinken. Dann flüsterte sie „Goethe!"

Georg schwieg verblüfft.

Aber Frau Cäcilie erwartete auch gar keine Antwort. Sie wandte sich sofort mit besonderer Lebhaftigkeit dem neuen Gaste zu, den sie mit beiden Händen zu sich heranwinkte. „Doktor von Karinski!

Das ist gegen die Verabredung!“ rief sie laut. „Sie wissen, ich hasse den Frack. Pfui, wie ungalant! Sie sehen aus wie der tote Gast.“

Der Doktor lächelte wieder, daß die Zähne zwischen den Lippen sichtbar wurden. Als er sich, so lächelnd, über Frau Cäciliens Hand beugte, sah es aus, als wollte er sie beißen.

Die schöne Frau wurde rot und lachte aufgeregt. „Sie wissen, gnädige Frau, ich bin eitel“, sagte Karinski, „so eitel, daß ich aus Eitelkeit jedes Verbrechen begehen könnte. Auch dieses: Ihnen nicht zu gehorchen. Fräulein Elisabeth hat schon gezankt mit mir. Aber ich bin nun einmal mit meiner Zeit so verwachsen, daß mir kein Kleid vergangener Zeiten steht. Aber – wirklich? Wie der tote Gast seh' ich aus?“ Er sah sie an.

Und Frau Cäcilie erschrak. Ihr war, als sähe sie den Doktor von Karinski zum erstenmal. Die tadellos korrekte, verbindliche Miene war weggerissen wie ein Vorhang. Deutlich verrieten die behenden Nasenflügel und die starken Lippen eine mit ungewöhnlicher Willenskraft niedergehaltene Sinnlichkeit.

„Gnädige Frau – widerrufen Sie?“

Seine heiße, wunderlich umschleierte Stimme verwirrte sie. Völlig um ihre majestätische Haltung gebracht, nickte Frau Cäcilie, mühsam lächelnd. Unsicher sah sie sich um Hilfe um und erblickte Georg Hübner noch in ihrer Nähe. „Oh“, rief sie übertrieben freundlich, „mein lieber Herr Doktor, Sie müssen mir heute noch einen großen Gefallen tun.

Ich habe mir etwas Wundervolles ausgedacht. Sie werden – oh, Sie werden sicher –" Frau Cäcilie legte den Kopf bittend auf die Seite, „Sie werden uns heute, wenn die Lampions brennen, unten im Garten etwas Schönes erzählen. Uns allen. Nicht wahr, Sie werden?"

Georg schüttelte den Kopf und wollte nein sagen. Aber er kam nicht dazu. Neben Frau Cäcilie tauchte Elisabeth auf, vom Halse bis zu den Zehenspitzen in einen weiten Mantel gehüllt, der den lieblichen Pagen völlig verbarg. Sie war ein bißchen blaß, und ihre dunklen Augen lagen in leichten Schatten.

„Was wird er, Mama?"

„Er soll uns ein Märchen erzählen, Elisabeth. Aber er mag nicht. Versuche deine Kraft einmal und bitte den Trotzigen!"

Elisabeth lächelte kaum merklich.

Doktor von Karinski beobachtete sie scharf.

Georg sah, wie ihr unter Karinskis Blick das Blut in die Schläfen stieg, obwohl sie den Doktor nicht zu bemerken schien.

Elisabeth schwieg noch immer. Aber ihre Hand, ihr lächelnder Mund, die leicht vorgeneigte Gestalt – alles bat. Endlich sagte sie einfach: „Ich möchte schon gern ein Märchen von Ihnen hören, Zauberlehrling!"

Wie sie das sagte! Georg hätte ihr nur immer zuhören mögen. Aber da stolperte die Antwort schon über seine Lippen, ohne seinen Willen, wie von einer fremden Macht gezogen. „Wenn es Ihnen Freude macht, Fräulein Elisabeth ..." Das mußte wohl etwas tolpatschig herausgekommen sein. Denn Frau Cäcilie sah ihn mit großen Augen an und stand auf. Das dauerte lang. Sie nickte ihrer Tochter zu und rauschte davon. Georg sah noch, daß ein Schatten über ihr Gesicht huschte. Irgend etwas hatte die schöne Frau verstimmt. –

Als Georg sich wieder umdrehte, war auch Elisabeth verschwunden. Und Doktor von Karinski näherte sich eben der laut lachenden Katharina.

In Gedanken mit dem versprochenen Märchen spielend, trat Georg in den Garten hinaus.

Durch die hohen Mauern der umliegenden Häuser von der Welt getrennt, wie der Garten im Märchen, lag er da im warmen Lichte der Abendsonne, dieser richtige Wiener Vorstadtgarten. Die Luft war warm und feucht und roch nach abgefallenem Laub und späten Rosen. Um den Springbrunnen vor der Tür blühten Astern und Chrysanthemen in leuchtenden, starken Farben bunt durcheinander, und das Weinlaub am Hause brannte gelb und rot. Die schmalen Kieswege verschwanden fast unter den sterbenden Blättern, in denen die Füße der lachenden Menschen wühlten und darin versanken wie in einem weichen Teppich. In einer Ecke des kleinen Gartens stand ein Apfelbaum mit wirklichen roten lustigen Äpfeln. Georg freute sich über diesen Baum. Und wieder mußte er an Elisabeth denken. Die Frische der rotbackigen Äpfel mahnte ihn an ihre Lippen, an ihr Lachen. Verstohlen sah er um sich. Er stand im tiefsten Schatten verborgen, und draußen in der Sonne wirbelten die hellen Kleider der jungen Menschen durcheinander, die sich zu einem frohen Kinderspiel zusammengefunden hatten. Lachen, Schreien und Jauchzen klangen zu ihm herüber, und die farbigen Kleider flogen wie tanzende Riesenblumen. Die Musik setzte wieder ein und spielte einen übermütigen Walzer. Niemand bemerkte Georg in seinem kühlen Winkel. Er streckte die Hand aus – und blitzschnell riß er einen roten Apfel ab und biß fest und gierig hinein. Der Apfel war hart und kühl und süß und doch ein wenig säuerlich, so ein richtiger wahrhaftiger Apfel, wie Georg keinen gegessen hatte seit seinem letzten Raubzug in der Hinterbrühl – als vierzehnjähriger Bub. Dort, hinter der Höldrichsmühle, gab es einen Apfelbaum in einem sorgsam ummauerten Park. Dieser Baum hatte gerade solche Äpfel. Und sonst kein anderer Baum auf der Welt. Und in jenem Park roch es gerade so nach feuchtem Laub und späten Rosen, und die Sonne lag so auf Gras und Bäumen wie hier! – Wie lang das her war!

Georg biß wieder in seinen Apfel. Ein unsägliches Wohlgefühl durchströmte seinen ganzen Körper. Irgend etwas sang in ihm: „Elisabeth!“ Und dann sah er sie in dem geheimnisvollen Park seiner Kindheit, und die Wipfel der alten Kastanien waren voll Sonne, und die Wege waren weich vom gefallenen Laub. Und sie suchten Kastanien im hohen, hohen Gras – da lagen die braunen glänzenden Dinger in halbaufgesprungenen stacheligen Schalen – und so braun wie Elisabeths Augen. O, Kastanien! Wie köstlich waren diese Kastanien! Man konnte sie zu Körbchen höhlen und Brotlaibe daraus machen, man konnte sie in Säcke füllen und als Zauberschatz vergraben.

Georg preßte die Lippen fest an seinen Apfel. Wie süß, wie frisch! Er schloß die Augen. Und die Freude an dieser frischen Frucht floß ihm wunderlich zusammen mit seiner Sehnsucht nach Elisabeth. Ihm war, als schmecke er die Süße ihres Wesens in einer geheimnisvollen Vereinigung. Der leise Duft des Apfels machte ihn trunken. Er dachte nicht mehr. Aber mit jedem Atemzug erlebte, fühlte er Elisabeth.

Die Musik verstummte. Die Spielenden lärmten im letzten Sonnenstrahl und lösten jubelnd ihre Runde. Gerade als Georg hinübersah, trat eine zierliche Mädchengestalt aus dem Haus in die Sonne heraus. Sie trug ein einfaches weißes Kleid, mit einem breiten grünen Band gegürtet, und in dem braunen Haar einen starken Kranz von leuchtendem Weinlaub. Sie lachte. Es war Elisabeth.

Georg rührte sich nicht. Regungslos sah er sie an.

Plötzlich sprach eine Stimme hinter ihm: „Also da bist du!"

Er fuhr herum. Unter seinem Apfelbaum stand Katharina.

„So entgeistert?", spottete sie. Ihr blasses Gesicht zuckte.

Georg nagte an den Lippen und suchte ein erlösendes Wort.

Aber Katharina wartete nicht. „Ich habe dich doch nicht umsonst gebeten, heute herzukommen!", sagte sie leise. „Aber fürchte dich nicht ... ich bin auch keine Freundin von tragischen Szenen. Du! ... Ich weiß alles.“ Wieder zuckte es um ihren Mund. „Vielleicht weiß ich noch mehr wie du. Aber –“ Ihre Stimme wurde scharf. „Die Elisabeth, weißt du, die laß aus dem Spiel! Hörst du? Bitte – sag’ gar nichts! Warum hat sie ihr Pagenkostüm ausgezogen? Als sie es heute anzog, war sie noch ein Kind.“

Georg lachte. Es war kein gutes Lachen. „Das ist es eben! Du bist zu gescheit, Katharina! Das verdirbt einem die Freude. Und dir auch.“

Katharina hob die schönen nackten Schultern. „Mag sein. Irgend einer wird schon irgend einmal diesen niederträchtigen Verstand unterkriegen.“ Sie sah ihm gerade ins Gesicht. „Dir, lieber Georg, verdanke ich etwas anderes.“

„Das ist?“

Sie schwieg. Das Zucken in ihrem Gesicht hörte auf. Sie schien ruhig geworden, vollkommen ruhig. Und als sie wieder sprach, hatte ihre Stimme den vollen Klang, der ihre Worte feierlich und innig machte. Sie lehnte den Kopf an den Stamm des Apfelbaumes und sah an Georg vorüber ins Leere. „Weißt du“, sagte sie langsam, „der Papa hat einen Wahlspruch gehabt, der mich jedesmal entsetzt hat: ‚Es kommt immer anders!‘ Ich hab’ ihn nicht begriffen, hab’ ihn schauderhaft gefunden. ‚Es – kommt – immer – anders!‘ Ich weiß nicht – aber in diesen Tagen hab’ ich gelernt, daß das wundervoll ist: ‚Es kommt immer anders!‘ Gott – das war entsetzlich! Wie soll man sich retten, sich festhalten, wie soll man nach seinem Plan und Willen leben, wenn es immer anders kommt? Ich weiß nicht – aber in diesen Tagen hab' ich gelernt, daß das wundervoll ist: ‚Es kommt immer anders.' Man läßt die Zügel fallen und lebt – so – die Stunden schaukeln einen – Böses kommt und zieht vorüber – Gutes kommt und geht – immer anders – immer anders! Man hat keine Verantwortung mehr! Es kommt immer anders!" Ihre Stimme erstickte. Sie fuhr mit der Hand nach der Kehle und schloß die Augen. Dann versuchte sie zu lachen. „Ich bin kindisch. Das Leben ist so groß und stark, daß ich es manchmal wirklich nicht ertragen kann. Und ... was ich dir verdanke? Eine Erkenntnis und einen Entschluß. Kostbare Dinge, nicht wahr? Die Erkenntnis: man darf nichts wollen! Den Entschluß: Wollen! Wollen! Wollen! Und jetzt ... adieu! Und merk' dir: laß die Elisabeth! Du tust ihr und dir nur weh!" Sie ging. Ihre Schleppe raschelte im Laub.

Georg starrte ihr nach. Mit jedem Schritt glitt sie weiter von ihm ab. Nun verschwand sie im Haus. Einsam und verarmt stand Georg da. Ihm war, als hätte sich schmerzhaft ein Stück Leben aus seiner Seele gelöst und wäre unaufhaltsam fortgezogen wie aus einer ungastlichen Wohnung. Und ihm blieb nichts als das qualvolle Gefühl einer hilflosen Ohnmacht, einer tief in seinem Wesen begründeten Unfähigkeit, zuzupacken und zu ergreifen, was wertvoll und köstlich ist.

Er lachte in zornigem Hohn. „Und das nennt man: ein Weib besitzen."

Er wollte ins Haus zurückgehen, wollte lachen, reden, viel reden, seine Not und seinen Grimm vor sich hin in die Luft streuen. Er wollte Lärm um sich haben, Bewegung und Farben. In ihm war's öd und leer. Ausgebrannt. Vielleicht wollte er auch Katharina wieder sehen. Er schloß die Augen und sah sie, wie sie damals bei ihm gewesen war. Und dann sah er sie wieder, wie sie stolz und leidenschaftlich dastand und das herausstieß: „Wollen! Wollen! Wollen!" Waren diese beiden Gestalten das gleiche Geschöpf? Dieser brennende Wille zum Reinen? Und dieses Dirnchen in seinen Armen? Ihm graute. Wie sollte er je wagen, mit Menschen zu reden, sich ihnen anzuvertrauen, mit ihnen zu leben, da er doch niemals sicher war, ob nicht plötzlich etwas Ungeahntes, Grauenvolles oder Unverständliches aus ihnen herausspringen würde? Was wußte er von ihnen, wenn er auch sein ganzes Leben mit ihnen gelebt hatte? Immer lauerte das Unbekannte, dem er wehrlos ausgeliefert war.

Er trat aus seinem feuchten Winkel in den Garten hinaus. Die Sonne war verschwunden. Die Tanzenden und die Musikanten waren ins Haus gegangen. Still lag der Garten da. Nur der Springbrunnen plätscherte gleichmäßig nieder. Zwei Gestalten standen noch am Teich: eine lichte und eine dunkle – Elisabeth und der Doktor von Karinski.

Einen Augenblick blieb Georg stehen. Elisabeth mußte seinen Schritt gehört haben, denn sie drehte sich langsam um und blickte still, wie bittend, zu ihm hinüber. Jetzt lächelte sie. Georg preßte die Zähne aufeinander. Dann drehte er sich kurz auf den Hacken herum und ging ins Haus.

Elisabeth sah ihm nach. Das Helle in ihrem Gesicht erlosch.

Doktor von Karinski lächelte. Und als Elisabeth ihn wieder ansah, sog er die Luft mit geblähten Nasenflügeln ein. Elisabeth zog die Brauen unwillig zusammen und mußte ihn doch ansehen. Der Doktor bückte sich, pflückte eine Chrysantheme und warf sie in den Teich. Fremdartig leuchtend, schaukelte sie unter dem Sprühregen des Springbrunnens. „Sehen Sie, wie schön! Hab' ich recht? Ist das schön, Fräulein Elisabeth?“, fragte Karinski mit seiner heißen, verschleierten Stimme.

Elisabeth war verwirrt. Zögernd sagte sie: „– Aber ja. –“

Doktor von Karinski schüttelte den Kopf. „Sie sollen nicht ja sagen aus Höflichkeit. Ich weiß, es ist sehr dumm von mir, daß ich mir einbilde, jeder Mensch müßte die Luft oder so eine Blume im Wasser geradeso als Glück, als Genuß empfinden wie ich. Für mich, verstehen Sie, ist das – – so – –“ Er streifte mit den Fingerspitzen der einen Hand ganz leise über die innere Fläche der anderen. Dabei hatte er einen so selbstvergessen genießenden Zug um den Mund, daß Elisabeth von neuem, wie jäh verletzt, die Stirn fast schmerzlich in Falten zog. Irgend etwas beängstigte und quälte sie. Aber sie mußte das bewegliche, von innen her belebte Gesicht des Doktors immer ansehen. „Für mich ist alles Empfinden körperlich“, redete

Karinski weiter, „und ich behaupte, das Leben so genießen kann nur, wer so lebt. Freilich – so leben ... kann wieder nur –“ Er schwieg und betrachtete Elisabeth; ganz ruhig, ohne Zudringlichkeit, mit einem langen Blick, der nicht verletzen konnte.

„Wer?“, fragte Elisabeth, merkwürdig erregt.

Karinski lachte. „Liebes Fräulein, Sie waren heute schon einmal sehr grob mit mir. Eine zweite Grobheit hol’ ich mir nicht. Denn wissen Sie, dann müßte ich Ihnen aus dem Wege gehen. Und das tät’ mir leid. Warum soll ich mir selbst weh tun? Jetzt dulden Sie mich noch. Und ich darf mich noch immer bemühen, Ihnen sympathischer zu werden. Aber dann?“

Elisabeth errötete. „Sie halten mich wohl für kindisch ungezogen und prüde, Herr Doktor? Wirklich – ich bin weder das eine noch das andere. Aber vorhin – auf der Stiege – da hat mich irgend etwas in Ihrem Gesicht geärgert.“

„In meinem Gesicht?“ Karinskis feine Nasenflügel zuckten.

Elisabeth errötete noch tiefer.

„Ach“, sagte Karinski, „dieses Zucken?“

„Ja. Das sieht so – brutal aus. Und das ertrag’ ich nicht.“ Sie erschrak über ihre Worte und sah in den Teich hinunter.

Ein tiefes Rot lief an ihrem Hals hinab und verschwand im Ausschnitt ihres Kleides.

„Geniert Sie das, Fräulein Elisabeth? Das ist mir von meiner ersten großen Leidenschaft geblieben. Ich war damals ein Bub von zwanzig Jahren – da ist es ge-

kommen mit seiner ganzen Pracht und Wucht und ließ mich zum erstenmal begreifen, wie wundervoll – –"
Er schwieg und suchte lächelnd einen milden Ausdruck.

Elisabeth schwieg.

Und Karinski dämpfte seine Stimme und sprach vorsichtig und langsam weiter. „Es ist schade, daß Sie noch nichts davon wissen, Fräulein Elisabeth. Wie Sie sich noch fürchten! Es ist viel besser, wenn man die erste Leidenschaft schon hinter sich hat. Eine warme, verstehende Zärtlichkeit bleibt heimlich im Blut – und alle die Herbheit, auf die ihr jungen Kinder so stolz seid, ist in reife Süße verwandelt. Das Nichtverstehen, Fräulein Elisabeth, ist der einzige Fehler der allerliebsten siebzehn Jahre –" Erst jetzt schien er Elisabeths abwehrende Bewegung zu bemerken und ihre Augen zu sehen, die sich weiteten vor Angst. Er schüttelte den Kopf und flüsterte weiter, nicht mehr vorsichtig und bedacht, sondern hingerissen von seinen eigenen Worten, gefangen in seinem eigenen Spiel. „Nun werden Sie empört sein und mich unverschämt nennen, Elisabeth? Aber hüten Sie sich, daß Sie nicht mir und sich unrecht tun!" Seine Stimme wurde noch eindringlicher und heißer. „Denken Sie – es ist ein Festtag heute. Ich habe viele Feste gefeiert – aber immer noch wärmt mir die Freude vieler Menschen, die ehrlich zusammenkommen, um sich zu freuen – immer noch wärmt sie mir das Blut, ich lebe rascher, heißer, voller und empfinde alles verzehnfacht, – wie wenn ich keine Haut hätte, die mich von all den guten Dingen des Lebens trennt. Wenn Sie den Mut haben, einen solchen inbrünstig lebenden Menschen anzuhören – dann – dann sagen Sie es mir! Und wenn ja – dann erschrecken Sie nicht mehr, nehmen Sie alles hin ohne Angst und Vorurteil! Wollen Sie mir das versprechen?"

Sie nickte langsam mit abgewandtem Gesicht.

Doktor von Karinski hatte sich gespannt vorgeneigt, um ihre Antwort zu hören. Nun richtete er sich auf. „Ich kenne Sie seit einem Jahr. Sie waren ablehnend gegen mich, verletzend, abstoßend – aber, Elisabeth, Sie haben es immer gefühlt, wenn ich in Ihre Nähe kam. Sie wurden rot, Sie verloren Ihre liebe, heitere Ruhe. Oh, bitte – halten Sie mich nicht für so beschränkt, daß ich einfach daraus schließe, Sie interessieren sich für mich. Nein. Es ist Ihnen völlig Ernst mit Ihrer Ablehnung gewesen. Sie sind so ehrlich – so ehrlich, daß ich meinen ganzen Plan, Sie zu erobern, auf Ihre Ehrlichkeit gestellt habe. Nun erschrecken Sie wieder vor dem Wort ‚erobern'. Ich bin doch kein Stallknecht, Elisabeth. Wer Sie erobern will, muß eines können: leben! Glücklich leben! So schön, so wundervoll leben, als er nur irgend kann mit aller Kraft seines Seins und Empfindens. Denn Sie – Sie sind die Gefährtin für ein Leben voller Feiertage. Wie Sie gehen! Wie Sie lachen! – Elisabeth? Wissen Sie denn nicht, welche Seligkeit mir durch Leib und Seele geht, wenn Sie sich nur ein bißchen bewegen? „Sie sind so voll Heiterkeit und Kraft, daß es für Sie nur einen Kummer gibt – einen einzigen: daß Sie nicht allen, allen Menschen einen Tropfen Ihrer göttlichen Lebensfreude geben können. Das seh' ich in Ihrem Lächeln, in Ihrem Gang, in der Art, wie Sie einem die Hand geben, so, als ob Sie sich verschenken wollten. So stolz ist das: da, ich geb' mich euch ganz und bleib' doch ich und bin immer wieder dieselbe und immer wieder neu. Ich kenne Sie, Elisabeth – o, ich kenne Sie, wie ich mein eigenes Blut und meinen eigenen Herzschlag kenne. Sie sind in mir, ich fühle Sie in allen Fingerspitzen und halte Sie mit allen Sinnen. Und was ich einmal habe, Elisabeth – das halt ich fest! Verlassen Sie sich darauf! Das entkommt mir nicht."

Elisabeth, außer sich vor Schrecken, sah Karinski mit verstörten Augen an. „Herr Doktor!", rief sie unbesonnen laut. „Was fällt Ihnen ein! Sie sind mir fremd – so fremd wie irgend einer. Aber es nützt ja nichts, wenn ich Ihnen das sage. Sie sind ja so maßlos eitel, daß Sie mir einfach nicht glauben!"

„Ich glaube Ihnen alles, Elisabeth! Alles – und nichts. Denn Sie sind auf einem falschen Weg! Nicht mir gegenüber. Aber der Lebensweg, den Sie eingeschlagen haben, der ist falsch! Sie gehen herum und wollen helfen, immer helfen. Ich sehe Ihnen jetzt ein Jahr lang zu. Sie räumen jedem ein Recht auf Ihre Lebensfähigkeit ein, Sie schleppen unfähige Existenzen mit vorwärts, Sie verbluten sich an Verpflichtungen und Verantwortungen. Kaum verfolgt Sie einer mit bettelnden Augen, so wagen Sie nicht mehr an sich selbst zu denken – um seinetwillen! Und dabei schämen Sie sich noch, daß Sie immer bleiben, wer Sie sind, und daß Sie Ihre prachtvolle Natur nicht überwinden können – ja, Sie schämen sich! Und je erbärmlicher der Bittsteller ist, desto verschwenderischer messen Sie ihm Ihre Gaben zu, die er doch nicht fassen kann. Merken Sie sich: wir können nicht geben. Jeder empfängt nur immer, was er schon hat. Ihr Wollen ist unnatürlich. Asketisch. Paßt zu Ihnen wie ein Mönchshabit zu mir. Sie haben Ihre wundervolle Kraft für sich allein bekommen, um ein Leben daraus zu gestalten, wie es wenige leben. Und wissen Sie, warum Sie mich nicht leiden konnten? Weil Sie fühlen, daß ich nichts brauche. Daß Sie mir nicht helfen müssen. Darum war ich Ihnen im Weg – ein Ärgernis, wie die Bibel sagt. Jawohl, ein richtiges Ärgernis! Aber wären Sie nicht ein kleines Mädelchen von siebzehn Jahren, dann hätten Sie auch gefühlt, daß ich trotz allem der Einzige bin, dem sie wirklich helfen können. Freilich – wesentlich anders werden Sie es machen müssen, als Sie es bisher getan haben, Elisabeth." Er schwieg. Dann fragte er ruhig: „Wollen Sie eine Zigarette?"

Elisabeth schüttelte den Kopf.

Der Doktor zündete eine Zigarette an und rauchte schweigend ein paar Züge.

Es wurde dunkel zwischen den hohen Häusern.

Elisabeth fröstelte. „Herr Doktor", sagte sie mit plötzlichem Entschluß, „ich habe einen anderen gern."

„Aber Kind!" Karinski wurde ungeduldig. „Das weiß ich doch. Aber das ist ja jämmerlich. Sie!" Er packte ihre beiden Hände. „Haben denn Sie eine Ahnung, was lieb haben heißt?“

Elisabeth hob das blasse Gesicht zu ihm empor und wollte etwas sagen. Aber sie konnte nicht reden. Ihr Hals war zugeschnürt. Sie nickte bloß.

Der Doktor lachte. Dann stieß er ihre Hände fort: „Ach, du Narrl, du kleines.“

Da ging in Elisabeths Gesicht etwas Sonderbares vor. Ein Kampf, ein Glühen, ein Erröten und Bloßwerden. Und dann – dann mußte sie lachen. Ganz lautlos.

Karinski trank dieses Lachen mit durstigen Augen. Und bevor Elisabeth wieder ernst wurde und antworten konnte, sagte er hastig: „Und jetzt will ich Ihnen auch sagen, wer allein das Leben so genießen kann wie ich: nur wer die lieben süßen Frauen so liebt wie ich, wer nur ihnen die besten Stunden und jede Köstlichkeit seines Lebens dankt, wer lebt und denkt und fühlt durch sie, wer sie an allen, allen Dingen des Lebens fühlt, in jeder Berührung, in jedem Traum, in jeder Blume, in jedem Trank – wem sie Ekstase sind und tägliches Brot, Religion und Zeitvertreib – und wer ihnen dankbar ist mit Leib und Seele – nur dieser Eine, dem ein liebes Mädel immer wieder das Wunderbarste im Leben ist; der, sehen Sie, Elisabeth, der allein lebt so wie ich! Und das ist – Glück.“

„Herr Doktor, Sie wollen mir zeigen, daß Sie der Stärkere sind – aber alles das empfindet der auch, den ich gern habe.“ Elisabeths Stimme klang fest und klar aus dem wachsenden Dunkel. „Er weiß nicht, daß ich ihn mag. Und was Sie von mir gesagt haben – ob’s wahr ist, weiß ich ja nicht – das alles bin ich ihm auch. Mehr noch! Viel mehr.“ Nun sprach sie leidenschaftlicher, dringender, voll Angst. „Aber ihm sind die Frauen nicht das ganze Leben. Für ihn ist die Welt reicher. Größer. Tiefer!“

„Unsinn, kleine Elisabeth! Ihr Frauen habt einen sehr feinen Instinkt: ihr gehört dem, der euch sein ganzes Leben hinwirft. Freilich darf's kein Bettlerleben sein. Den anderen, ‚dem die Frauen nicht das ganze Leben sind‘ – den heiratet ihr vielleicht. O auch das ist möglich, Elisabeth, bei Ihrer Sucht zu helfen. Und man lebt schön ruhig bei diesem ‚anderen‘ – und kann dabei alt werden, ohne je zu ahnen, was die Liebe ist. Erzählen Sie mir also nicht, daß Sie ihn lieb haben.“

„Doktor? Ich habe gedacht, Sie halten mich für ehrlich?“ Ein verzweifeltes Wollen klang aus Elisabeths Worten. „Ich weiß gar nicht, warum ich Ihnen alles erzählen muß. Ich sollte fortgehen und kann nicht. Aber sagen Sie mir – gibt es denn gar nichts zwischen Mann und Frau, das jenseits von der Liebe wäre? Kann ich Ihnen denn nicht menschlich begreiflich werden? Wenn Sie wüßten, wie entsetzlich das für mich ist! Es tut so weh – so furchtbar weh – – –“

„Ich könnte Ihnen jetzt den Gefallen tun und Sie beruhigen, Elisabeth. Ihnen sagen: ja, ja, man kann Freundschaft schließen, und Freundschaft ist heilig et cetera. Aber ich will nicht. Für Sie gibt es wirklich nichts jenseits von der Liebe. Sie sind viel zu entzückend für – heilige Dinge.“ Er sah das blasse, gequälte Gesicht nur noch undeutlich.

Sie schwieg und atmete schwer.

Seine Stimme wurde ruhiger und wärmer. „Liebe kleine Elisabeth – nehmen Sie's nicht tragisch! Das macht jede von euch durch – vorausgesetzt, daß sie nett ist. Aber wenn Sie einen lieb haben – ich verstehe das nicht –, wieso wissen Sie dann das alles noch nicht? Der hat Ihnen wohl noch nie gesagt, wieviel Sie ihm wert sind? –"

Sie raffte sich auf. „Nein. Noch nie. Aber er wird es mir sagen. Anders! Ganz anders! Wenn Sie wüßten: wie schön! Und er wird mir nicht weh tun. Er wird es mir sagen ..." Sie redete wie in einer Ekstase. „Sehen Sie – ich bin ganz ruhig geworden und ganz sicher, Gott sei Dank. Das war alles wie Alpdrücken und wie ein böser Traum. Sie glauben, ich will nur helfen und helfen, und rede mir irgendein Samariterglück ein. Aber jetzt wissen Sie, wie klein und dumm ich bin, denn er muß mir helfen! Und muß mir sagen: ‚so bist du mir, so hab' ich dich lieb' – damit ich ruhig werde und leben kann. Und er wird es mir sagen!" Nun klang es wie ein Jubel. „Heute noch wird er's mir sagen – so, daß nur ich es verstehen werde!"

Sie erwartete keine Antwort und eilte durch die sinkende Dämmerung ins Haus. Weiß und flüchtig streifte die schlanke Gestalt über die raschelnden Blätter.

Karinski sah ihr nach. Er lächelte. Aber ein gereiztes Zucken flammte über sein Gesicht.

Während er gemächlichen Schrittes zum Haus hinüber ging, brannte er eine Zigarette an, machte ein paar Züge und warf die Zigarette wieder fort.

Wie ein lauerndes Auge klomm der kleine rote Funke auf dem dunklen Rasen.

6.

Lärm und Licht erfüllte das ganze Haus. Und durch alle Räume flutete das erhitzte ausgelassene Treiben der Gäste.

Man hatte den großen Salon ausgeräumt und als Tanzsaal eingerichtet. Das Schramlquartett spielte auf dem Podium eines tiefen Erkers. Manchmal störte eine Saite, die in der Abendkühle des Gartens feucht geworden war und die Stimmung nicht halten wollte. Zwischen den Paaren, die sich im Walzer drehten, spiegelte das glatte, lichtüberrieselte Parkett. Und die Wände entlang schob sich ein lachendes Gedränge von bunten Gestalten, die einander zum Tanze suchten.

Georg stand in einer Ecke. Er tanzte schlecht und setzte darum diesem wirbelnden Vergnügen immer eine verbissene Abwehr entgegen. Nun sah er dieses Suchen und Umfassen, dieses Anschmiegen und Drehen, sah die sehnsüchtigen und ermatteten Gesichter, alle in die gleiche Glut getaucht, alle von dem gleichen Fieber erhitzt. Jeder Körper ein Schrei! Georg empfand dieses ganze Gewimmel wie eine freche Schamlosigkeit. Das Lächeln eines Mundes, ein Blick aus halbgeschlossenen Augen konnte ihn treffen wie ein Schlag auf einen nackten Nerv. Und das Gewirr der Tanzenden hauchte ihm einen schwülen Atem ins Gesicht, der ihm nicht fremd war und ihn doch heut erschreckte. Seine Stirn wurde feucht. Eine dumpfe Angst, die er selbst nicht verstand, jagte sein Blut. Schwer atmend richtete er sich auf. Da traf sein Blick das hohe Viereck der Verandatür, in der sich das Blau der Dämmerung immer mehr vertiefte. Georg biß die Zähne aufeinander. Und wohin er auch sah, immer wieder wandte er die Augen zur Gartentüre zurück. Er riß sich los und machte ein paar Schritte gegen die Fensternische. Von dort konnte er die Tür nicht sehen.

In der Nische standen drei junge Menschen beisammen, ein blondes schlankes Mädchen und zwei neunzehn- oder zwanzigjährige Buben. Beim ersten zerstreuten Hinschauen hatte Georg die Empfindung „Geschwister". So gemeinsam war diesen dreien die Art, fest und gelassen dazustehen, schlank aufgerichtet und doch ausruhend in der eigenen Kraft. Wenn sie lachten, war es wie ein Dreiklang auf den Saiten eines Instrumentes. Und sie lachten oft und merkwürdig frei und vergnügt, daß Georg verwundert näher trat. Dieses Lachen machte ihn ruhiger. Er vergaß den tollen Wirbel im Saal und die würgende Angst, die ihm die Kehle zugeschnürt hatte. Aus dieser Nische strich ein kühler frischer Luftzug herüber. Georg horchte. Einer der beiden Buben, der am schlanksten aufgeschossene im knappen Narrenkleid des Till Eulenspiegel, erzählte etwas. Und dieses blonde Mädel mit dem dicken Kornblumenkranz im Haar und der junge Bauernsohn aus dem Grödnertal, die hörten zu. Aber Geschwister waren diese drei doch nicht. Diese frischen jungen Gesichter waren einander zu unähnlich. Und doch hatten sie alle einen Zug, im Ernst und im Lachen. Georg begriff plötzlich, was ihn so sonderbar zu diesen fremden jungen Menschen hinzog, die er noch nie gesehen hatte. Es wer dieser eine Zug – ein Zug, den auch Elisabeth hatte – diese wunschlose, selbstverständliche Heiterkeit, diese gelassene und doch vibrierende Freude an ihrem jungen Dasein.

Aber was erzählte der Eulenspiegel nur? Eine brennende Neugier erfaßte Georg. Was löste diese drei heraus aus dem dampfenden Gewühl der Tanzenden? Was schützte ihr Blut vor dem Wirbel, der in den anderen alle Fesseln zu zersprengen drohte? Was hütete sie vor der glühenden Lust des Saales, vor dem stachelnden Aufkreischen der Geigen? Georg fühlte, wie eine seltsame Unruhe sich in ihm rührte. Irgend etwas begann in ihm zu arbeiten wie ein Tier, das sich bäumen will. Was hatten diese drei so dazustehen, als hätten sie kein Teil an der frechen Glut dieser Stunde?

Er horchte mit verhaltenem Atem.

Und hörte das Ende einer Erzählung: „Also, ich lieg' da in den Latschen drin – Kinder, eine Federmatratzen war das nicht – ausgestreckt, so lang als ich bin, und eine nasse Kälten – na, da droben in der Früh ist es schon ein bissel kühl – die ist mir über die Haut gekrochen. Die war schon niederträchtig! Aber so was gehört halt dazu! Ich lieg' da, schußfertig und denk' mir nur: Also, der Hirsch, der da vor mir steht, der kommt mir nicht aus wie der gestrige. Kinder! Ein Zwölfender! Ah! oh! Wenn ich an den denk' – wie der dagestanden ist! Ganz regungslos, wie aus Bronze – in dem grauen Licht gegen die kalte Felswand – und dabei voll Leben – ah, Kinder! Mir ist das Blut in den Adern gewesen wie lauter Duft und Feuer und Frische. Und da gibt's mir meinen gewissen kleinen Ruck, der mir immer sagt; ‚Jetzt los, Franzl!' Ich duck' den Kopf – und da reitet mich der Satan, und ich seh grad, wie der Fels über meinem Zwölfender in den Himmel hineinschneidet. Ganz wild und scharf! Und darüber das Blau, das gerade aufwachen will! Und unten der Hirsch, noch immer regungslos, den Kopf zurückgeworfen in lauter Trotz und Selbstherrlichkeit. Und ich schau' und schau' – wie mir zumut war, Kinder, das kann ich euch unmöglich beschreiben! Aber das kann ich euch sagen: ich hab' in diesem Augenblick Dinge verstanden, in die einen der Herrgott sicher nur ein paarmal im Leben hineinschauen läßt."

Georg lauschte – und bohrte seinen Blick in die drei jungen Gesichter hinein.

Die waren nun ernst und voll Staunen. Über das Gesicht des Erzählenden ging eine leichte Röte – etwas wie Verlegenheit, wie eine feine innere Scham. Er schüttelte leicht den Kopf und lehnte sich an das Fenster. „Na ja", sagte er dann mit einem nachdenklichen Lächeln, „aber inzwischen hat sich mein Hirsch empfohlen! Und der Papa, der hat schön geschaut, wie der Herr Sohn nachher ziemlich reduziert nach Hause gekommen ist!" Nun wieder dieser Dreiklang im Lachen.

Georg trat zurück, wunderlich enttäuscht und gereizt. Aber dann mußte er sich diesen jungen Kerl vorstellen, wie er in der feuchten Morgendämmerung so dalag und mit jedem Atemzug die Köstlichkeit des erwachenden Tages wie ein junges gesundes Tier in sich hineinschlürfte. Kein besonderes Wort hatte er für diesen Morgen in den Felsen gefunden – diese Schönheit war ihm eine selbstverständliche Sache. In Georg wuchs ein Zorn empor, den er selbst nicht begriff. Er mußte an den „Ruck" denken, der diesem jungen Buben sagte: „Jetzt los, Franzl!" Und nun erkannte Georg auch das Gefühl, das ihn verzehrte: Neid! Brennender Neid war in dem Blick, den er auf den schlanken Eulenspiegel warf. Aber plötzlich riß es seine Gedanken weg, er dachte nichts mehr, sondern spähte nur und streckte sich.

Dieses Weiße da drüben, war das nicht Elisabeth? Hatte er übersehen, daß sie aus dem Garten gekommen war? Seine Augen suchten. Aber das Weiße war schon wieder verschwunden, untergegangen in dem Farbengewirr der hetzenden Paare. Und Karinski? Wo war Karinski? Dort links, diese schwarzen Schultern? Nein, das war der dunkle Romeo, der Schauspieler Lenk, der sich zwischen den Tanzenden hindurchdrängte. Georg dachte: „Will er zu mir? Was will der?" Von neuem spürte er kochenden Zorn. Und mit einem sonderbaren Sprung fiel ihn dieser Gedanke an: „Wenn wir werden könnten wie die Tiere! Wenn uns einer befreite von dieser ewigen, halb wachen, halb duselnden Begierde, die in uns ist und um uns – unser Blut und die Luft zugleich, die wir atmen. Wenn wir werden könnten wie die Tiere! Eine einzige, heiße, tolle Woche, und das ganze Jahr verschlossen und auf uns selbst gerichtet und gesammelt, bereit zu den anderen Dingen des Lebens – den wichtigeren –"

Da schlug ihm dieses Wort wieder einen Riß in die Kette. Jäh sah er zu der Fensternische hinüber. Hatte nicht Seydler das gesagt, das von den wichtigen Dingen des Lebens, die wo anders liegen? Und war das nicht auch eins von Ludwig Seydlers Worten: „Dic neue Jugend ..." Wann hatte Seydler das nur gesagt? Und warum? –

Georg mußte hinüberschauen zu diesen drei jungen Menschen. Und wie eine Drohung stand es vor ihm auf, dieses Wort: „Die neue Jugend!"

Da drängte sich der dunkle Romeo zu ihm her. „Sie, Hübner! Was sagen Sie dazu?" Lenk brannte und dampfte von der Neuigkeit, die er brachte. „Wissen Sie schon? Die Kitty Steinbach will zum Theater. Sie hat's mir gerade gesagt. Großartig! Sie ist fest entschlossen, sagt sie. Finden Sie das Mädel nicht prachtvoll?"

Georg lachte so zügellos heraus, daß Lenk ihn verblüfft betrachtete. „O, natürlich find' ich sie prachtvoll! Und wenn sie zum Theater geht, hat sie ihre Schönheit auch am lukrativsten angebracht. Also das ist ihr ‚Wollen, wollen, wollen!' Das! Zum Theater! – So was von Idee! Aber gut, nicht wahr? Glänzend!" Er lachte wieder – lachte gerade so wie damals, als

Sauermann das verhängnisvolle Wort „Rußland“ ausgesprochen hatte. Ja! Nun also! Da lag nun „das Geheimnisvolle“ wieder einmal in Dreck und Scherben! Und war eine kleine banale Tatsache im Tageslicht geworden! Zum Theater? Und deshalb hohes Spiel und tragische Worte. – Aber – wie war denn das nur? Richtig, ja! Er hatte ihr doch selbst so etwas vorgegaukelt: von ihrer künstlerischen Sendung, von ihrer Macht und Bühnenhaftigkeit. Aber – und da mußte er schon wieder lachen – das war doch vorher gewesen! So klug sollte sie doch wirklich sein, um zu wissen, daß nachher alles anders aussieht.

Lenk schüttelte ratlos den Kopf. „Ich weiß wirklich nicht, warum Sie so lachen, Doktor Hübner? Haben Sie etwas gegen Katharina? Da muß ich schon bitten – ich finde zum Beispiel Katharina viel reizvoller als Elisabeth. Elisabeth ist ja entzückend, aber die ist unbedingt von der gefährlichen Rasse, die man heiratet. Die geborene Gattin und Mutter! Und so was stört mich immer schrecklich.“

„Heiraten?“ Georgs Lachen erlosch. „Wer spricht von Heiraten? Ja! Natürlich wird die Elisabeth heiraten – gerade so gut wie die Katharina die Maitresse irgend eines reichen Aristokraten werden wird. Sehen Sie da viel Unterschied? Höchstens, daß sich aus Elisabeth ein braves Haustierchen und aus der anderen vielleicht ein kleines Raubzeug entwickeln wird. Gut. Geschöpfe Gottes sind wir alle. Ich werde vermutlich eines Tages auch eine Frau nehmen und meinen Jurisdoktor in einen Amtsstall führen, auf daß er sein spärliches Futter in der Krippe finde. Mein Leben kann doch nicht immer so fortgehen, so – sagen wir: in Saus und Jubel! Ja freilich. Dazu sind wir doch nicht auf der Welt. Nähre dich redlich und zeuge gesunde Kinder! Mir scheint, es kommt hinter uns eine Jugend, die so was als sittliche Lebensaufgabe betrachtet. Ja, ja, natürlich wird die Elisabeth heiraten! Reich heiraten. Vielleicht den Karinski. Wahrscheinlich sogar den Herrn Doktor Fery von Karinski."

Da schwieg die Musik. Lachend und schwatzend promenierten die erhitzten Paare.

Lenk war perplex. Was er gehört hatte, verstand er nicht. Er sah nur, daß der Doktor Hübner eine kalkweiße Stirn und funkelnde Augen hatte. Und Erwin Lenk, der dunkle Romeo, begann sich ein bißchen zu fürchten. Er sah unruhig um sich. Und da fand er Hilfe in der Not – er sah Elisabeth kommen. „Schauen Sie, Hübner, wie komisch! Da ist die Elisabeth. Sie sucht wen. Ich glaube – Sie! Aha, da kommt sie schon her. Aber – Sie sind wirklich gescheit! Da kommt richtig auch der Karinski! Was ist denn das? Der kommt ja aus dem Garten herauf? War vielleicht auch die Elisabeth ...?"

Georg machte eine jähe Bewegung. Es sah beinahe so aus, als wollte er den Erwin Lenk ohrfeigen. Aber seine Hand sank wieder herab, und ein bitteres Lächeln irrte über sein Gesicht.

Lenk machte sich kopfschüttelnd aus dem Staub.

Und Elisabeth stand da.

Erst jetzt sah Georg, wie schwer erregt sie war. Sie

wollte etwas fassen, fragen, bitten, aber sie war so außer Atem, daß sie nicht sprechen konnte. Georg fühlte, wie sich sein Herz wunderlich zusammenkrampfte. Die bösen Worte, die er vorhin gesprochen hatte, lagen ihm auf der Seele wie eine brennende Schuld. Fast wollte er Abbitte leisten für eine Sünde, die sie nicht kannte. Aber seine Zunge war wie von Blei. Das Gesprochene hatte Macht über ihn und hielt ihn gefesselt. Sein Kopf widerhallte von den Worten, die er zu Erwin Lenk gesprochen hatte. Sein ganzes Denken drehte sich jetzt um dieses Eine: Sie wird heiraten, und ich werde verkommen. Wir werden beide verkommen im Sand der Alltäglichkeit! – Und wieder kam dieses elende Gefühl von Schwäche und Schwere über ihn.

Elisabeth stand noch immer vor ihm da, mit gefalteten Händen und fliegendem Atem. Georg merkte, daß die Menschen, die in der Nähe waren, ihn und das wortlose Mädchen lächelnd beobachteten. Er faßte seine ganze Kraft zusammen und fragte mühselig:

„Elisabeth?"

Aber sie brachte nichts anderes hervor – nur diese drei Worte:

„Mein Märchen, Georg!"

Das war wie ein unterdrücktes Schluchzen, wie ein angstvoller erstickter Schrei. Zum erstenmal hatte sie seinen Namen ausgesprochen. Es war wie ein Pochen, ein stürmisches, drängendes, flehentliches Pochen an die verschlossene Tür seines Herzens.

Er sah die Angst in ihren Augen und verstand: mit diesem kleinen Wort streckte sie die Hand nach ihm aus, in diesem Märchen wollte sie ihn und sich begreifen, von diesem Märchen hing vielleicht sein Leben ab. Er wußte das alles nicht klar – es war nur in ihm wie eine dumpfe Ahnung. Und eine bittere Trauer, wie er sie noch niemals in seinem Leben empfunden hatte, trieb ihm die Tränen in die Augen.

Elisabeth wartete – immer banger redete die stumme Angst in ihrem Blick. Und da flüsterte Georg: „Ja! Ich will erzählen. Nicht jetzt – nein, nein – später! Bitte, liebe, liebe Elisabeth, bitte –" Er zögerte einen Augenblick. Dann bat er: „Gehen Sie tanzen! Ich will Sie tanzen sehen, Elisabeth. Das wird mich ruhig machen. Und vielleicht wird dann alles gut."

Sie gab ihm die Hand. Er fühlte einen heißen, festen Druck.

Eben setzte die Musik wieder ein. Und da lagen wieder Männchen und Weibchen einander in den Armen und drehten sich wie besessen immer um sich selbst herum, und das schien ihnen einen ungeheuren Spaß zu machen. Denn Georg sah lauter vergnügte strahlende Gesichter, lachende Lippen und funkelnde Augen. Er hielt noch immer Elisabeths Hand und bereute schon, daß er selbst sie in dieses tolle Durcheinander hineinschickte. Aber sie machte sich leise los. Georg sah, wie ihre Augen suchend das bunte Gewirr der Tanzenden überflogen.

Elisabeth drehte sich um, mit einem kleinen ungeduldigen Zucken der Brauen, und erblickte die Gruppe in der Fensternische. Mit einem Lächeln der Erleichterung eilte sie hin. „Franzl?" Sie streckte dem

Eulenspiegel beide Hände hin. „Magst du mit mir tanzen?"

Die Antwort kam prompt und vergnügt: „Na ob ich mag!"

Und fort waren sie.

Georg suchte sie unter den Tanzenden. Das grelle Licht und das Aufgellen der Farben blendete ihn, und der Geruch von Hitze und Menschen verursachte ihm Übelkeit. Wie die Geige schrie. Und mitten unter den anderen tanzte Elisabeth. Er hatte sie ja darum gebeten, aber nun, da er es sehen mußte, tat es ihm weh. Und warum mußte sie sich gerade den da holen, diesen grünen Buben, mit dem sie ein so sonderbares Einverständnis zu verbinden schien? Warum tanzte sie nicht mit Karinski, dem berühmten Tänzer? Georg verstand sich selbst nicht mehr. Hätte er sie lieber in Karinskis Armen gesehen? – Aber wie der junge Bub dort tanzte! Er führte Elisabeth, wie er wollte, so daß keines der vorüberhastenden Paare sie auch nur streifen konnte. Und doch schien er sie kaum zu berühren, sogar die Finger seiner Tänzerin federten noch locker auf seiner ruhig ausgestreckten Hand. Der dachte nicht, daß er ein Weibchen in den Armen hielt. Ein leises Lächeln voll ruhiger Heiterkeit strahlte in seinem frischen Gesicht. Jede Bewegung dieses schlanken und festen Jünglingskörpers war voll feiner, musikalischer Freude am Rhythmus.

Georg stand vornübergebeugt und starrte hin, mit den weitoffenen Augen festgesogen an dieser ahnungslosen Offenbarung von Jugend und Reinheit.

Sein galliger Zorn löste sich in einen Schmerz, der sein Gesicht krampfhaft verzog.

Als Elisabeth wieder an ihm vorbeiflog, mit diesem heiß geröteten Gesicht und diesem leidenschaftlichen Ernst, gewissenhaft und ganz bei der Sache wie ein eifrig spielendes Kind, da sah sie ihn an, und ein frohes Lächeln erhellte ihre Züge.

Wie ein Ertrinkender streckte Georg die Hände, als wollte er Elisabeth aus den Armen ihres Tänzers reißen. Das Lächeln in ihrem Gesicht verschwand, und ihre Augen weiteten sich erschrocken. Aber Georg wußte: „Wenn sie mich nicht mehr sieht, wenn sie da drüben ist, dann hat sie mich doch vergessen und gehört nur noch der Freude an diesem Tanz!"

Er wollte die Augen schließen und mußte Elisabeth doch immer mit heißem Blick verfolgen. Aber da verschwand sie ihm, schon wieder verschwand sie hinter diesem breiten schwarzen Schild: hinter dem Frack des Doktor von Karinski, der irgend eine, die ihm ganz zu gehören schien, in seinen Armen hatte und immer dicht und lauernd hinter Elisabeth hertanzte. Auch Karinski führte ruhig und sicher, mit kaum merklicher gelassener Bewegung, aber dabei hielt er seine Tänzerin so fest und hob sie so hoch, daß ihre Fußspitzen kaum den Boden berührten und daß sie vom Knie bis zu den Schultern an den zurückgebogenen Körper ihres Tänzers geschmiedet schien. Manchmal senkte er unter fast geschlossenen Lidern einen kurzen Blick auf das glühende Mädchengesicht – einen Blick, der halb Begehrlichkeit war und halb

Almosen. Dann sah er wieder über die Schultern seiner Tänzerin hinweg, und seine Augen verfolgten Elisabeth. So oft sie diesen Blick gewahrte, errötete sie und zog die Brauen zusammen wie in der Qual eines physischen Schmerzes. Und Karinski lächelte.

Georg sah den spielenden Trug in Karinskis nachlässiger Haltung und begriff das Zündende dieser verdeckten und geschulten Kraft. Der dort – der war der Sieger, der sein Leben kühl und sicher erledigte wie einen Florettgang auf dem Fechtboden und sich darauf verstand, fortzustoßen, was ihm lästig wurde, und zu nehmen, was ihm gefiel. Georg ballte die Fäuste. Aber es war eine Gebärde der Ohnmacht.

Er preßte die Lider zu. Und in der Finsternis vor seinen Augen sah er jetzt nur immer dieses eine Paar: Elisabeth und Karinski – Elisabeth und Karinski – und so oft Elisabeth in Karinskis Armen an ihm vorüberwirbelte, war sie bleicher geworden, und ihr Haar löste sich wirr im Nacken. Georg riß die Augen auf. Und da hetzte wirklich eine an ihm vorüber, blaß, mit lachenden, brennend roten Lippen, mit halbgelöstem rotem Haar, ausgelassen wie eine Betrunkene: Katharina – in den Armen Erwin Lenks.

Georg mußte sich an die Wand lehnen, denn seine Knie versagten plötzlich. Und als Elisabeth wieder vorüberkam, mit erschrocken fragenden Augen, wußte er: In seinen Armen würde Elisabeth nicht so leicht und kindlich heiß dahinfliegen. In seinen Armen mußte sie dumpfe Lasten fühlen und bewußt werden der eigenen Erdenschwere. Er hatte kein Recht auf Elisabeth! Jetzt nicht mehr!

Das Gewirr der Tanzenden wurde vor seinen Augen zu einem wüsten Farbengeschrei. Ein sinnloses Chaos wälzte sich an ihm vorüber.

„Doktor Hübner", sagte eine klare Stimme neben ihm, „Frau Steinbach schickt mich."

Georg sah sich mit dem verstörten Blick eines aus martervollen Träumen Erwachenden.

Es war Seydler. „Frau Cäcilie läßt fragen, ob Sie jetzt erzählen möchten? Jetzt hört nur zu, wer wirklich will, sagt sie, die anderen tanzen. Und bei dieser Differenzierung kommt sie sich riesig kultiviert vor. Drüben in der Bibliothek hat sie auch schon für Stimmung gesorgt. Und jetzt müssen Sie daran glauben ... sie hat sich das einmal in den Kopf gesetzt. Nicht? Also – wie ist das jetzt? Werden Sie kommen? Wirklich?"

Ein kurzes Schweigen. Dann nickte Georg. „Ja. Ich komme."

Seydler wurde stutzig. Er sah in dieses fahle Gesicht und sagte langsam: „Sie, Hübner! Mich geht das ja gar nichts an. Aber ich kann mir nicht helfen – es gibt Dinge, die den Katzenjammer in sich tragen, ehe sie geboren werden. Und mit denen soll man sich nicht einlassen – nicht? Also?"

Georg blieb stumm. Er atmete schwer.

Zwischen die starken Brauen in Seydlers ernstem Gesichte grub sich eine tiefe Furche. Er redete noch langsamer und gab jedem Worte schweres Blei: „Sie,

Hübner! Wollen Sie nicht lieber die stilvolle Frau Cäcilie da drinnen aufsitzen lassen? Und – ja, jetzt werden Sie ein bisserl überrascht sein – und heute einmal mir einen Gefallen erweisen? Das finden Sie anspruchsvoll, nicht? Aber sehen Sie, ich hab' nämlich das Gefühl, daß Sie da drinnen ein paar Dinge produzieren werden, die anders wirken, als sie von Ihnen gemeint sind, und die auch in Wirklichkeit anders sein müssen, als sie in Ihnen ausschauen. Nicht? Und dieser Widerspruch wird Ihnen nachher leid tun. Reden Sie sich nicht um den Hals, lieber Hübner! Oder – wollen Sie auch persönlich unter Ihre Zauberlehrlinge gehen?"

Georg lachte nervös. „Meine liebe Kontrolluhr, mir scheint, Sie sind stehen geblieben, schon lange!" Es war ein feindseliger Hohn in seiner Stimme. „Ich habe Sie nämlich ein bißchen gefoppt, Sie und die anderen. Mit dem Wort ‚Zauberlehrling' hab ich ein Plagiat begangen. Das Wort gehört" – Georgs Gesicht verzerrte sich – „gehört – dem jüngeren Fräulein Steinbach. Die hat es eigens für mich geprägt. Ihnen hat sie das freilich nicht erzählt – in der Opernloge. Diese junge Dame ist nämlich nicht so gesprächig – wie die andere!"

Seydlers Augen wurden weit.

Georg, wieder mit diesem scharfen, nervösen Lachen, schob die linke Hand unter Seydlers Arm und deutete mit der Rechten in das Gewühl der Tanzenden. „Der junge Mensch da, der mit Elisabeth Steinbach tanzt, ist das vielleicht einer aus Ihrer berühmten neuen Jugend?"

„Ja!“ Seydlers Stimme hatte herben Klang. „Man sieht es auf den ersten Blick, daß das eine neue, bessere Rasse ist!“

Georg lachte. Und gereizt betonte er jede Silbe: „Ein bisserl simpel ist sie halt! Aber darin steckt offenbar ihre welterlösende Bedeutung. Na – und Sie, mein lieber Seydler? Sie rechnen sich wohl auch noch zu dieser neuen Jugend? Zu dieser – besseren?“

In Seydlers Miene rührte sich nichts. Er zog nur seinen Arm von Georgs Hand zurück und sagte: „Ich? Zu dieser neuen Jugend? Zu dieser ‚simpeln‘? Leider, nein! Ich bin zu viele Nächte an den Tischen der Komplizierten gesessen. Adieu!“ Er wandte sich und ging.

Georg sah ihm mit leeren, verständnislosen Augen nach. Langsam strich er das Haar aus seiner Stirn und drückte für einen Moment die Lider zu, als hätte er Schmerzen in den Augen. Dann streckte er sich und rasch, mit unhöflichen Armen, schob er sich zwischen den tanzenden Paaren hindurch. Als er die Tür der Bibliothek erreichte, blieb er stehen und schien sich zu besinnen, wie und warum er da hergekommen wäre.

In dem ernsten dunklen Raum, an dessen Wänden die Büchergestelle bis zur Decke reichten, saß Frau Cäcilie auf einem Ecksofa, von etlichen Getreuen umgeben, die sich sehr malerisch um die pompöse Dame gruppiert hatten. Neben dem Schreibtisch beim Fenster brannte eine hohe, grünverhangene Stehlampe. Nur die Goldpressung der Bücherrücken und der Schmuck der kostümierten Frauen leuchtete gedämpft aus dem Dunkel.

Georg empfand sofort einen lebhaften Widerwillen gegen diese theatralische Aufmachung. Frau Cäciliens Stimme reizte ihn, als sie melodisch zu ihrer Gefolgschaft sagte: „Wollt Ihr hören? Doktor Hübner wird uns ein Märchen erzählen!" – Georg wollte sich auflehnen. Doch es blieb ihm keine Zeit mehr – er fühlte sich gedrängt und geschoben von denen, die hinter ihm kamen.

Das Zimmer füllte sich mit erhitzten, neugierigen Gästen, die flüsternd fragten und flüsternd Antwort erhielten. Und plötzlich stand Elisabeth weiß und stumm in dieser unruhigen Dämmerung. Im gleichen Augenblick tauchte auch Fery von Karinski auf und postierte seine schwarze Gestalt mit der schimmernden Hemdbrust gegen eines der dunklen Büchergestelle.

Karinski lächelte, kaum merklich, und sein Blick ging ruhelos zwischen Elisabeth und Georg hin und her oder glitt zur Türe hinüber. In dem Lichtstreif, der grell durch die halbgeöffneten Portieren hereinfiel, flimmerte Katharinas rotes Haar im leuchtenden Goldnetz; während sie eintrat, flüsterte sie lachend mit Erwin Lenk.

Tuschelnde Pärchen kauerten sich auf den Teppich nieder. Flinke Arme zogen Stühle und Taburetts herbei. Ein dichter, unruhig raunender, raschelnder Halbkreis bildete sich um ein freistehendes Fauteuil. Und Georg wußte: „Jetzt wollen sie, daß ich mich da hinsetze und ihnen zwischen zwei Tänzen etwas vorgaukle." Ein heftiger Widerstand erwachte in ihm. Aber da traf sein Blick die wartende Elisabeth.

Sie saß vorgeneigt, die Hände um das Knie geschlungen, und hing mit harrenden Augen an Georgs Gesicht. Als er sie nun ansah, mit diesem ratlos irrenden Blick, wurde sie unruhig und richtete sich auf. Sie atmete tief, und ihre Lippen bewegten sich. Schmerzlich zogen sich die dunklen Brauen in ihrem blassen Gesicht zusammen, als könnte Elisabeth dieses atemlose Harren nicht mehr ertragen.

Georg ließ sich nieder.

Das tuschelnde Flüstern rieselte noch einmal durch den Raum und versickerte. Und nun die Ruhe.

Georgs Augen waren ohne Ziel. Dann plötzlich erschien ein Ausdruck des Unbehagens auf seiner Stirn. Er sah zur Türe hin. Dort drängte Ludwig Seydler mit freundlicher Geste drei junge Leute zurück, die noch herein wollten; nun zog er die Portieren zu, drehte sich um und hielt die Vorhänge hinter seinem Rücken fest zusammengerafft. Als Georg diese harten Züge und das gleichgültige Warten dieser ruhigen Augen sah, erschrak er – und begriff, daß Ludwig Seydler ihn aufgegeben hatte. Die Fäuste mit langsamer Bewegung einwühlend in die weichen Lehnen des Fauteuils, wandte Georg das bleiche Gesicht. Da sah er diese anderen Augen wieder, Elisabeths gläubige Augen, die mit sonderbar dringendem Harren auf ihm ruhten.

Wie dumpfer, unverständlicher Lärm, der irgendwo

in weiter Ferne war, ein unbestimmtes Geräusch und eine matte Erinnerung an zärtliche Musik quoll verschwommen aus dem Tanzsaal durch die dicken, festgeschlossenen Portieren herein in die stumme Dämmerung.

Georg sah über die weißen, regungslosen Gesichter hinweg und begann:

Das Märchen von der Stille.

Es war einmal das Weib eines armen Holzhackers, der hoch droben im Walde wohnte, in einer weit von der Welt verlorenen Hütte. An jedem Morgen zog der Mann mit seiner Hacke zur Arbeit hinaus, kam erst spät am Abend wieder heim, aß wie ein Hungriger und schlief wie ein Müder.

Immer war das Weib allein, tat die Arbeit im Haus und hatte keinen Menschen, um mit ihm zu reden. Vom Morgen bis zum Abend hörte sie nur das leise Geräusch der eigenen Arbeit, nur den eigenen Schritt und, wenn sie ruhte, das Prasseln des Herdfeuers, das Rauschen der Wipfel draußen im Wald und zur Sommerszeit das Pochen der Spechte an den Bäumen. In dieser Ruhe ihres Lebens begann das Weib die erste Unruh' des Kindes zu fühlen, das unter ihrem müden Herzen dem Leben entgegenwuchs.

Es war im Hochsommer. Da fühlte das einsame Weib die Schmerzen der Mutter, lag in der todstillen Stube auf dem Bett und sah mit angstvollen Augen umher, als müßte sie, der kein Mensch zu Hilfe kommen konnte, Beistand erwarten von dem armen Gerät, das täglich ihre sorgliche Hand verspürte. Doch in der kahlen Stube rührte sich kein Hauch und Laut. Kalt und dunkel stand der Herd in der Ecke, regungslos das Spinnrad neben dem Fenster, an dem der Laden noch geschlossen war von der Nacht. Durch den kleinen Ausschnitt des Ladens glitt ein Sonnenstrahl in die Stube und malte einen goldenen Ring auf das Kissen der Frau, die ihre wachsenden Schmerzen ertrug. Immer wieder griff sie in ihrer Qual nach dem leise zitternden Goldring, nach dem einzigen Ding, das in dieser stillen Stube sich regte und warm leuchtend war wie lebendiges Leben.

In der Stube war ein zweites Fenster noch, das offen stand. Die heiße Sonne strömte herein und brannte weiß auf dem grauen Boden der Hütte zwischen Bett und Türe. Draußen ragten die Bäume des Waldes stumm und schläfrig in die schwere Glut. Nichts rührte sich. Nur das Ringlein tanzte fein und glänzend über die suchende Hand der gequälten Frau.

Die atemlose Stille, die um sie her war, lastete wie schweres Gewicht auf ihrer Brust. Und ihre Schmerzen wuchsen und wurden wie große, grausame Tiere. Die Frau in ihren Qualen stöhnte hinter geschlossenen Zähnen und schrie mit stummer Bitte zu Gott um Gnade.

Da sahen die irrenden Augen des Weibes, wie aus dem goldenen Sonnenstrom des offenen Fensters eine lichte Gestalt hereinwuchs, deren schimmernde

Gewänder zu flutender Sonne wurden und deren helles Haar sich auseinanderspann zu goldenen Strahlen.

„Heilige Mutter!", schrie das gebärende Weib. „O heilige Mutter! Hilfreiche Mutter!" Und da wurde ihr Atem leichter, und zwischen Schmerzen kam ein süßer Frieden in ihr Herz. Sie schloß die Augen. Aber noch immer sah sie die holde, leuchtende Frau vor ihrem Lager, die ihr einen schönen Knaben reichte und leise sprach: „Fürchte dich nicht! Ich will deines Kindes Patin sein. Und ich gebe deinem Kind als Patengabe diesen goldenen Ring. Den sollst du verwahren für deinen Sohn! Und höre, was ich dir sage: Das Menschenkind, dem in kommender Zeit dein Sohn diesen Ring an den Finger steckt, wird ihm verbunden bleiben für Leben und Ewigkeit, wenn es den Anblick meiner Augen erträgt!" So sprach die mit Sonne geschleierte Frau. Und verschwand.

Die Jahre gingen. Das Kind wuchs heran und wurde ein stiller Knabe, von verschlossener Gemütsart. Mancher Winter zog vorüber mit seinem weißen Schweigen und deckte den Waldboden zu mit weißem Teppich und machte die rauschenden Bäume stumm unter schweren glitzernden Lasten. Die Hütte duckte sich unter dem dicken Schnee. Und lautlos zog in knirschenden Nächten das Wild vorüber, zu seinen Futterplätzen. Zierliche Fährten ließ es zurück, die aus unbekannter Ferne kamen und sich verloren im schweigenden Wald. Schweigend dämmerte der späte Morgen herauf, schweigend senkte sich der frühe Abend.

Dann kam in lauen Nächten der warme Regen, der den Schnee zerbiß und den Boden tränkte. Es dampfte der Wald, der Himmel wurde licht und hoch, ein grüner Schleier legte sich um alle Sträucher, über alle sonnigen Flecken des Waldes, und der herbe Frühling kam mit seinem hellen Duft, mit seiner grünen Stille.

Die Sonne wurde schwer und der Hauch des Waldes berauschend. Über dem Dach der Hütte zitterte die Luft, und gaukelnde Falter taumelten lautlos durch Gärtchen, vom Duft der blühenden Nelken trunken. Helle Nächte kamen, die voll waren von schweigendem Leben und sternenklar über der Erde hingen wie ein Funkeltraum. Flammend stieg der Morgen auf, und der Sommer war da mit seiner sonndurchglühten Stille. Kamen die grauen Stürme, krachten die Wetter und stürzten die Bäume, so war's wie ein großes Lied, das die wachgewordene Sommerstille sang.

Dann färbte sich das erste Blatt, ein gelbes Brennen lief über alle Büsche hin, und der Duft des Waldes wurde feucht. Der lachende Himmel sah wie blank gewaschen aus, und der fernste Gipfel stand scharf und klar vor diesem hellen Blau. Rund um die Hütte loderte die rote Stille des Herbstes. – Und wieder fielen die lautlosen Flocken.

In diesem friedvollen Reigen der Jahre wuchs der Knabe heran zu einem stillen Jüngling, der in der Einsamkeit jeden Atemzug des erblühenden und wieder versinkenden Lebens belauschen lernte.

Er trug an seiner rechten Hand einen blinkenden Goldreif.

Und auf schweigenden Wegen, die er wanderte, und in den stummen Stunden seiner Ruhe sah er manchmal die feinumschleierte Gestalt einer blonden, schönen Frau. Wo es am stillsten war, da sah er sie am schönsten. Wo er rastete, ruhte sie, und wo er ging, da schwebte sie vor ihm her und führte ihn zu allen tiefsten Dingen des Waldes, zu allen Köstlichkeiten der stillsten Stille.

Dann kam eine wunderliche Zeit über ihn, mit unerklärlich unruhigen Nächten. Das war wie ein heißer Sommer seines Blutes, der ihn verwirrte und erschreckte.

Mitten im Wald lag eine kleine, sonnige Wiese. Langstengeliger Enzian blühte hier in dichten Büscheln, und goldene Bienen umschwärmten die blauen Glocken. Dort pflegte der Knabe gern zu ruhen. Er sah den summenden Bienen zu, bis die Sonne hoch stand und alle Kreatur ermattet war von der Glut des Mittags. Dem Knaben rann eine süße Lässigkeit durch die Glieder, so daß er stille lag und nicht schlief und nicht wachte. Sein ganzer Körper tat ihm wohl. Er lag im Schatten, und vor ihm glühte die Sonne ruhevoll auf Gras und Blumen nieder. Und plötzlich stand die hohe blonde Frau in leuchtenden Schleiern über dem sonnigen Boden und lächelte ihn an, regungslos und ohne Laut, und schaute auf ihn nieder mit zärtlicher Milde und Gnade. Doch wenn der Knabe sich leis bewegte, zerrann sie gleich in Licht und Sonne.

Niemals flößte sie ihm Schrecken ein. Bei ihrem Anblick fühlte er sich froh geborgen, und das wunderliche Hasten seines Blutes beruhigte sich.

Eines Tages ging er in den Wald und wollte zu seiner Wiese und hörte einen Kuckuck, der in der Ferne rief. „Ach, wenn er doch schwiege!“, dachte er, denn er wußte, daß die blonde Frau nicht erschien, wenn irgend ein Tier des Waldes sich regte. Aber der Kuckuck schwieg nicht, sondern schrie und schrie und schrie. Zornig sprang der Knabe durch den Wald. Doch als er an den Rand der Wiese kam, da stand er betroffen still und begann zu zittern am ganzen Leibe.

Etwas Rotes lag im Grase, mit rotem, leuchtendem Haar, und hatte ein Röcklein an, so brennend rot wie das Mohnfeld, das er einmal, von einer Höhe niederschauend, tief drunten im Tal gesehen hatte. Und dieses feuerrote Ding lag übermütig ausgestreckt im Gras und riß die Blumen ab, zerbiß sie mit blanken Zähnen, warf die bunten Flocken in die Luft und fing sie wieder auf in närrischem Spiel.

Der Kuckuck rief in der Ferne.

Da erhob das rote Ding eine helle Stimme und fragte: „Kuckuck, Kuckuck, wie viel Tage dauert’s, bis mich einer holt aus meines Vaters Haus?“ Nun rief es: „Eins! Zwei! Drei!“ Dann schwieg der Kuckuck.

Das rote Ding, mit ausgebreiteten Armen, lachte und schüttelte sein Haar über die Wiese, daß die Blumen dazwischen hervorwuchsen und sich darüber neigten. Das war, als stiegen die blauen Blumen aus rotem Feuer heraus.

Der Knabe spähte und lauschte. Sein Herz schlug gewaltig, und Tränen des Zornes verdunkelten seinen Blick. Er wollte hinstürzen, wollte das rote Ding mit

Fäusten schlagen und vertreiben von seiner Wiese. Denn er wußte: nun würde die stille blonde Frau ihm niemals wieder erscheinen.

Von den Blumen her, die aus dem Feuer wuchsen, hörte er ein Lachen. Und das rote Ding sprang auf, band sein Haar mit einem schwarzen Band und lief davon. Und der Knabe mußte folgen, immer folgen – er mußte! – und sah: dieses rote Ding war schmäler und feiner als die Mutter, hatte weißere Hände und einen leichteren Gang.

Bergab und immer bergab und immer rascher flog das rote Ding hinunter durch den Wald, als hätt' es Angst vor dieser grünen Stille. Atemlos hetzte der Knabe hinter ihm her, hinunter, und aus der Dämmerstille des Waldes hinaus in das grelle Tal, wo am tosenden Bergbach mitten in Licht und Lärm die klappernde Mühle stand. Das war ein Aufruhr, den der Knabe wie Schmerz in seinen Ohren fühlte. Unter Brausen und Plätschern drehte sich das gewaltige Mühlrad. Der Hahn krähte auf dem Düngerhaufen des Hofes. Knechte und Mägde rannten hin und her, luden schwere Säcke auf einen schreienden Esel und lachten und schwatzten überlaut durch den klappernden Lärm der Mühle. Und ein großer Hund sprang bellend und winselnd an dem roten Ding hinauf, als es zur lärmenden Mühle kam und dem Gärtchen zuschritt. Den Hund liebkosend, rief es einem jungen, mit der Peitsche knallenden Knechte ein Scherzwort zu, trat in das Gärtchen und warf die Zauntür in das Schloß.

Den Knaben erschreckte das grelle Licht und der Lärm. Doch es kochte und hämmerte sein Blut. Ein quälender Aufruhr brannte in ihm. An dem lärmenden Mühlenhofe vorüber sprang er auf das Gärtchen zu und stieß die kleine Pforte auf.

Da erhob sich das rote Ding aus einem dichten Beet voll hoher, leuchtender Blumen und fragte verwundert: „Wer bist du? Wo kommst du her? Was suchst du?“

Der Knabe sprach: „Dich such' ich. Der Kuckuck hat gelogen. Es dauert keine drei Tage, bis dich einer holt aus deines Vaters Haus.“

Das Mädchen wiegte sich in den feinen Hüften und sagte: „Viele sind im Tal, die mich haben möchten.“

Da riß der Knabe das Mädchen an sich und sagte: „Mir gehörst du!“

Sie wand sich lachend hin und her, ehe sie still hielt und sich küssen ließ.

Draußen ging das Klappern und Lärmen ruhelos fort. Aber in dem verschwiegenen Gärtchen unter den hohen nickenden Blumen herzten und küßten die beiden einander, und das Mägdlein wehrte dem Drängen des Knaben zwischen Lachen und Kuß. Doch als die Nacht herabsank, vergaß das Mägdlein das Neinsagen.

Der Morgen war nicht mehr fern, als der Knabe sich erhob und dem Mägdlein in das fahle Gesicht sah. Da befiel ihn ein leises Grauen. „Du!“, fragte er erschrocken, „wer bist du?“ Das Mägdlein antwortete nicht und sah hart und unbeweglich in das graue Dunkel.

„Du!“, drängte der Knabe, und ein kalter Schauer rieselte über seinen Leib, „hast du mich lieb?“ Da rührte sich etwas in dem bleichen Gesicht, ein Lachen krümmte den schmalen Mund. Da schrie der Knabe: „Du mußt mich ja lieb haben, du bist mein Weib!“, zog den Goldreif von seiner Hand und steckte ihn dem Weibe, das sein gewesen, an den Finger.

Aber voll Schrecken riß er sie gleich in seine Arme. Mit weitaufgerissenen Augen starrte sie ins Leere und deutete mit den mühsam ausgestreckten Händen auf etwas Grauenvolles, das sie sah. Ihr bleiches Gesicht verzerrte sich, sie wollte schreien und konnte nicht mehr, der Kopf mit dem Rothaar sank zurück, und der Knabe hielt an der Brust ein totes Weib.

Georg hielt inne. Er war blaß bis in die Lippen und sein Blick ging ziellos über die Gesichter hin, die ihm in lautloser Spannung zugewendet waren. Aller Augen hingen an seinen Lippen. Keiner rührte sich.

Da schlug ein leises Lachen scharf in diese Stille hinein, das sich nicht beruhigen wollte und immer schärfer und deutlicher wurde. Jähe Verwunderung riß alle Gesichter herum, und alle blickten auf Katharina, deren rotes Haar in dem unsicheren Licht des Raumes flimmerte. Jetzt beugte sie sich zu Erwin Lenk und flüsterte etwas. Und nun lachte sie nicht mehr leise und gereizt, sondern laut und belustigt und hob im Lachen die nackten Schultern, daß das Kleid fast über den halben Arm herabfiel. Georg starrte sie an. Sie drehte sich nach ihm um und lachte ihm ins Gesicht.

Sein ganzes Denken stand still. Und nur dieser eine Gedanke hämmerte in seinem Kopf: „Wird dieses Kleid jetzt fallen, wird sie sich hier allen zeigen, wie ich sie sah?“

Ein unbehagliches Flüstern erhob sich und erstarb in betretenem Schweigen. Seydler wurde unruhig, wollte näher treten, wandte sich aber, und während er durch einen schmalen Spalt aus dem Raum hinaustrat, fiel ein greller Lichtstreif in die Dämmerung herein.

Georg sah auf. Dort reckte sich Karinski und spähte nach Elisabeth. Erschrocken blieb Georgs Blick auf Elisabeth haften. Die war bleich geworden wie Wachs und starrte die Schwester an. Eine jagende Angst erfaßte Georg. Noch wußte sie nichts. Noch war es nur zitternde Ahnung. Diese Hände fassen dürfen und ihr sagen, wie das alles kam! Ihr sagen, was er gelitten hatte, was er noch immer erlitt. Sie würde verzeihen. Sie mußte verzeihen. Er wollte ein Wort sagen, das nur sie verstand. Aber er wußte es kaum, wie statt dieses Wortes eine schwere, traurige Anklage von seinen Lippen kam:

„Ich weiß nicht, ob Ihr den Frevel versteht, der in dieser Nacht begangen wurde, und warum er so schwer gebüßt werden mußte.“

Seine Stimme kam ihm fremd aus der Totenstille des Raumes zurück. Wieder sah er nach Elisabeth.

Aber er mußte die Zähne aufeinanderbeißen, um nicht aufzuschreien. Ein fremdes, entstelltes Gesicht heftete entsetzte Augen auf ihn. Georg fühlte ein Niederstürzen, ein fürchterliches Einreißen und Zerschellen. Alles um ihn her zerbrach und versank. Alles verloren. Hier war nichts mehr zu hoffen. Elisabeth hatte begriffen. Und in ihm schrie es auf: „Du Frevler! Wie durftest du die Hände ausstrecken nach ihr, deine Hände, die noch heiß waren von der Glut ihrer Schwester! Du Narr! Wie wolltest du diese Hände reinwaschen in deinem kleinen erbärmlichen Leiden!“

Georg richtete sich auf. Den Blick dieser großen, qualvoll geweiteten Augen ertrug er nicht. Und hier diese Menschen, diese Menschen mit den verblüfften Gesichtern! Was war denn an ihm zu sehen? Oder sahen sie die Besen rennen mit den klappernden Eimern, mit den erstickenden Fluten? Was wollten diese wartenden Menschen von ihm? Daß er reden wollte? Erzählen? Was? Wo waren Bilder, Worte, Gedanken? Erzählen! Welches Schicksal, welches Leben? Wie beginnt es, wie endet es, das Märchen von der Stille – von der verscherzten Gnade der Stille? Nur reden, nur Worte finden, Worte, Worte!

Unbeweglich saß er, mit geschlossenen Augen, und begann wieder:

In der selben Nacht noch trug der Knabe die Leiche hinaus an den Saum des Waldes und begrub sie. Den Ring zog er ihr vom Finger und verscharrte ihn zu Füßen der Toten. An seiner Hand mochte ihn der Narr nimmer leiden.

Noch in der gleichen Nacht wanderte er weiter, rastlos dem roten Morgen entgegen.

Und als der Tag anbrach, stand der Knabe auf einem fremden Hügel und sah eine große Stadt vor sich liegen. Die sandte das Brausen und Klingen ihrer Unrast zu ihm empor. Eine quälende Sehnsucht erwachte in dem Knaben. Und er merkte voll Grauen, daß ihm der Leib der Toten einen brennenden Durst nach Lärm und Geräusch ins Blut gegossen hatte. Er trieb sich durch die lärmenden Gassen der Stadt, und das Schreien und Pfeifen der drängenden Menschen, der Hufschlag der Pferde und das Rollen der Räder tat ihm wohl und stachelte sein Verlangen. Nur kein Ruhen, nur kein Schweigen, nur kein Erinnern an die Stille des Waldes. Nichts ist so fürchterlich als die Stille. Voll unbekannter Schrecken und Gefahren ist sie, voll grauenhafter Bilder und Entsetzen des Todes. Wie hatte er sie so lange ertragen können? Er begriff es nicht mehr. Die Unrast des toten Weibes fieberte in seinem Blut. Der Knabe ging und rannte und suchte den Lärm, das Geschrei, das tobende Überschäumen.

Einer sah ihn am Weg, ein ruhiger Mensch mit klugen, still blickenden Augen, der trat auf ihn zu, redete ihn an und wollte ihn gute Wege führen. Als er aber die kranke Sucht in den Augen des Knaben sah, wandte er sich, ging weiter und sprach: „Der ist verloren. Was hab' ich mit ihm zu schaffen?"

Der Knabe aber rannte weiter und irrte durch die wirren Straßen der Stadt. Vom Ende einer dunklen Gasse drang ihm ein Donnern und Dröhnen entgegen, das seinen Ohren lieblicher klang als der Orgelton, der aus offenen Kirchentüren quoll. Das war ein Hämmern und Schmettern, ein Klingen und ein dumpfes Heulen, das ihm wohlgefiel. Und das Dröhnen schwoll an, je näher er kam, und er gewahrte eine riesige, rußige Werkstätte, in der ein großes Feuer brannte und sieben Gesellen kupferne Kessel schmiedeten. Mit mächtigen Hämmern schlugen sie auf die hohlen rotgleißenden Kupferbäuche los, daß es hallte und schrillte und schrie und schmetterte. Da war ein Kreischen des mißhandelten Metalls, ein Zischen der weißen Glut, und mitten hinein die schrankenlose Menschenlust, zu zerbrechen und zu bezwingen. Wollte ein Gesell mit seinem Nachbarn reden, so mußte er brüllen durch den Trichter seiner hohlen Hände. Und das Feuer zuckte und qualmte und stieß die grellen grünen Stichflammen aus, wenn der Blasebalg seinen fauchenden Atem in die Glut blies.

Der Knabe starrte wie gebannt in die rote Wildheit dieser dröhnenden Hölle. Dann trat er ein und verdingte sich bei dem Kesselschmied als Gesell. Und da blieb er nun und wurde der Wildesten einer.

Er war der Erste am Morgen in der Werkstatt, wenn ihn der Schlaf floh, war seines Bleibens nicht länger im stillen Bett. Und er war der Letzte am Abend, denn der Frieden des Feierabends war ihm verhaßt. Die Nachbarn verließen ihre Häuser, weil keiner das ruhelose Dröhnen ertrug. Aber je größer die Stille der Gasse wurde, desto wilder schmetterte der Knabe den Hammer auf die hohlen Kessel. Er wurde hart in seinem Herzen und überlaut, voll Hohn für das Zarte und Stille, das er nimmer begriff. So waren sie alle in der Kesselschmiede. Keiner traute dem andern, keiner kannte ein warmes, stilles Gefühl, jeder schrie und drohte und hatte tückische Augen. Und so wie die Gesellen, so waren die frechen, genäschigen Weiber, die sie nahmen.

Nur eine war anders, die Schlanke im weißen Kleid, die Heitere, Sanfte, die Tochter des Schmieds. Die huschte weiß durch die rußige Schmiede, die mußte nicht schreien, die lächelte nur. Und dann verstanden sie alle, und etwas Gutes, Mildes flog durch die dröhnende Werkstatt.

Als der neue Gesell sie zum erstenmal erblickte, begriff er die linde Wärme nicht, die sein Herz beruhigend umzog. Die Weiße sah ihn an und nickte ihm zu. Und von da an sah sie ihm öfter zu bei seiner Arbeit.

Die Weiße war wie ein Sonnenstrahl, wie ein süßer zwitschernder Vogel. Sie kam in die Hölle dieses ruhelosen Lebens wie ein barmherziger Engel. Und wenn sie lächelte, glich sie einer silbernen Muttergottes.

Georg schwieg. Schwüle Stille. Wieder verlegenes Warten und peinliche Verwunderung in allen Augen, die auf ihn gerichtet waren. Dann flüsternde Worte, ein dünnes Lachen, das Rauschen eines Kleides. Ein Paar, das tanzen wollte, verließ die Bibliothek: Erwin Lenk und Katharina. Grelles Licht, das wieder verschwand, eine Welle von Musik, die verebbte. Und dann wieder Ruhe, in der man nur das nervöse Klappern von Frau Cäciliens Fächer hörte. Georgs Blick ging zu Elisabeth.

Das Entsetzen in ihrem Gesicht war erloschen. Blaß und todmüde saß sie da, kraftlos in sich zusammengesunken, die Hände still in ihrem weißen Schoß gefaltet. Über ihre Wangen liefen langsam Tränen, schwere helle Tränen und fielen herab auf ihr Kleid, auf ihre Hände. Sie fühlte es nicht. Sie fühlte auch Georgs flehenden Blick nicht mehr. So müde war sie, so einsam zwischen diesen stummen, wartenden Menschen.

Und die gleiche bleierne Traurigkeit kam auch über Georg und zerdrückte ihm die Gedanken. Er sah um sich her. Was saßen die da und warteten? Was wollten die noch?

„Das Märchen ist aus!“, sagte er mit leerer Stimme. „Was soll es auch da noch weiter geben? Kennt ihr das Leben nicht? Was wird geschehen? Ihr könnt es euch an den Fingern abzählen. Das befleckte Blut des wilden Gesellen wird sich rühren, und er wird die schmutzige Hand ausstrecken nach der lieblichen Weißen. Und die süße Ahnungslose wird Erbarmen haben mit diesem Hunger, den sie nicht versteht, und sein Weib werden. Wird ihm dieses reine Opfer helfen, ihn reinigen und retten? Nein. Denn er hat sein Leben beschmutzt und die Gnade der Stille verscherzt. Da gibt es keine Rettung. Die Weiße wird sein Weib werden mit dem Körper und wird ihm Kinder gebären, Söhne und Töchter. Aber die stille Gabe ihres Wesens, die süße Innigkeit ihres Lebens wird er zerschlagen mit dem Hammer auf einem hohlen

Kessel. Mit Lärmen und Dröhnen wird er ihr friedliches Walten erwürgen. Keinen Augenblick der Stille wird er mehr ertragen, ja er wird ruheloser und ruheloser werden seit dem Augenblick, da ihn die Hingabe der Weißen nicht erlösen konnte. Er wird böse werden, verbissen und wunderlich, hart gegen seine Kinder, eiskalt gegen sein Weib. Er wird keinem Menschen ins Gesicht schauen können, denn er fürchtet, seine giftigen Gedanken könnten sich verraten. Und gibt er seinen Söhnen schlimme Befehle oder stößt er häßliche Drohungen gegen sie aus – da sieht er ihnen nicht in die Augen. Nein. Er redet in einen Winkel, in einen finsteren, verborgenen Winkel hinein, als stünde dort einer, der ihn versteht und ihm Beifall nickt. Und sein Toben in der Werkstatt wird sinnlos werden und seine Befehle böse und verderblich. Und noch erbärmlicher wird es sein, wenn die schwachen Stunden über ihn kommen, in denen er alles ungeschehen machen möchte, in denen diese fürchterliche Traurigkeit in seine Augen kommt, die nur sein Weib sieht. Und sein Weib wird altern und müde werden von einem namenlosen, fruchtlosen Kampf, von dem er nichts ahnt. Die Hast des polternden, friedlosen Lebens neben ihr drückt sie zu Boden. Die Söhne werden von dannen ziehen, vertrieben von dem neidischen Hohn und dem ruhelosen Toben des Vaters, um draußen in der Fremde in Frieden ihr Brot zu essen. Die Töchter nehmen Gatten und ziehen in die Ferne. Und der Schmied bleibt wieder allein mit seinem Weibe."

Wieder stockte Georg. Er sah verblüffte und verlegene Gesichter um sich. Er schloß die Augen und fuhr mit der Hand über die Stirn. Was wollte er nur, was wollte er nur? Weinen? Kindisch. Weinen? Welche Wohltat! Er schämte sich. Nein. Er wollte ja sein Märchen erzählen. Aber das alles war so erschreckend gleichgültig. Gleichgültig war dieses Reden, war dieser ganze Abend und das Morgen und das Übermorgen und diese ganze bleierne Schnur der Tage – – –

Ja richtig – erzählen. Warum nicht? Warum nicht gerade das? Und er setzte sich steif zurecht und erzählte weiter.

Der Winter zog ins Land. Da erkrankte die Frau des Schmieds und konnte nicht mehr genesen. Bleich und still lag sie in den Kissen und glich nicht mehr der lächelnden silbernen Jungfrau. Aber der Schmerzensmutter ähnelte sie, die über ihrem Bette hing, der mit den sieben Schwertern im Herzen.

Und der Schmied hämmerte und hämmerte und hämmerte, und das war ein ruheloses Dröhnen tagaus, tagein und kein Augenblick der Rast und kein Atemzug des Friedens. Aber die Arbeit mißriet ihm jetzt. Er schlug um so wütender um sich und hämmerte mit gestachelter Kraft, daß die Funken stoben. Aber die Kessel zersprangen, das Metall zerbarst.

Eines Tages, als dem Schmiede wieder alles fehlschlug, warf er mit einem Fluch den Hammer hin und ging aus der Werkstatt. Er wollte Menschen sehen. Doch die Gasse war leer, hier standen nur verödete

Häuser. Da ging der Schmied zurück in sein eigen Haus und trat in die Stube seines kranken Weibes, das still und weiß wie ein müder Traum in den Kissen lag, mit schweren hellen Tränen auf den wachsbleichen Wangen. Und als der Schmied sein Weib so sah, da wurde es mit einem Male hell in seinem Sinn und Herzen. Er fiel vor dem Bett hin und vergrub das Gesicht in seines Weibes Schoß. Wie ein schwerer Sturzbach hämmerte die Erkenntnis auf ihn nieder, und zuckend wand er sich unter ihren Schlägen. Die Kranke sah ihn bekümmert an und streckte scheu die schwachen Hände nach ihm aus und streichelte sein graues Haar. Und da begann der alte Schmied zu weinen wie ein Kind.

Als er ruhig wurde und noch immer so lag und den Mut nicht hatte, seinem Weib in die guten, nassen, traurigen Augen zu sehen – und als es ganz still in der Stube war, durch deren Fenster die Abendsonne hereinfiel wie ein goldenes Band – da sagte plötzlich die Kranke mit einer wundersam frohen und glücklichen Stimme: „Sieh doch, lieber Mann – zu Füßen unseres Bettes steht eine hohe blonde Frau. Die sieht mich gütig an und wunderschöne Augen hat sie!"

Erschrocken hob der Schmied die Stirn und erkannte in dem glücklich lächelnden Gesichte seines Weibes die selige Stille seiner Kindheit. Er fing zu schreien an: „Verlaß mich nicht! Du Gute! Du Einzige! Verlaß mich nicht!" Und wie ein Blitz fuhr dieser Gedanke durch sein Hirn: „Der Ring! Der Ring! Mein Weib ist begnadet! Ein Wunder wird geschehen, der Ring wird uns verbinden für Zeit und Ewigkeit!“ Vor Freude schluchzend, raffte er sich auf und rief: „Du Liebe! Du wirst nicht sterben! Leben wirst du! Mit mir! Ich weiß einen Arzt, der dich heilen wird. Den hol’ ich! Habe Geduld! Die Mägde werden dich pflegen, und du wirst gesund bleiben, weil du mich erwartest!“ Er küßte sie auf den kühlen Mund, sprang aus der Stube und schrie den Mägden zu: „Haltet die Kranke wie mein eigen Herz!“ Keuchend stürmte er durch die öde Straße hin. Und begegnete einem Reiter. Den stieß er aus dem Sattel, schwang sich auf das Pferd und jagte davon und jagte, jagte, bis der Abend dunkelte. Und noch immer lag der stille Wald seiner Heimat fern.

Das muß ein fürchterlicher Ritt gewesen sein, der Ritt des Schmieds durch die Nacht. Schäumend galoppierte der Gaul. Und vor ihm tanzte der Ring – der Ring – der Ring, flackernd und hüpfend wie ein Irrlicht. Mit verhängten Zügeln raste der Schmied dahin. Gegen Morgen erreichte er das Grab. Der Gaul brach triefend und schäumend zusammen und verendete.

Und der Schmied warf sich auf die Erde nieder und wühlte mit seinen gierigen Händen den Boden auf und suchte den Ring, den Ring. Er wühlte und grub immer tiefer hinein, der Schweiß stand auf seiner Stirn, und er keuchte vor Angst und Gier. Da fühlte er, wie sich etwas um seine Hände schlang, fester und fester, und ihn band und fesselte. Voll Grausen riß er mit aller Kraft die Hände aus der Erde.

Da schrie er auf, von einem namenlosen Entsetzen geschüttelt, und fiel bewußtlos nieder. Rotes Haar, flimmerndes rotes Haar schlang sich um seine Hände, wirrte sich um seine Finger und umwickelte seine Gelenke. Rotes Haar – rotes Haar – flimmerndes rotes Haar – –!

Wie lange der Unglückliche dort gelegen ist, weiß ich nicht. Aber als er eines Morgens wankend, mit schneeweißem Haupt, vor der Tür seines Hauses stand, da hatten sie sein Weib schon begraben.

Georg schwieg. Sein Kopf sank wie unter einem Schlag. Kein Laut rührte sich um ihn. – – –

Eine fürchterliche Stille entstand.

Ein paar junge Hände versuchten Beifall zu klatschen, doch sie verstummten gleich wieder. Ein Paar, das nahe bei der Tür stand, drückte sich durch den Spalt der Portieren hinaus. Und da fingen auch die andern an, leise auf den Zehenspitzen an ihm vorüber hinauszuschleichen, wie man aus einem Krankenzimmer schleicht oder von einer Bahre weg. Sie hielten den Atem an, so leise wollten sie sein. Keiner wagte Georg anzureden. Kaum, daß sie einen scheuen Blick auf den Regungslosen warfen. Die Frauen rafften die Kleider, daß die Seide nicht rauschte. Nur Frau Cäcilie blieb vor Georg stehen. In hilfloser Verlegenheit zerrte sie an ihrem Fächer. Zweimal setzte sie an, um Georg für den künstlerischen Genuß zu danken und das Benehmen ihrer ältesten Tochter zu entschuldigen. Aber vor dieser steinernen Regungslosigkeit blieb sie ratlos. Hilfesuchend sah sie umher und endlich sagte sie mit erleichterter Miene:

„Oh – Herr Doktor, Sie brauchen meinen armen Dank nicht. Auch die kleine Unüberlegtheit meiner Katharina werden Sie verzeihen: Sehen Sie Elisabeth an! Dann können Sie am besten die tiefe Wirkung Ihres Märchens ermessen. Worte sagen hier nichts."

Und sie ging, die pompöse Schleppe frei entfaltend.

Aus dem Dunkel löste sich die schwarze Gestalt des Doktor von Karinski. Lächelnd ging er auf Elisabeth zu, die noch immer regungslos auf ihrem Sessel saß, mit den gekreuzten Händen im weißen Schoß. Er verbeugte sich zur stummen Bitte um den Walzer, der draußen gespielt wurde. Elisabeth erhob sich und sah Karinski mit weiten Augen an wie etwas völlig Unbegreifliches. Um seinen Mund erlosch das siegbewußte Lächeln. Sein Gesicht bekam einen fahlen Stich, und die Nasenflügel zuckten. Er wartete noch einen atemlosen Augenblick – aber da wandte sich Elisabeth stumm von ihm ab. Karinski zuckte erheitert die Achseln – er lächelte schon wieder – drehte sich kurz auf den Hacken um und ging.

Georg wachte auf. Er sah wirr um sich. Das Zimmer leer? Und dort – Elisabeth?

Er stand auf und ging langsam und unsicher auf Elisabeth zu. Sie zitterte, als er kam, und konnte die Stirne nicht heben.

„Ich weiß, jetzt denken Sie wieder an Hilfe!", sagte Georg mit hartem Mund und zerbrochener Stimme. „Aber das ist nun alles so! Und nicht mehr zu ändern! Geben Sie mich auf, Elisabeth! Geben Sie mich auf!"

Sie hob das weiße, müde Gesicht, und als sie ihn ansah, kamen ihr gleich die Tränen wieder. Sie wollte sprechen, bewegte nur die Lippen, brachte keinen Ton aus der Kehle – und nun schlug sie jäh die Hände vor die Augen, krümmte sich tief und brach in Schluchzen aus.

Georgs Kopf sank wieder tief herab. Seine Glieder wurden schlaff. – Und mit schlürfenden, wunderlich schleppenden Schritten fand er zur Tür hinaus. Hinter ihm fielen die Portieren zu.

Mit schmerzhaft geblendeten Augen stand Georg mitten in dem Lichtmeer des Tanzsaales. Das Quartett spielte die Barkarole aus Hoffmanns Erzählungen – und sie tanzten Walzer dazu, einen langsamen, schleifenden Walzer, der die Sinne verwirrte und die erhitzten Wünsche dürsten und zittern machte. In wirren Farben schoben sich die Tanzenden an Georg vorüber, glühend, als hätten sie Honig in den Adern oder schweren süßen Wein, und als käme ihnen eine stille Tollheit aus diesen Geigenklängen, die Verschwendung trieben mit lüsterner Zärtlichkeit. Im Gewühl sah Georg immer wieder ein Gesicht, das drüben in der Bibliothek mit verträumten oder erschrockenen Augen an ihm gehangen hatte. Und jetzt lachten diese Augen in der Freude des erweckten Blutes, diese Gesichter brannten von heißen Wünschen. Er hatte sie mit den Fäusten seiner gequälten Seele gefaßt, hatte sie geschüttelt mit der Marter und dem Niederbruch seines Lebens. Und nun lächelten sie frech und drehten sich wie betrunkene Narren herum, hörten verschwiegene und dennoch schreiende

Dinge in den Klängen der Barkarole, schmeckten die Sünde in dem Geruch erhitzter Menschen, waren ihm widerlich und fremd, waren der schwächlichen Macht seines Willens entglitten und taten, was sie wollten und ihnen Freude war.

Georg flüsterte ein langsames Wort vor sich hin. Wann hatte ihn Elisabeth zum erstenmal so genannt? Vor sieben Wochen, in Strobl, am Wolfgangsee? Oder wann? Vor hundert Jahren schon? Vor tausend? Ist das immer so, daß verlorene Zeit als unübersehbare Ewigkeit erscheint?

Wie ein blasser Schemen blieb Elisabeths weiße Gestalt vor seinem leeren Blick, als er sich am Gewühl der Tanzenden vorbeidrückte, kaum bemerkt, nur von wenigen Augen verfolgt, in denen halber Spott und halbe Barmherzigkeit war.

Nun stand er bei der Tür – und zögerte – und wandte das Gesicht – und sah einen jungen Menschen, jenen schlanken Till Eulenspiegel mit den kleinen Silberschellen an der dunklen Jackenkrause. Der tanzte nicht. Warum nicht? Er war allein. Und seine klaren, ruhigen Augen schienen zu suchen. Wen? Geschmeidig, rasch und sicher schritt er durch das bunte Gedräng der walzenden Paare und verschwand dort drüben, wo es hinüberging zur Bibliothek. Ging er den Weg, den Georg gekommen war? Zu Elisabeth?

Müde den Kopf herunterneigend, preßte Georg die schwere Hand auf seine Stirne, wie einer, der zwischen Schlaf und Wachen ist.

War das nicht kindisch? Wenn es der nicht ist, so wird es ein anderer sein!

Georg fühlte ein stumpfes Ermatten seines Gehirns. Und verwundert, als ginge ihn dieses Schicksal nichts mehr an, dachte er: „Komisch! Ich bin doch auch noch jung? Und die Zukunft gehört schon einem anderen! – Warum?"

Er ging.

Und hinter ihm versanken Lärm und Freude, Tanz und Licht, Geigengeschwirr und Lust und dumpfe Wünsche.

Draußen war die kühle, stille, dunkle Nacht, mit kleinen Sternen und trüben Straßenflammen.

Georg wanderte die öde Straße hinunter und dachte nicht an sein Wertherkostüm. Sein Schritt hallte an dunklen Häusern und grauen Gartenmauern. Ein Mann und eine Frau kamen an ihm vorüber, sahen ihm verwundert nach, und eine lachende junge Frauenstimme sagte: „Schau dir den an! So lauft man doch heutzutag nimmer herum – –?"

Das hörte Georg nicht. In seiner quälenden Angst, daß der verschlossene Schmerz in ihm ausbrechen und aus ihm herausschreien würde, ging er und summte im Takt zu seinem Schritt eine Melodie – immer die gleiche Melodie – immer wieder die gleiche Melodie. – –

Die Uhr auf dem Fenstersims

Novelle

Die Glocke an der Ateliertür schrillte, Sebald blickte auf, die Sonne war untergegangen, er nickte befriedigt, ging und öffnete. Bettine ließ Luisa Joris als einer verheirateten Frau den Vortritt, diese sagte etwas Munteres, als sie in das Atelier trat; die Abendglut fiel ihr gerade in das eng verschleierte Gesicht, sie zögerte geblendet und berief sich auf Bettine, gleichsam entschuldigend, daß sie sich überhaupt hier befinde. Bettine sagte: „Wie warm Sie's haben, Sebald. Wo können wir unsere Jacken hinhängen?"

In der Tür war ein Haken befestigt, Sebald trat an Luisa heran, um ihr die Jacke abzunehmen. Luisa saß aber schon sehr gerade und ordentlich auf der äußersten Ecke des Sofas an der Wand links (rechts an der Wand stand gleichfalls eines), knöpfte die Jacke nur ein wenig auf und sagte: „Danke, mir ist nicht warm. Nicht zu warm, meine ich", verbesserte sie dann schnell und ernsthaft, wie sie denn überhaupt ernsthaft und aufmerksam herumschaute und schließlich mit dem behandschuhten Zeigefinger auf das schmutzige Gerümpel vor dem Schrank hinwies und halb streng, halb neugierig fragte: „Und was soll damit geschehen?"

Sebald warf ihr einen schnellen Blick zu, hob dann langsam die Schulter, schüttelte verwundert den Kopf und antwortete gemächlich: „Ja, da sieht's ein bißchen unordentlich aus, das muß ich sagen." Dabei stieß er aber wie unabsichtlich das geniale Gewirr von

Farbentuben, Zinnbecherchen, Elfenbeinplättchen, geschnittenen Steinen, Maltüchtern und Lautensaiten mit dem Fuß zusammenstreifend in einen Winkel. Hiemit begab er sich entschlossen der billigeren Mittel, Aufmerksamkeit zu erregen, und die Sache fing an, ihn zu interessieren.

Bettine hatte indessen das Spinett neben dem Schrank geöffnet, spielte schon und sang sehr hoch und leise so für sich hin. Sie war zufrieden, daß sie Luisa Joris hiehergebracht hatte, sie war nach Art der Achtzehnjährigen in die fünfundzwanzigjährige Frau verliebt, und Sebald war gewissermaßen das Kostbare, das sie herzuzeigen hatte, wie Freundinnen einander schöne Wäsche oder ein Schmuckstück zeigen. Sebald wollte Tee kochen, da geriet gerade der Leim ins Sieden, den Sebald bereitgestellt hatte, um einen zerbrochenen Stuhl zu reparieren, Luisa rief erschrocken: „Leim!" Sebald mußte lachen, sein Gesicht verzog sich dabei zu hundert kleinen Falten, sein Lachen war dem mühelosen Weinen eines Kindes nah verwandt, aber als Luisa näher hinsah, fand sie, daß ihm ihr Widerwillen gegen den häßlichen Geruch hätte weniger Spaß bereiten dürfen. Sie hatte eben den Schleier abnehmen wollen, behielt ihn aber jetzt vor dem Gesicht, zog nur die Handschuhe ab und fragte, ob sie helfen könne. Sebald hatte unterdessen den Leim vom Kocher genommen und in den finsteren kleinen Vorraum hinausgetragen, auch im Atelier dunkelte es, die Leuchtbirne an der Decke glühte auf, es war ein orangefarbenes Tuch darum geschlungen. Hinter einem

Wandschirm hatte er alles vorbereitet; ehe Luisa Hand anlegen konnte, brachte er Teetassen und ein Obstkörbchen auf einem Tablett, Messer, Löffel, Zucker, selbst Papierservietten dazu, Luisa redete ein wenig beschämt von den schönen Gitarren und Lauten, die an allen vier Wänden hingen, Bettine machte einen runden Rücken, um die schwarzen Tasten im Halblicht wahrzunehmen und sang. „Da ist guter Tee!“, sagte Sebald, der Tee dampfte in den Tassen, Luisa hob die Arme und nestelte ihren Schleier los. Er entfiel ihr, Sebald fing ihn auf, genau so zart zugreifend, wie es ein so nichtiges Gewebe erfordert, und etwas lebhafter, als sie zu erwarten schien. Sie tranken Tee, und Bettine sorgte für die Unterhaltung.

„Gnädige Frau“, sagte sie und spielte mit Luisas Handschuhen, „wie ist es möglich, daß dieser rechte Handschuh auch wirklich zu dem linken gehört? Daß es Menschen gibt, die dergleichen mit einem Griff parat haben? In der Fülle der Möglichkeiten, will sagen des Handschuhkastens, ist diese Möglichkeit die unwahrscheinlichste. Über derlei Dinge könnte man sich tot denken.“

„Oh nein“, erwiderte Luisa, „man muß sie nur miteinander hineinlegen.“

„Ein erstaunlicher Gedanke!“, sprach Bettine treuherzig. „Es ist etwas Schicksalhaftes darin, da wir doch Schicksal und Götter dieser Handschuhe sind. Wollte Gott, uns selber täte jemand so ordentlich in den Handschuhkasten, daß der Rechte immer bei dem Linken liegt.“

„Wurstel!", sagte Sebald leise, stand auf und schlenderte zu seinen Lauten.

Luisa wußte nicht recht, ob Bettine kühn oder naiv gewesen. Darüber nachzudenken, blieb ihr nicht viel Zeit, denn Bettine war aufgesprungen, drückte Sebald eine Laute in den Arm und fing an zu singen. Zugleich nahm sie ein Notenblatt vom Spinett und gab es singend Luisa in die Hand. Luisa blickte hinein, Sebald spielte, es war ein Schäferduett, Luisa hielt den tieferen Part des Schäfers in der Hand, ohne Zögern begann sie zu singen, stand in Jacke und Hut und sang mit ihrer herberen Stimme so unter Bettines silbernen Fiorituren wie leiser Strich auf Cellosaiten hin. Sebald bückte sich inniger in seine Laute, er hatte den Mund halb geöffnet und sang ohne vernehmlichen Ton, die Finger griffen kräftig in die Saite und achtzehn Lauten an der Wand schwangen unhörbar, aber geheim bezaubernd mit.

Ein Blick durchs schwarze Fenster auf die rötliche Lichtwolke über dem unsichtbar gewordenen Dächermeer belehrte Luisa über die vorgerückte Stunde. Die Uhr auf dem Handgelenk zeigte halb neun. Hastig bat sie um ihren Schleier, band ihn mit unsicheren Händen fest, flüsterte: „Wo finde ich ein Auto, mit der Tramway fahre ich ja eine Stunde nach Hause –." Sebald griff nach Mantel und Hut, auch Bettine machte sich fertig. Ehe Luisa ging, flatterten ihre bis dahin so ruhigen, hellen Augen noch einmal durch den Raum.

Unten auf der Straße erspähte Sebald schnell einen

Wagen, er öffnete den Schlag, Luisa reichte ihm die Hand, er faßte sie kräftig, sie verspürte die warme, trockene Härte der seinigen, er verspürte die scheu entgleitende Glätte der ihrigen, auch Bettine schlüpfte in den Wagen, sie hatte eine Strecke gleichen Weges, Sebald warf den Schlag zu, gab dem Chauffeur Anweisung, trat barhaupt mit geneigter Stirn zurück, und der Wagen rollte davon.

Bettine sagte: „Mich wundert's, daß Sie Sebald erst heut' kennen lernten, ist nicht die verwitwete Generalin von Pachofen in Dürnstein Ihre Tante?" – „Ja, die Tante Gabriele." – „Sebald ist viel auf dem Gut draußen gewesen, Frau von Pachofen hat ihn gern." – „O ja", Luisa verriet sich unbedacht, „Tante Gabriele hat mir viel und oft von ihm erzählt. Neffen des Generals sind irgendwo in Kärnten oder Tirol mit ihm in die Schule gegangen." – „Eine schöne alte Frau, die Generalin." – „Kennen Sie sie?" – „Nein, aber Sebald besitzt ein Bild von ihr." – „Ein Bild? O! Ich, ihre Nichte, besitze keines." – „Ein sonderbares Bild; in Arbeitskittel und Lederjacke auf dem Feld, aber das dicke graue Haar ist offen, und sie lacht!" – „Merkwürdig. Sebald muß eine Gabe für Menschen besitzen, aber er tut nichts dergleichen." – „Wann singen wir wieder?" – „Ja, wann und wo?" fragte Luisa, und der selbstvergessene Klang ihrer Stimme rührte Bettine. Ehe der Wagen an der Seitengasse hielt, in die das Mädchen abbiegen mußte, hatten sie Vereinbarungen getroffen. Bettine verfügte unbekümmert über Sebalds Zeit und übernahm es, ihn zu verständigen.

Der Wagen hielt, Bettine sprang heraus.

Luisas Ahnung hatte sie nicht betrogen, ihr Gatte wartete unzufrieden, auch die Dienstleute schienen bestürzt, denn Luisa hatte sie an die genaueste Pünktlichkeit gewöhnt. Schuldbewußt saß sie bei Tisch, ihr Atem ging schneller als sonst, das Mädchen bediente geräuschlos, Herr Joris erzählte, er habe auf einer kleinen obskuren Ausstellung einen Maler entdeckt. Kröller, der male kleine ideale Landschaften in silber, blau und rosa, alles bereift wie Pflaumenhaut, entzückend. Er habe die Absicht, mehrere Bildchen zu kaufen. Übrigens kosteten sie fast nicht. Luisa fragte, ob sie mit Staffage gemalt seien. Ja, Göttinnen, Schäfer und Schäferinnen gebe es darauf, ganz wie bei Watteau, und doch könne so nur heutigentags gemalt werden. Sein Gefühl täuschte nie in solchen Dingen, der feinste Sinn für Wert und Unwert war ihm eigen, Luisa hörte ihn sonst gern, aber die Brotkügelchen, die zwischen seinen feinen Fingern entstanden, verrieten den Groll, den Luisas spätes Kommen in ihm erregt hatte. Luisa beteiligte sich mit Anstrengung an seinem geheuchelten Interesse, sie goß ihm Wein ein, fragte zu oft nach seinen Wünschen und atmete endlich fast erleichtert auf, als er sich unmittelbar nach der Mahlzeit erhob, eine Zigarre anzündete, zur Tür ging, sagte, er gehe noch ein wenig aus, und verschwand.

Diese Rücksichtslosigkeit gab ihr wieder recht, wußte sie doch nur zu gut, wohin er ging. Einen Augenblick staunte sie ihr Schicksal an, das sich vor ihr türmte wie ein unbekannter Berg in finsterer Nacht. „Wie bin ich so in Nacht geraten", dachte sie, aber ihre Natur war rein und gut, sie entschlug sich des allzu Trüben. Sacht trat sie im Nebenzimmer an den Flügel, öffnete den Deckel, besann sich auf das Schäferduett und huschte mit den Fingern der rechten Hand über die weißen und schwarzen Tasten hin, als wolle sie die Melodie so über ihnen wegfangen. Dabei erinnerte sie sich dankbar der Bewegung, mit der Sebald ihren Schleier im Wehen aufgehalten, dankbar für das Leichte über ihrem Schweren, und mit dem etwas trotzigen Entschluß, das Schwere nicht an dies Leichte herankommen zu lassen, ging sie zu Bett.

Mit Bettine war ein telephonischer Anruf verabredet, er erfolgte schon am übernächsten Tag. Luisa verschob zwar – völlig grundlos – den Besuch, machte sich rar, ging aber darauf ein, daß sie allein in Sebalds Atelier gehen und Bettine dort sein oder nachkommen würde. Die Stimme des Mädchens, körperlose Stimme allein im sehr geneigten Ohr, klang so selbstverständlich, daß Luisa sich eines kleinen, bürgerlichen Vorurteils geschämt hatte. Am bestimmten Tage ging sie also hin, stieg die fünf Treppen empor, klingelte, niemand kam, verwundert drückte sie die Klinke nieder, die Tür gab nach, sie stand im leeren, dunklen Vorraum.

Helles Sonnenlicht schimmerte durch Türritzen, heute erst bemerkte Luisa, daß es zwei Türen waren, die in helle Räume führten, sie öffnete auf gut Glück die eine und stand in einem weißen, kahlen Viereck, einem zweiten, kleineren, unbewohnten Atelier, kalt, leer, das Fenster blind vor Staub, Lehmbrocken, eine angefangene Tonbüste auf einem hohen Pflock, vertrocknet, Zerrwerk, und dennoch unverkennbar, fast zum Fürchten, als hätte sie Haß hingestellt und eine teuflische Kenntnis jenes Gewirks von Überlegenheit und Schwäche, Güte und Grausamkeit, Sebalds Gesicht. Daneben, offenbar zum Verbrennen, aufgerissene Briefe, ein Berg von Briefen, trockene Zweiglein dazwischen und Staub, über allem Staub. Luisa stand angewurzelt, der dichtverschlossene Raum war zum Bersten voll Ausstrahlung einer heftigen Natur, sie meinte Schluchzen, ja Verzweiflungsschreie deutlich zu hören, das alles war unmeßbar kurz, denn schon war Sebald aus der richtigen Tür hinter ihr eingetreten, faßte sie bei der Hand, führte sie hinaus, führte sie, die falsche Tür mit der anderen Hand verschließend, in seine Stube hinein, klinkte auch hier die Tür zu, und nahm ihr die Jacke ab, alles mit vollkommener Gelassenheit und stumm. Indem kam auch schon Bettine trillernd durch den Vorraum, und es war, als habe ein Brunnen einen Augenblick ohne sichtbare Ursache aufgehört zu fließen und plätschere nun wieder, beruhigten Glauben an die Wirklichkeit gewährend.

Später, als sie beim Tee saßen, stand Sebald plötzlich auf, ging ans Fenster, eine Amsel sang, er warf den Kopf zur Seite, und sagte voller Lust und Sehnsucht: „Jetzt gehe ich bald nach Italien!"

„Wann?", fragte Luisa.

„Weiß nicht! Bald!"

Luisa erhob sich, suchte Hut und Täschchen und sprach abgewendeten Gesichts: „Ich habe eine hübsche Ausgabe der Gesänge aus ‚Euryanthe' bei mir zu Hause, sie sind zur Gitarre gesetzt, wollen wir die nicht einmal bei mir singen?"

Sie bestimmte einen Tag, diesmal ging Luisa allein fort, Sebald griff zwar nach dem Hut, besann sich aber dann, holte eine verbeulte, unförmige silberne Uhr aus der Tasche, besah sie, steckte sie ein, sagte etwas und hing den Hut wieder an die Tür. Auch Bettine blieb. „Wäre das mit Italien nicht gekommen", sagte sie spitzbübisch, „sie hätte dich nicht eingeladen." – „Ist sie denn so stolz?" – „Nein, aber scheu, scheu, fremder Vogel aus lichterer Welt in eine dunklere verschlagen. Bankier Joris ist ein eleganter Herr, ein nobler Herr, schön gewachsen, schönes Gesicht, aber mir kommt er immer vor wie eine Wachspuppe, der ein Zauberer lebendige Menschenaugen eingesetzt hat, die gehen hin und her, halb zum Weinen, halb zum Fürchten, schweres Blut, schwere Mutter, schwerer Vater, kenne sie alle, schwere Häuser, viel Sonderlinge in der Familie, dickes Blut, dicke Grundsätze, dicke runde Augen, dicke runde Dukaten. Ich komme aber nicht zu ihr", setzte sie plötzlich hinzu, „in dem Hause habe ich immer feuchte Hände, es wird mir Angst. Geh' du allein, es ist hübscher so."

Er schaute sie an: „Du glaubst was Falsches." Sie lächelte, wurde rot, schickte sich an, zu gehen. Er sagte: „Ich gehe mit Ihnen, Fräulein Bettine", und

Bettine, das zugeworfene Sie mit Leichtigkeit aufnehmend, fragte: „Warum haben Sie Luisa nicht begleitet?“ Sie gingen schon durch die Tür. – „Manchmal hab’ ich’s gern, wenn hübsche Damen allein die fünf Stock hinunterlaufen müssen“, antwortete Sebald, wollte die Tür verschließen und fand den Schlüssel nicht. „O, du mein Gott“, sagte er, „wo ist mein Schlüssel?“ – „Den wird schon jemand haben“, erwiderte Bettine trocken, „warten Sie, ich borg Ihnen den meinigen!“ – „So, haben Sie auch einen“, meinte Sebald erleichtert. Bettine holte einen schweren Türschlüssel aus der Tasche, versperrte die Tür und steckte den Schlüssel seelenruhig wieder ein. „Wie komme ich aber wieder hinein?“, fragte Sebald nachdenklich. „Stellen Sie sich nur hin“, tröstete Bettine, „irgend jemand kommt schon und hat den Schlüssel so gut wie ich.“

Er trennte sich bald von ihr, sagte, er müsse auf die Wieden, „einen Schlüssel holen“. Bettine aber war mit ihren Gedanken wieder bei Luisa, sie fuhr auf und sagte: „Die hat Hintergründe, die wird uns an dir rächen –.“ Er lachte, sie lief fort. Er drehte sich auf den Hacken um und ging ziemlich schnell, halb leidenschaftlich, halb zerstreut, ein italienisches Liedchen auf den Lippen, den Rücken gegen die Wieden gekehrt, davon. An einer Straßenecke stieß er auf Freunde, sie begrüßten ihn, wie er immer begrüßt wurde, mit der lauten Freude, die ein unvermuteter Fund erregt, er lächelte gelassen, die schleppten ihn mit sich fort, er widerstrebte keineswegs, sie stiegen mitten in der

Stadt Treppen in einen Keller hinunter, es war ein weites Gewölbe mit Nischen und heimlichen Winkeln, sie ließen auftischen. Sebald ließ sich's gefallen, und sie zechten die Nacht durch. Während aber die Genossen lärmten, schien Sebald mit seinem Becher allein zu sein, zuweilen senkte er die Lider und suchte das Gesicht, das indessen ferne in weichen Kissen lag und schlief.

Gegen Morgen träumte Luisa, sie befinde sich an dem See, an dem sie mit drei Schwestern eine glückliche Kindheit verlebt hatte: Sie kleidete sich aus, um zu baden, bald schwamm sie glatt wie ein Fisch durch die lauen Wellen, da bewegte sich behender schnellend als sie selbst ein junger Mensch neben ihr, sie war voll Freude über seine Gegenwart, sie kamen ans andere Ufer, da lagen hübsche Mäntel, sie hüllten sich darein und gingen zufrieden in belebtem Gespräch weiter. Bald erreichten sie eine überaus schöne Stadt, hinter hohen Gartenmauern wußten sie herrliche Paläste, der See war immer noch in der Ferne zu erblicken. Da erscholl hinter einer Mauer der gräßliche Schrei eines Weibes, Todesschrei unter Mörderfaust, sie blieb angewurzelt stehen, aber der Gefährte eilte davon und rief über die Schulter zurück: „Fort, fort, sonst müssen wir's auf uns nehmen –", und indem war er schon verschwunden. Sie selbst fing an zu laufen, Häscher waren hinter ihr, nun stand sie im Gerichtssaal. Gericht, wie fürchterlich, und allein vor Gericht, alles auf ihr allein, sie wußte sich unschuldig, da fielen ihre Blicke auf Joris, der unter den Zuhörern saß und sie anstarrte. Vor ihm eingestehen, daß sie mit dem andern geschwommen, so dicht mit ihm durch die Stadt gegangen, von ihm in Stich gelassen worden sei? Wo war er denn, daß er sein Teil auf sich genommen und Zeugnis abgelegt hätte, indes sie hier als Mörderin stehen mußte? Aber ihn rufen durfte sie nicht, um Joris willen ihn nicht rufen und über dem Zwiespalt wachte sie auf, erwachend noch in der schmerzlich süßen Heimlichkeit des Traumes schwimmend.

Als der Tag anbrach, an dem Sebald sie besuchen sollte, empfanden beide ein leises Staunen über soviel Wirklichkeit. Ihm gefiel das reiche Haus und ihr die bescheidene Schlankheit seines Dastehens. Das Düstere in den Räumen, das Bettines Hände feucht machte, war ihm wie der Schatten, auf dem das Helle zart steht, ihr wieder dünkte die Dürftigkeit seines Anzuges edel, in scheinbarer Schwäche witterte sie eine noble Zähigkeit, aber alles war höchst undurchscheinbar und viel daran zu raten. „Mit der Musik warten wir, bis Bettine kommt“, sagte sie und Sebald war es zufrieden.

Indessen wurde Tee aufgetragen, Luisa fragte: „Schwach oder stark?“, und erzählte, wie ihr einmal die Generalin Pachofen, ihre Tante, als sie den starken Tee gesehen, den sie ihrem Gatten bereitete, in aller Gemütsruhe gesagt habe: „Da wird er dir aber sehr bald sterben!“ Nun war der Gatte zum erstenmal erwähnt, Sebald nahm es unbebefangen auf, Luisa fühlte sich desto freier. Überhaupt war sie gesprächiger als im Atelier, sichtlich beschützt von dem, was oberflächlichere Beurteiler ihre goldenen Kerkermauern genannt hätten. Aufrecht saß sie da (während die unterschiedlich viel jüngeren Mädchen, die Sebald im Atelier besuchten, oft rudelweis auf beiden Sofas lagen und keine sich aufs Sitzen verstand), und wie das kleine, dunkle Haupt auf Hals und Schultern getragen wurde, das verriet innere Haltung, gute Zucht, gepaart mit unbewußtem Mut. Letzteren nannten sie freilich ihren dummen Leichtsinn, und es traf sich, daß sie erzählte, wie sie zusammen mit den Schwestern aufgewachsen sei, dicht beieinander alle vier und alle vier ein wenig extravagant, und wie ein gemeinsamer Freund sie den vierfachen Bürgerschreck genannt habe. Dabei wurde sie rot unter Sebalds stummem Lächeln und redete schneller.

„Wir dachten uns freilich nichts Arges, wir gehörten dem Augenblick und forschten nicht viel, was dahinter steckte; eine jede trieb etwas, sehr häuslich sind wir leider nicht erzogen, aber jede trieb das Ihrige mit Leidenschaft. Ich wurde aufs Konservatorium geschickt, sollte zur Bühne und studierte meine Partien mit großem Fleiß. Im Juli gings alljährlich an den See, meine gute Mutter packte Tag und Nacht, Kisten und Koffer wurden in den Hausflur geschafft und warteten auf den Spediteur. In der Wohnung gings drunter und drüber, die Schwestern schossen hin und her, ich aber sollte nachmittags noch die Gräfin Almaviva singen, eine Stelle saß nicht fest, ich wußte mir keinen erträglichen Ort, da ging ich auf den Flur hinaus, das Haus war klein, selten begegnete man einem Menschen auf der Stiege, ich setzte mich auf eine Kiste und übte nach Herzenslust:

Laß mich sterben, Gott der Liebe,
Oder lindere meinen Schmerz!

Das ging so eine Weile ganz gemütlich, dann kam endlich der alte pensionierte Regierungsrat aus dem zweiten Stock herauf, nicht gerade böse, aber das, was man grantig nennt, hörte mir eine Weile zu, dann fragte er: „Zu was sitzen's denn da auf Ihrer Kisten?" – „Das ist nicht meine Kiste", gab ich zur Antwort. Er darauf: „Da muß aber was Rares drin sein, daß S' so draufsitzen." – „Ich weiß nicht, was drin ist", antwortete ich, „es kümmert mich ja auch gar nicht – Und so war eigentlich alles, war meine ganze Jugend, ich saß auf einer Kiste und kümmerte mich nicht im geringsten d'rum, was in der Kiste stecken mochte ..."

Sie vergaß, daß Bettine kommen sollte, erbot sich, Sebald die Bibliothek zu zeigen, auch sammle ihr Gatte französische Schabkunstblätter, Stiche und dergleichen. Diese waren in Mappen geordnet in schweren Laden untergebracht, sie kniete nieder, zog eine aus dem niedrigen Schrank, öffnete eine Mappe, reichte ihm Blatt für Blatt herauf, Sebald hatte sich auf einem breiten, teppichbelegten Diwan niedergelassen und breitete die Blätter mit Entzücken vor sich aus. „Das ist das hübscheste –", sagte Luisa, er nahm's, ein Frauenkopf im Häubchen, die eine Hand beschäftigt, ein zartes Fichu zu ordnen, die andere mit warnend erhobenem Zeigefinger auf den Lippen, er las: „Au moins soyez discret!“, er lächelte, blickte Luisa an, sie lag mit erstaunten Augen dicht zu seinen Füßen und ihre Verwunderung über eine gewisse Eleganz seiner französischen Aussprache brachte ihn zum Lachen. Zugleich befand sich die ganze Situation in ihrer scheinbaren Verfänglichkeit und wahren Unschuld in einem so anmutig verkehrten Verhältnis zu der scheinbaren Unschuld und wahren Verfänglichkeit des Blattes, daß er nicht Sebald gewesen wäre, hätte er nicht diesen Gegensatz bis auf den Grund genossen.

Als er gegen halb neun Uhr abends in sein Atelier zurückkehrte, fand er daselbst eine lärmende Gesellschaft versammelt. Die Zechkumpane der Kellernacht hatten sich zusammengefunden, auch junge Mädchen, Malerinnen, Kunstgewerblerinnen. Eine von ihnen, die hübsche Bozena Scherb, hatte den Schlüssel bei sich getragen, so waren sie bereits häuslich eingerichtet mit mitgebrachten Weinflaschen, Schinken und Butterbrotpapieren. Bozena hatte eine Handvoll Veilchen in ein Glas gesteckt, ihre schiefen Augen in dem slawischen Luchsgesicht flackerten leise und ihre starken weißen Zähne lachten beständig. Sebald war nicht heikel, er verdarb nicht das Spiel, er trank und sang und spielte Laute, im ganzen aber war's ein geistloser Spaß, wären nicht Bozenas Augen und ihr schöner Mund gewesen. Während er scheinbar auf seinen Wein und auf seine Laute achtete, hatte er ein scharfes Auge auf die Zechenden, und wo Roheit nicht fern schien, genügte ein Blick oder ein verächtliches Abwenden, um Scham und Besinnung zu erwecken, denn im Grunde rechneten sich's alle zur Ehre, daß sie zu ihm durften, als duldete ein verkleideter Prinz ihre Gesellschaft. So saß er spielend, trinkend, bändigend. Als es Morgen wurde, verlöschte er das Licht, wies jedem seine Schlafstätte auf dem Fußboden an, Bozena allein bekam das Sofa zur Rechten, er selbst das Sofa zur Linken, unten zwischen ihnen lagen die Trunkenen und Halbtrunkenen, er nickte Bozena freundlich zu, sie wußte nicht recht, was für ein Air sie sich bei solcher Aufführung geben solle, er weidete sich eine Weile mit unverhohlener Lust an ihrer Hilflosigkeit, stellte das Schlagwerk seiner klobigen Taschenuhr auf sechs und endlich schlief er ein.

Mit den sechs hellen Schlägen des Weckers rappelten sich die Gesellen und Gesellinnen auf. Sebald fühlte sich elend, er rief ihnen zu, sie mögen Tee kochen, wenn sie wollten, und sich dann trollen. Allein dazu fehlte allen die Lust, die Mädchen schlichen zum Spiegel und kehrten sich schnell ab, die Stimmen der Burschen klangen krächzend, man legte verdrossen ein wenig Hand an sich und die rudelweis gekommen waren, verzogen sich einzeln, Bozena mit ihnen.

Sebald lag eine Weile still, nichts kam der Angst und dem Grauen solcher Morgenstunden gleich, das Fenster war wie ein Maul, die Lauten böse Fratzen, das Sofa schamloser Zeuge von Widrigem, eine Kette von bösen Bildern rollte sich auf, jedes einzelne präzis und drohend und von der überwachen Eindringlichkeit kranker Phantasterei. Über dem Sofa hing ein Bild, das Heimatsdorf, von ihm selbst gemalt, er sah den väterlichen Hausrat auf der Gant, den Vater betrunken, uraltes Erbe verschleudert und besudelt. Er sah sich selbst vor seinem ersten Bild in der Stadt, verspürte den feinen Farbengeruch des Ausstellungssaales, den feinen Rausch, der aus erster verwunderter Anerkennung aufsteigt, junger Ruhm wie junger Wein, erster Taumel, erste Hingabe an das lockende Labyrinth der Straßen, Menschen darin, die ihn dereinst alle mit Namen nennen würden, Mädchen, von einem Zauber verführt, den er selbst nicht kannte, und wieder junger Wein und junge Mädchengesichter. Aber was sich einst im Duft gewiegt, starrte aus kranker Haut, was einen ebenen Plan, zum Spaziergang ladend, belebt hatte, drehte sich von oben nach unten wie böses Meer bei schwerem Seegang, man fühlte sich innerlich geheimnisvoll berauscht, als sei ein wunderbares, höchst kostbares Organ verwundet, Gelehrte versetzten es ins Ohr und nennen seine Funktion statischen Sinn. Er griff in die Welt, da war nichts, er griff in die eigene Brust, da war nichts, daß auch auf der Palette nichts sein mußte, begriff er schnell. Immer noch aber hatten die verschlungenen Straßen ihre Lockung und die Keller, in die man hinabsteigen und die Angst im Wein ertränken konnte, bis man zusammenbrach. Dann kam das Spital, Ärzte und Nonnen, kranke Männer und Sterbende.

Sebald stöhnte und sprang vom Sofa. Er taumelte zum Spiegel, der Boden schwang sich wie der Boden des Schiffes, auf dem er nach Afrika gefahren war, um gesund zu werden. Gelbe Augen starrten leidend aus dem Spiegel, gelbe Augen, und ein schier ertrinkender Mund. Sebald schloß die Lider, da sah er die schmalen, beladenen Kanoes der nackten, aufrecht rudernden Schwarzen vor Madagaskar. Früchte, aufgehäuft wie Korallen und Smaragde. Ein sehr weißes, englisches Mädchengesicht an Bord. Die Fülle hatte ihn wiedergewonnen, zu fein waren die Sinne, zu weise gemischt das Blut, unrettbar zersetzte sich solche Mischung nicht.

Aber es war, als hielte es nur von außen zusammen. Als zerfiele es nicht, nur weil der Kelch es umrundete, ja als müsse das durch Zauberei bewahrte Leben zerstört werden durch die erste innere Berührung. Eine dumpfe Ahnung von solcher das Grauen streifenden Gebrechlichkeit war Sebald eigen, gab seiner Haltung das unbeirrbare Schrittmaß und seinen Lippen ihre stolze Stummheit.

Er setzte Wasser auf, der erste Schluck heißen Tees belebte ihn wieder; er trank, auf dem vertretenen alten Teppich hin und her gehend. Die Nachtgespenster verflüchtigten sich. Die Bedrohung durch Wein, durch Hunger, durch Luchsgesichter und schöne Zähne blieb ja doch außerhalb des magischen Ringes, stieg höher nicht als bis zum Kelchesrand empor, nie aber benetzte sie das Innere. Man durfte sich also allerlei erlauben. Schon lächelte er sein verschmitztes Knabenlächeln. Er hatte sich gewaschen und angekleidet, nahm seinen Hut, trat an das Sofa zur Rechten, auf dem Bozena gelegen, stützte ein Knie auf und nickte dem lesenden jungen Mönch des Beato Angelico, der dort in kleinem Abbild hing, vertraulich zu. Dann öffnete er das Fenster, wollte gehen, besann sich und suchte seinen Schlüssel auf dem Tisch. Den mußten die Schmausenden verräumt haben, er war nicht zu finden, seufzend wandte sich Sebald hin und her, da lag etwas auf Bozenas Sofa, der Schlüssel, den sie selber mitgebracht, er mußte ihr aus der Rocktasche geschlüpft sein. Sebald nahm ihn befriedigt auf, „ganz gut, daß die keinen mehr hat“, dachte er, schaute sich noch einmal um, gab den Veilchen Wasser und ging.

Unten im Flur klopfte er an die Tür der tauben Portiersfrau, trat ein, übergab ihr wie gewöhnlich den Schlüssel, schrie ihr in die Ohren, wenn jemand ins Atelier wolle, möge sie ihm den Schlüssel geben, wann er selber heimkomme, wisse er nicht. Die Frau zeigte alle Zähne und nickte eifrig, die Frequenz des Sebaldschen Ateliers genügte ihren romantischen Bedürfnissen und Sebald und stand sich gut dabei.

Ihre Erwartungen wurden auch heute nicht getäuscht, der Schlüssel wurde mehrmals verlangt und sie weidete sich an den enttäuschten Gesichtern. „Recht so, kann ihnen nicht immer parat sitzen, Frauenzimmern, verliebten –“, dachte sie, später kam auch noch der Briefträger und trug einen Brief ins Atelier, „hat heute starken Tag“, dachte die Portiersfrau mitgenießend und reinigte gedankenvoll den Kaffeetopf. Eben pfiff der Kuckuck rasselnd fünf Uhr, da ging die Tür behutsam zögernd auf, die Frau hörte nichts, wurde aber von einem Anhauch des Unerhörten gestreift, fuhr herum und erblickte die elegante verschleierte Dame, die schon zweimal im Atelier gewesen, freilich immer mit dem Flederwisch der Bettine. „Ah, sind wir schon so weit?", dachte die Portierin beglückt, sie trocknete die Hände an der übelriechenden Schürze und hielt die eine zum Zeichen ihres Gebrechens ans Ohr. Luisa hatte mit leiser Stimme nach Sebald gefragt, nun solle sie ihr Anliegen herausschreien, das vermochte sie nicht, sie formte ihre Worte deutlicher, erhob aber die Stimme nicht, die Portierin grinste, langte nach dem Türstock, nahm den Schlüssel vom Nagel und überreichte ihn der hübschen Dame mit vielfachen, gänserichartigen Halswindungen. Luise starrte den Schlüssel an, wurde flammend rot, wollte ihn zurückweisen und alles, was sie in Händen trug, der Portierin zur Bestellung auf den Tisch legen, obgleich es ihr wenig ratsam schien, der Megäre das Päckchen mit den Leckerbissen anzuvertrauen. Da steckte diese, im Vollgefühl ihres Mitrechts die lange spitzige Nase in den Mimosenstrauß, den Luisa trug, und sagte: „Schöne Blumen haben S' da, Gnädige, schöne Blumen!" Da floh Luisa mitsamt dem Schlüssel und floh erbittert und atemlos die fünf Treppen hinauf.

So außer Atem, öffnete sie die Tür, durcheilte den finsteren Vorraum und klinkte die Ateliertür auf. Der Raum war voll Abendsonne. Auf dem Spinett welkten Bozenas Veilchen, Luisa legte ihr Päckchen samt den Mimosen daneben, da bemerkte sie zwei oder drei verschieden gefaltete Zettel, teils in verklebten Umschlägen, teils mit gekniffenen Rändern und auf jedem stand Sebald, jedesmal von anderer Hand geschrieben. Zumittelst prangte ein großer, mit der Post eingelaufener Umschlag mit der energischen Schrift, die Luisa sehr wohl kannte, die Schrift der Generalin Pachofen. Zuletzt entdeckte sie noch ein unverschämt offenes Brieflein in den Veilchen, steil und spitz „Bettine“ unterschrieben, des Inhalts: „Hier ist schon eine feine kleine Gesellschaft beisammen, eine fehlt freilich und wird wohl immer fehlen und g'rad' von der wüßt' ich gern, wie es dir gestern bei ihr gefallen hat.“

Luisa bekam Herzklopfen vor Ärger. Schnell schob sie ihr Päckchen beiseite, raffte die Mimosen zusammen, die sie gekauft hatte, weil sie sich des Geschenkes der Eßwaren schämte, wandte sich zur Tür, kehrte wieder um und warf, Zorntränen in den Augen, zwei winzige goldene Mimosenperlen auf das Spinett, zum Zeichen, daß sie auch Blumen mitgehabt, dieselben aber für jemand Besseren bestimmt habe, als für einen verkommenen Maler. Ja, verkommener Maler, der Direktor Krastl hatte gestern abend während des kleinen Soupers bei Joris ganz richtig geurteilt. Man hatte vor Tisch die von Joris erworbenen rosablauen Kompositionen Kröllers bewundert, Krastl mit dem glatten rosigen Gesicht unter dem hübschen weißen Haarschopf, als Kunstkenner gerühmt, hatte das eine oder andere feinere Wort fallen lassen, und da er sich viel in Ateliers herumtrieb, fragte Luisa, die ihn zu ihrer Linken placiert hatte, beim Braten beiläufig nach dem jungen Sebald. Krastl rieb das Kinn, dachte nach, lachte kurz, nickte mit verschmitzten Augen und antwortete, o ja, er erinnere sich, der habe einmal viel versprochen, aber jetzt sei er ganz verkommen, der Wein und die schönen Mädchen hätten ihn umgebracht. Ohne die Miene zu verziehen, fragte Luisa, ob er denn arm sei; Krastl zuckte die Achseln und meinte, solche Menschen täten alles für ein warmes Nachtmahl. Als Luisa hell auflachte, fühlte er sich geschmeichelt, schien aber doch verwundert und dem eigenen Erfolg nicht recht zu trauen. Luisa war dann sehr gesprächig geworden und hatte sogar mit ihrem Glas das seinige berührt. So aufgeräumt war sie, daß sie das Glas auch gegen die schöne Tini Obermeier erhob, die einzige Dame im Kreis, in weinrotem Samt zu ihrem flittergoldenen Haar, eine Person mit strahlenden blauen Augen und eigentümlich feuchtmattem Teint, die wie eine Tierbändigerin neben dem düster fahrigen Joris saß. So schelmisch gelaunt war sie geblieben, bis die Gäste nach Mitternacht durch den Garten davongingen, Joris brachte die Obermeier nach Hause, Luisa stand im Dunkel an ihrem Schlafzimmerfenster, und während sie den langsam abziehenden Zigarrenglutpunkten nachsah, jubelte ihr Herz dem verunglimpften Taugenichts ein kindlich überschwengliches Bekenntnis zu. So stand sie eine Weile, ganz aus sich selbst gerissen und doppelt ihrem Heimlichsten zurückgegeben, als sie der wohlbekannte, bis zu zitternder Angst gefürchtete dumpfe Klagelaut in das anstoßende Schlafzimmer trieb ...

Noch stand Luisa vor dem Spinett, die Mimosen achtlos zu Boden gekehrt, „was für ein Leben ist das, was für ein Leben!“, flüsterte sie mit ungestümem Atem vor sich hin. Ein leichter Schritt auf dem Vorplatz machte sie erstarren. Ehe sie sich wenden konnte, und wohin wollte sie sich auch wenden, stand Sebald in der Tür, so entstellt und bleich, daß sie es augenblicks erkannte. „Was ist Ihnen?“, stammelte sie; er antwortete nicht, torkelte wunderlich über den Teppich und fiel auf das Sofa neben dem Spinett. Gedanke an Trunkenheit streifte sie wie ein Schauder, aber sein Antlitz war zu bleich, die Augen zu sinnvoll verzweifelt, Augen eines leidenden Tieres, das zum Menschen um Hilfe schreit. Sie ließ die Blumen fallen, faßte das Glas mit den Veilchen, lief auf den Vorplatz, schüttelte die welken aus, brachte frisches Wasser, kniete hin, stützte das bleiche Haupt und gab ihm zu trinken. „Danke, danke“, hauchte er; sie wollte sich erheben, aber er hielt ihre beiden Hände fest, da schüttelte sie mit einer einzigen Bewegung den Hut samt dem locker gewordenen Schleier ab, eine braune Haarsträhne löste sich und fiel weich um ihre Wange. Er sah's, da schauderte ihn von den Schultern bis zu den Zehen, er grub den Kopf in die Kissen und stöhnte. Luisa strich sanft über sein Haar, der Krampf in seinen Gliedern löste sich, er wurde ruhiger. „Sie wissen es ja“, hauchte er. „Ich weiß nichts“, antwortete Luisa mild, er drauf: „Sie waren einmal drin in ihrem Atelier, Sie müssen es wissen.“ – „Oh – Ihre Büste –?“ Er nickte. In seinen Augen war die fassungslose Qual eines Kindes. „Das war das letzte“, flüsterte er. „Dann hat sie nichts mehr gemacht. Oh! Sie war herrlich begabt." Luisa richtete sich ein wenig auf, griff nach ihrem Haar, verbarg die aufgelöste Welle. „Und nun?" fragte sie. „Sie hat geheiratet." – „Ist sie nicht glücklich?" Er schwieg. Sie sah eine Träne über seine Schläfe rinnen. „Warum hat sie geheiratet?", forschte sie wieder tiefer herabgebeugt. Er hauchte etwas. Sie verstand nicht, neigte ihr Gesicht fast bis auf seine Lippen. Er flüsterte noch immer. Sie vernahm's wie einen Windhauch. „Weil sie mich nicht ausgehalten hat. Ach, was haben wir einander weh getan!" – „Was wollte sie denn?", flüsterte Luisa zag und das Herz drückte sie in der Kehle. Aber er wie ein Irrer, „ach, was haben wir einander weh getan!"

Seine Hände hielten die ihrigen hart umklammert, wie einer, der ertrinkt, hing er an ihr. „Und heut'?", fragte sie sanft. „Sie war zwei Jahre mit dem Burschen in Paris und heut' haben wir einander plötzlich wiedergesehen, oh, wie zerstört ist sie, und der Mund, und die schrecklich vernachlässigten Haare –"

Luisa blickte nieder in ihren Schoß, völlig unbewußt sprach sie: „Aber einmal war es doch schön."

Diese Worte übten einen wunderbaren Zauber auf Sebald aus, seine harte Hand löste die windende Umklammerung, er blickte mit großen Augen zu ihr auf. Sie sagte: „Schlafen Sie, schlafen Sie ein wenig", und wie um Widerspruch unmöglich zu machen, begann sie leise ein Schlaflied zu summen.

Er hielt ihre Hand, küßte die Hand, dabei fühlte sie, daß sein Gesicht in Tränen gebadet war, sie fürchtete über alles die schädliche Wirkung der Einsamkeit und wußte sich nicht zu raten. Endlich fiel ihr ein, daß Joris den Abend bei der Obermeier zubringen wollte, sie atmete auf, erhob sich und sagte: „Sie müssen einen Bissen genießen.“ Er fügte sich, sie ertastete im Dunkeln das Päckchen, aß selbst und fütterte ihn. Auch atmete er ein paarmal die Luft durch die Nase ein, aber sie schwieg von den Mimosen, zufrieden, ihn so von einem gefährlichen Abgrund errettet zu haben. Sie blieb, später wagte sie, Licht zu machen und als sie endlich gehen wollte, fühlte er sich kräftig genug, sie zu begleiten. Die grell erleuchteten Trambahnen in der Nacht schreckten sie und ihn, an die Heimlichkeit eines Wagens dachten einen Augenblick wohl beide, aber nur als an das Unmögliche, so gingen sie zu Fuß, über eine Stunde lang.

Auf diesem Wege erfuhr Sebald zum Teil, was es mit Luisas Leben für eine Bewandtnis habe, freilich nicht die Wurzeln und den Hergang, auch nicht das eigentliche Geheimnis, wohl aber die Wirkung, die zeitweilige Verdüsterung des Gatten, langher ererbtes Familienübel und eine Ahnung von dem Dienst am Bett des hilflos von der Schwärze Überfallenen, der viele ihrer Nächte aussaugte bis auf den bittern Bodensatz. Ihr war es neu, sich zu eröffnen, wenn sie es auch mit äußerster Vorsicht und soviel Schonung für den Gatten tat, daß ihm der Wesenspunkt verborgen blieb. Freilich hatte sie sich vor seinen Fragen in acht zu nehmen, die niemals unzart, doch mit Freiheit aus einer nicht wichtig genommenen Fülle von Erfahrung und Menschenkenntnis schöpften, so daß Luisa mehrmals in die Enge geriet. Dennoch tat ihr gerade die nüchterne Art, wie er streng bei der Sache blieb, unendlich wohl, die naturhafte Vernunft alter Bauerngeschlechter wachte in ihm, klärte das Trübe, schwichtigte das Aufgestachelte. Sie fanden kein Ende, und als sie sich ungern voneinander getrennt hatten, lief Sebald noch bis zum Morgengrauen durch die stille Stadt.

Als er ins Atelier zurückkehrte, waren die gegenüberliegenden Dachfirste von Morgenrot übergossen, er verspürte einen bittersüßen Duft, fand die Mimosenzweige, hob sie ins Licht, die nächtlich festgefalteten Blättchen begannen sich aufzutun wie winzige, begehrende Hände.

Hatte Luisa aber bei Sebald Halt und Stütze gesucht, so fand sie sich gar bald nicht nur getäuscht, sondern selbst in den wunderlichen Wirbel gezogen, durch den nur er, der scheinbar Haltloseste, im unbeirrbaren Gleichmaß hindurchschritt. Es begann damit, daß sie, von seinem abgezehrten Aussehen erschreckt, für seine Nahrung sorgte. Dienstboten mochte sie nicht einweihen, so trug sie die Päckchen selbst ins Atelier. Die böhmische Portierin erhielt manchen Silbergulden, auch schloß sie die „schöne Dame“, so nannte sie sie in ihren Mitteilungen an Sebald, vor allen anderen in ihr Herz, und zwischen Luisa und dem wüsten, harthörigen Weibe entstand ein wunderliches Einverständnis. Freilich erfuhr Luisa unfreiwillig so eine Menge Dinge, die ihr besser verschwiegen geblieben wären, als wie: „G’rad’ ist die kleine Dicke, Bettina heißt's, davongegangen –" Oder: „heut' ist Herr Sebald schon um Zehne in der Früh mit der langen Böhmischen die Stiegen heruntergekommen." Luisas Abwehr vernahm die Portierin nicht und auf die Gebärden war sie wenig eingerichtet. Bald fürchtete Luisa die Portierloge wie die Hölle, sehr unbekannte Schmerzen wider alle Vernunft wurden ihr dort angetan, sie schalt sich selbst darum, aber es half nichts, das Herz schlug ihr bis an den Hals, und wenn die Portierin nichts zu berichten hatte, nur zähnefletschend nickte „Is oben –", dann war der Überschwang des Glücksgefühls fast so erschreckend wie vor dem der Schmerz. So kam sie immer atemlos an die Tür, er liebte nichts so sehr als diese Atemlosigkeit, und wenn sie einander gegenüberstanden, hatten sie im ersten Augenblick kein Wort. Dann war ihnen alles Genuß, wie sie die Jacke ablegte, er sie ihr von den Schultern nahm, wie sie den Schleier losnestelte samt dem Hut, er das leichte Gebilde auf den Fingern forttrug, sie mit dem Kämmchen an den halbblinden Spiegel trat, er neben ihr stand und ihr weiches seidenes Haar betrachtete, und einmal vorsichtig und ernsthaft wie ein neugieriges Kind es anrührte mit Staunen über das feine Gespinst. Zuweilen fand sie ihn unter seinen Leimtöpfen, einmal hatte er das Bruchstück einer Gitarre in Arbeit, er schnitzte eine neue Rosette. Sie saß auf der oberen Lehne des Sofas zur Rechten, schaute ihm zu und hörte allerlei von Holzarten, Elfenbeinsorten und Perlmuttereinlagen. Er versprach ihr, einen Schmuck aus Elfenbein zu schneiden, den sie an einer goldenen Kette tragen würde, und fragte, ob es was Unanständiges sein dürfe, zwei nackte Figürchen, eng verschlungen. Sie bejahte lachend und antwortete, sie bekäme es ja nie, es könne also getrost etwas Unanständiges sein. Er schaute auf, seine Augen waren voller Lachen, er sagte nur: „Nein, die Frau Luisa! Die Frau Luisa!" Sie lachte noch immer, aber unversehens kamen ihr Tränen, die sie hastig verbarg, das Wort „nie", das sie ausgesprochen hatte, füllte den ganzen Raum. Sebald schnitzte mit Eifer, als es dunkel wurde, erhob sich Luisa und sagte, sie müsse gehen, er stand auf, schüttelte die Holzspänchen ab, sie trat an den Spiegel, sah ihn im Spiegel dicht hinter sich und fragte, „was ist Ihnen, heut' sehen Sie wieder aus wie der Tod von Basel!" Er hatte wirklich an allen Gliedern gezittert, als er von seinem dreibeinigen Stuhl aufstand, schon faßte er sie mit beiden Armen unter den Knien und hob sie hoch. „Ich wollte nur wissen, wie leicht die Frau Luisa ist", sagte er und stellte die erschrocken Lachende wieder vor den Spiegel.

Meist begleitete er sie eine Strecke Weges, nie sagte er voraus, wie weit, und verschwand dann plötzlich, das fahle Hütchen ziehend. Ihr verdarb es den gemeinsamen Weg, daß sie wußte, wie er verschwinden würde, und war sie erst allein, so war auch immer der gleiche Stachel wieder da, sie hatte gemeint, die Stunden zu führen und ihren Ablauf zu bestimmen, aber in Wahrheit war er es gewesen, der keine Sekunde aus der Hand verlor und endlich dem Augenblick geboten hatte, in dem sie sich erheben und sprechen mußte: „ich will gehen."

Sie sah ihn im Konzert neben einer schlanken Blonden sitzen, einmal erhob diese gedankenvoll die Stirn und Luisa erblickte das strenge, kühngeschnittene Gesicht eines Knabenengels, wie sie auf früheren Bildern verkündigend heranstürmen. Als sie dem Sebald aber im Foyer begegnete, nahm er gerade von einer Schwarzen mit silbernem Pfeil im Haar Abschied. Gewandt wie eine Schlange, kam er durch das Gewühl heran, sie schaute ihn an und sagte: „Junge Mädchen haben ein Leben vor dem Leben." Sein ganzes Gesicht drückte eine geisterhafte Zärtlichkeit aus, er stand einen Augenblick wortlos und war schon wieder verschwunden.

Luisa fühlte bald, daß er ihr auswich, sie hinhielt, Mißverständnisse vorschützte, ja, es schien ihr, als bereite es ihm Freude, sie zu quälen. Ein fremder Gruß auf der Straße, ein verfehlter Spaziergang und die stets anders gedrehte Absage, wenn sie ihn zu sich lud, dies alles hätte in einem Liebesverhältnis seine Deutung gehabt, so aber verlor es sich in scheinbarer Achtlosigkeit und Laune. Luisa erfuhr durch Bettine, daß Sebald hier und dort mit der Bildhauerin gesehen worden war, Bettine nannte sie Gundl. „Das ist eine schlimme Geschichte!", sagte Bettine. Jetzt konnte es geschehen, daß Sebald wie ein scheuer Hund an Luisa vorüberschlich, mit vorwurfsvollem, ja zornigem Blick. Einmal stürzte er an ihr vorbei, kreidebleich, wie rasend. Luisa sprang in einen Wagen, fuhr heim, rief Bettine an. Die Gundl habe sich mit Leuchtgas vergiften wollen, erfuhr sie zwei Stunden später. Es sei nichts. Man habe sie gerettet und bringe sie von Wien fort ins Gebirge. Am nächsten Tag fuhr Luisa zu Sebald. Er sei in aller Früh fortgefahren, hieß es, und nun folgten viele Reisen und geheimnisvolles Ausbleiben über Tage.

Dann wieder traf sie ihn zufällig zu Hause, „Frau Luisa!“, sagte er, „Frau Luisa ist gekommen –“ Der Ausdruck ging ihr durch und durch, er faßte sie an beiden Handgelenken, auf einmal trat ein niegesehener grausamer Zug in sein Gesicht, er drückte ihre Gelenke mit seinen harten starken Fingern zusammen, daß sie schrie. Er ließ sie los und drehte sich auf den Hacken herum, sie sah am Schüttern seines Rückens, daß er es tun mußte, um ihr nicht eine Beleidigung zuzuschleudern, sie stand kraftlos, begriff nichts mehr. „Quälen, quälen!“, dachte sie, „warum quält er mich so?“ Er aber hatte sich schon wieder gefaßt und sagte ruhig: „Gestern war ich bei Ihnen.“ „Nein!“, antwortete sie erstaunt. „Doch.“ „Wann?“ „So gegen Mitternacht.“ Sie begriff noch immer nicht. Er fuhr fort: „Bis drei. Nachts war ich vor Ihrem Haus.“

Sie saß sehr gerade, legte nur die Hand über die Augen. Er sah aber, wie ihr die Glut in die Schläfen stieg, kam nahe und küßte sie auf die Stirn. Sie stammelte: „Das ist alles nicht so ... das ist alles ganz anders.“ Er, an allen Gliedern bebend, blaß wie ein Tuch – dann rot, kaum hörbar: „Wie anders?“ „Ich kann es nicht sagen.“ Er trat zurück, verfiel wie Asche.

Zwei Tage später traten sie auf einem Spaziergang in den großen Dom. Luisa kannte ihn nicht besser als manches andere Kind der Stadt. Gleich beim Eintritt in die hohe Dunkelheit befiel sie ein sanfter Schauder, aus weiter Ferne, wie aus Traumhallen tönte Musik. Sebald schritt, das Hütchen vor der Brust, ganz Bauernknabe oder Handwerksbursch. Er trug indessen nicht etwa Andacht zur Schau, sondern wies Luisa mit großer Gewandtheit und Kenntnis die einzelnen Schönheiten, fühlte sich im Eigenen vielmehr als im Feierlichen, geliebter Gast im Hause, der sich auch eine kleine Lockerheit erlauben darf. Luisa zog es zur Musik, die Weiträumigkeit bestaunend, folgte sie dem Klang, Orgel und Geige, und kam in die Nähe des Altars, vor dem die Messe zelebriert wurde, erreichte ihn, als die wogenden Töne verstummend den Atem anhielten und die silberne Glocke die Wandlung ankündigte. Die Gläubigen sanken auf die Knie, Sebald kniete, Luisa neben ihm, unbeschreiblicher Augenblick.

Als sie die Kirche verließen, flüsterte Sebald vor sich hin, Luisa vernahm nur die Silben „... eingesetztes Sakrament ..." Viel später, allein in die Kissen eines Wagens gedrückt, fuhr sie auf und ergänzte „... der Ehe!" Darüber wurde ihr der Mund bitter und zugleich befiel sie eine große Rührung.

Sie fühlte sich in letzter Zeit wunderlich zerfahren, im Hause spiegelte sich ihr unruhiges Gemüt; um Sebald willen ward, wer weiß wie oft, die Pünktlichkeit verletzt, der Stundenablauf kam in Bedrängnis. Da aber nur die reibungsloseste Ordnung am Tage ihrem Körper gegen die Folgen der häufigen Not und Zerrüttung ihrer Nächte half, fühlte sie sich bald elend und verfiel zusehends. Joris, in die vielfachen Sorgen seines Geschäftes verstrickt, die Zeiten waren schlecht, Angst vor einem herandrohenden Ungeheuren übte Hemmung in aller Welt – Joris also, zudem unheilvoll mit sich selbst beschäftigt – bemerkte zunächst nichts.

Eines Abends hatte er wieder einige Klubmitglieder um seinen Tisch versammelt, Krastl unter ihnen, und als einzige Dame außer der Hausfrau die schöne Obermeier. Diese erzählte mit strahlenden Augen und leuchtenden Zähnen, heute mittag um zwölf sei ihr der Hofwagen mit den weißen Lipizzanern begegnet, sie habe dem Kaiser mitten auf dem Pflaster einen tiefen Hofknix gemacht und der alte Herr habe aufs allergnädigste gelächelt und sie ausdrücklich gegrüßt „als der Kavalier, der er ist!“, schloß sie begeistert, und ein gewisser Abglanz ihres Gefühls war auf den feisten und auf den hageren Männergesichtern zu erkennen. „Es ist gut, daß sie wenigstens etwas außer sich selber haben ...“, dachte Luisa, aber ihre Lippen schürzten sich dabei unbewußt zu solcher Verachtung und ihre Züge drückten eine so kranke Abneigung aus, daß Joris, freilich von Krastls verschmitzt beobachtendem Blick gelenkt, darauf aufmerksam wurde. Bei Tisch geschah es dann, daß Krastl um eines der Kröllerschen Bilder fragte, es handelte sich um ein deliziöses Stück, Luisas Liebling: Paris reicht Aphroditen den Apfel, es hatte in Joris' Arbeitszimmer gehangen zu Luisas Leidwesen, die diesen Raum höchst selten betrat. Aus den verlegenen Reden und Mienen des Gatten erriet Luisa sofort, daß es aus dem Hause verschwunden war, und ein Blick auf die Obermeier belehrte sie, welchen Weg es genommen. Die Augen der Frau begegneten ihr frech und hielten die ihrigen aus, die sie jedoch mit dem früheren Ausdruck von Verachtung und kranker Abneigung auf ihre eigene Schulter herabgleiten ließ. Joris bemerkte dies alles wohl und faßte es auf. Dunkles regte sich in ihm, er hatte schon lange an der Obermeier Züge von Habsucht hervorbrechen sehen, seine edlere Natur rüttelte mit einmal machtvoll an den alten verschlungenen Ketten. Als er die Obermeier nach Hause gebracht hatte, schritt er noch im Salon auf und nieder, zitternd saß Luisa in ihrem Zimmer, dieses Auf- und Niederschreiten kannte sie als ein Anzeichen seiner fürchterlichen Angstanfälle, aber diesmal geschah nichts dergleichen, er kam vielmehr ganz ruhig, küßte ihr die Hand, wünschte eine gute Nacht und warf nur so nebenbei hin, daß er vielleicht in nächster Zeit auf eine Woche oder zwei verreisen würde.

Am nächsten Morgen war Luisa so ängstlich zumute, daß sie den Hausarzt rufen ließ. Dieser wußte allerlei, erriet so manches und schlug endlich Luftveränderung und Zerstreuung vor. Sie griff den Rat seltsam bereitwillig auf, zu Mittag unterrichtete sie ihren Gatten davon, meinte, die Tante Pachofen nehme sie sicherlich gern auf. Joris sagte, gut, dann reise auch er, er schlug dabei die Augen nieder, sie schloß daraus, daß er die Obermeier nachkommen lasse, ihm aber war es nur wunderlich zum Bewußtstein gekommen, daß Luisa noch niemals allein das Haus verlassen hatte. Luisa benachrichtigte die Tante noch am selben Tag, es gefiel ihr, auch Sebald nur in einem Briefchen Mitteilung zu machen, tags darauf traf das zustimmende Telegramm aus Dürnstein ein und Luisa reiste ab.

Obgleich der Pachofensche Wagen mit dem in Livree steckenden weiblichen Kutscher pünktlich zur Stelle gewesen, war die Tante in dem ganzen, weitläufigen Hause nicht zu finden. Aber die Dienerschaft, meist im gleichen Alter oder gar älter als die Generalin, lief freudig herbei, begrüßte die junge Frau und bot ihre Dienste an. Die alte Berta, mit Schlüsselbund und Häubchen, schritt voran und öffnete das Zimmer. Es war im ersten Stockwerk gelegen, das Haus hatte nicht mehr, darüber erhob sich nur das Mansardenstöckel des Personals, die Balkontür stand offen und bot einen prächtigen Ausblick über Hügelkuppen den mächtigen Strom hinauf und hinunter. Luisa dankte, bat, die Tante nicht aufzustöbern; sie werde wohl im Kuhstall sein oder in der Milchkammer, meinte die alte Berta. Indem trat die Generalin aber schon herein, mit ihrer tiefen, kräftigen Stimme die Nichte willkommen heißend. In der Hand hielt sie ein Büschel frisch aus dem Beet gezogener Radieschen, das dicke, graue Haar quoll unter einem festgebundenen Kopftuch hervor, an der gelben Lederjacke hing Stroh, und das Ganze roch unverkennbar, aber nicht beleidigend nach Stall und Mist. Luisa liebte die Tante herzlich, sie liebte die große, derbe Figur, die groben, aber weißen Hände, den dröhnenden Schritt, die männliche Stimme, das prächtige Gebiß, und zu alledem liebte sie am meisten das ganz und gar durchlebte, ungewöhnliche Gesicht. „Wir wollen dich schon herausfüttern", sagte die Tante und hielt ihr gleich die Radieschen hin, „aber wo hast du denn deinen Joris gelassen?" Sie hatte keine sonderliche Meinung von dem zugeheirateten Neffen, ein schöner Mensch, aber ungemütlich, hatte sie schon während Luisas Brautzeit geäußert, solche Mischung von gezirkelten Manieren und Saloppheit deute auf Wirrwarr im Gemüt. Luisa erzählte kurz, was sie zu erzählen für gut fand, die Tante nickte und dachte sich das ihrige. So war es immer gewesen, und beide standen sich vortrefflich dabei.

„Du weißt von früher her", sagte sie, „daß meine Gäste frei sind, zu tun, was ihnen beliebt. Also mach' dir's bequem, ich schick' dir die Berta oder die Annalies."

Als die Tante zur Tür hinausging, glaubte Luisa zu bemerken, daß sie den linken Fuß ein wenig nachschleppte. Sie machte dann später auf eigene Faust einen Rundgang durch die wohlbekannten Höfe und Gärten, es war immer noch alles beim alten, kein männliches Wesen weit und breit, Mädchen und Weiber führten Mist, pflegten Rosen, besorgten die Pferde, ackerten das Feld, die Generalin begründete diese

Führung mit ihrem früheren Leben inmitten der kaiserlich-königlichen Armee, in Garnisonen von Zloczow bis Sarajevo. „Wenn man sein Lebtag unter Männern gesteckt hat, Männer in der Küche, Männer in der Stube, Männer im Salon, da wird man schließlich neugierig auf die andere Hälfte der Menschheit, das willst du doch auch noch kosten, sagt man sich, denn die Offiziersfrauen, das ist wie Zahnpulver, schmeckt nach nichts und verpappt einem die Zunge." Sie regierte ihren Weiberstaat gerecht und bündig, Zwang flößte ihr kein übermäßiges Bedenken ein, sie hielt mehr von Gewöhnung als von Wahl, nur ein gutes Naturell muß einer haben, sagte sie (und dieses eben billigte sie dem Neffen Joris nicht zu). „Reich wirst du", hatte sie der Nichte gesagt, „und das ist nichts Kleines. Sorge nur ja für einen guten Tisch, der mit diesem Reichtum im Einklang steht. Die Männer wollen immer wissen, wofür sie bezahlen."

An alles dieses dachte Luisa, und wie die Weisheit der Tante doch nicht in die Tiefe gereicht habe, denn ihr Tisch war immer gut gewesen, aber der unglückliche Keim war gleichsam im Stoff der Leiber. Von da schwangen sich ihre Gedanken inbrünstig in eine lustigere Region, ihr war, als höre sie die silberne Glocke und das Geheimnis der Wandlung ziehe mit süßem Schauder an ihr vorüber. Es war beinahe eine Lust gewesen, sich leiblich von Sebald zu entfernen, ja selbst seinen Namen zu denken, war ihr schon zu faßlich, schon zu nah.

„Ich bin hier so glücklich", sagte sie abends zu ihrer

Tante, „weil ich hier ganz in meinem Mädchenleben bin."

„Das hört sich gut an von einer Frau, die fünf Jahre verheiratet ist", dachte die Generalin; Luisa konnte ihr's an den Augen ablesen, aber alles dies beschwerte sie nicht mehr. „Du bist wie einer", sagte die Tante laut, „der in einen schönen Obstgarten darf und die beneidet, die sich die Nase am Gitter plattdrücken." Luisa lachte. Die Tante verzehrte soeben ein Backhuhn und trank eine halbe Flasche Burgunder dazu. Das Gespräch hielt sich nicht bei Subtilitäten auf, sondern die Tante erkundigte sich nach neuen Kochrezepten. Sie besaß eine umfangreiche Bibliothek von Kochbüchern in mehreren Sprachen, hielt aber dafür, daß nur die mündliche oder zumindest handschriftliche Tradition etwas tauge. Luisa ging gern darauf ein, denn die Tante behandelte auch das Thema Kochrezepte in ihrer grandiosen Manier. Diesmal tat sie freilich ein wenig geheimnisvoll, sagte, gekocht und gekocht sei nicht dasselbe, trotz Vatel und Brillat-Savarin liege die ganze Kunst noch in den Windeln, nicht nur, was Genuß und Wohlgeschmack, sondern vor allem, was die Säfte des Körpers und die Chemie betreffe. „Chemie!", sagte sie und drückte die Augen ein beim Trinken. Ihr hauptsächlicher Umgang war ein alter Arzt in Klosterneuburg, Luisa wußte es, ehemals Theologe, der vor den letzten Weihen aus der Kutte gesprungen war, der lebte seit Jahren dem Studium der menschlichen Drüsen samt ihrer Funktion. Außer seinen Drüsendestillaten suchte er

Heilmittel überall in der organischen Natur, braute in seiner chemischen Küche, ein neuer Paracelsus, viel zusammen und hatte auch die Generalin in mancherlei unterwiesen. Diese kurierte nun frisch darauf los, wobei sie freilich eine besondere Lust am gründlichen Purgieren fand, im übrigen aber erklärte sie ihrem Freunde eines Tages nach reiflicher Überlegung, solche Kenntnisse müssen vor allem der täglichen Nahrung zugute kommen, zu diesem Zweck müßten seine Produkte dem Geschmackssinn schmeichlerisch zu Diensten sein.

Mitten in diesen Studien traf sie also Luisa an, ein selbstbereiteter Likör von wunderbarem Wohlgeschmack wurde ihr nach dem Abendessen im Salon kredenzt. „Trink nur", sagte die Generalin, „er hat auch sonst klärende Wirkung." Luisa fragte nach dem Doktor in Klosterneuburg, die Tante erzählte gern von ihm, besonders eine Geschichte liebte sie, wie der Arzt, zu einem rätselhaften Fall schier tödlicher Herzerkrankung an einem blühenden sechzehnjährigen jungen Grafen in ein Schloß gerufen, als die Ursache des Übels einen bestimmten Hausschwamm bezeichnet habe, der in der Nähe der Schlafstätte des Kranken wuchern müsse. Man belächelte die Meinung, das Schloß war alt, niemand in der Familie hatte je an dergleichen gelitten. Indem hört der Arzt ein seltsames Pfeifen, er dreht sich um, mühsam schleppt sich der Hund des jungen Grafen ins Zimmer. „Der ist ja auch herzkrank!", ruft der Arzt und nimmt den Hund hoch. Betreten gibt man zu, daß der Hund im selben

Zimmer schlafe. „Jesus", schreit da die Mutter, „wir stehen ja hier im neuen Trakt!" Nun gibt es kein Bedenken mehr, der Kranke wird ins Schlafzimmer der Eltern, ins alte Gebäude getragen, alle Möbel werden aus seiner Stube entfernt, die Wandverkleidung abgerissen und zu Häupten des Bettes findet sich der gesuchte Schwamm wie ein Aussatz.

„Und der junge Graf?", fragte Luisa.

„Wurde gerettet", antwortete die Generalin.

„Du bist nicht ganz gesund", fügte sie hinzu, „der Opal an deinem Finger ist trübe." Luisa schaute verwundert auf, und die Tante fuhr fort: „Ich weiß nicht, wie mir manchmal ist, ich seh' dich hier und seh' dich doch weit fort, manche Tage finden alle meine Nerven Kontakt und ich bin eins mit allem, was mir nahe kommt."

Sie redete noch eine Weile über diese seltsame Erscheinung, wie sie manchmal auftrete und wieder verschwinde. „Zuweilen hört es ganz auf, dann muß ich mich auf meinen Verstand verlassen, und Verstand ist nie weit her." Luisa hörte ihr mit seltsamen Gefühlen zu, sie merkte, daß ein gesunder, kräftiger Duft wie von jungen Nadelknospen von ihr ausging, und wußte doch, daß die Tante niemals Parfüm oder Toilettewasser anwendete. Die Tante blickte sie mit ihren großen Augen an, sie wurde wie ein Kind, das den Sandmann spürt, die Tante leuchtete ihr selbst durch die breiten, von schönen alten Schränken eingefaßten Hausgänge, küßte sie an der Schwelle, und so ging sie schlafen.

Sie erwachte zeitig, die Geschichte vom heimlichen

Hausschwamm war offenbar im Schlaf mit ihr gewesen, denn als Luisa die Augen aufschlug, stand sie ihr gleich vor der Seele. „Ach, wer doch bei mir zu Hause die Wandverkleidungen wegrisse“, dachte sie, ihre Gedanken schweiften zu Sebald hinüber, aber so ganz wollte sich das Gefühl hinströmender Dankbarkeit für seine Ehrfurcht und zarte Schonung nicht einstellen. Beunruhigt, denn diese Dankbarkeit war ja ihr ganzer Seelenbesitz, vergegenwärtigte sie sich den Freund, bald aber merkte sie, daß sie nicht zu seinen Tugenden, sondern zu seinem Reiz ihre Zuflucht nahm, und errötend sprang sie aus dem Bett.

Das Leben im Haus und auf dem Gut übte tagsüber seine unbekümmerte Macht. Am Abend schleppte die Tante das Bein noch stärker nach als zuvor, sie trank aber eine selbstgebraute Mixtur und schien guter Dinge. „Auch dir scheint meine Kost gut anzuschlagen“, sagte sie und lächelte dabei, als habe sie einem Zauber darüber gesprochen.

Allein in ihren Kissen empfand Luisa plötzlich eine so heftige Sehnsucht nach Sebald, daß sie nur schwer den Schlaf finden konnte, und ihre Träume verschloß sie vor sich selbst.

So gingen mehrere Tage hin, die Generalin lobte die Wirkung ihrer Kost und Luisa streckte heimlich die Hände aus nach einem Luftgebilde, dem sie liebevolle Namen gab. Bettine schrieb ihr eine Karte, burlesk in Stil und Inhalt, darin stand: „Sebald sucht die schöne Dame.“ Sie las, während sie neben der Generalin auf der Terrasse schwarzen Kaffee trank; diese legte die

Zeitung aus der Hand und sagte: „Deine Nachbarin, die geschiedene Obermeier, ist auf dem Fest in den Gartenbausälen gesehen worden. Kommt sie denn noch so oft zu euch ins Haus?“ Luisa antwortete nicht. „Also hat er sie diesmal nicht mitgenommen, nicht genommen zum erstenmal“, dachte sie, aber ihr Inneres war wie geblendet. „Sebald sucht die schöne Dame“, dachte sie.

Am Abend fragte sie die Tante ganz nebenher nach ihm, wie man nach einem weitläufigen Bekannten fragt oder nach einem fremden Kind. „Ach, du kennst ihn?“, gab die Tante zurück und über ihr Gesicht ging das eigentümliche stille Vergnügen, das in den meisten Gesichtern aufging, wenn auf Sebald die Rede kam. Es war wie das geheime Erkennungszeichen eines Ordens; Luisa hatte es beobachtet, eine kleine Ungeduld faßte sie an, sie begann ihn eifrig zu rühmen, als träte ihm jemand zu nahe. „Ich hab' ihn gern“, sagte die Tante immer noch in ihrem sinnenden Vergnügen, „wenn ich's so bedenke, ich seh' ihn selten, aber ihn möcht' ich am wenigsten in meinem alten Leben missen.“ „Ein Mensch“, sagte die Jüngere, „an dem die Welt ein sonderbares Unrecht tut. Er scheint leicht, weil er anderen Gesetzen und anderer Schwere folgt, und wird darum zu leicht genommen nach den Gesetzen seiner Beurteiler. Jeder ergötzt sich an ihm und niemand achtet seine Art, weil er aus einem edleren Stoff gemacht ist als die meisten Menschen.“ Die Tante schaute sie an. „Über seinen scheinbaren Müßiggang zucken sie die Achseln, was aber aus ihm selber wird, gilt ihnen nichts. O Tante, Tante!", brach sie plötzlich leidenschaftlich aus, „in welcher Welt leben wir, es kann nicht immer so gewesen sein! Ich habe nicht so gelebt und meine Schwestern nicht und du nicht in der früheren, glücklichen Zeit!" Sie rang die Hände ineinander, beredte Klage floß von ihren Lippen, das kleine Haupt war zur Seite geneigt und sie fand Worte, die sie vordem nicht gekannt. Die Generalin saß still und schaute sie an. Da wurde alles aus der Tiefe geholt, Enttäuschung eines jungen Gemütes, Druck fremder, harter Lebensgesetze, alles so nah, so klobig, so geheimnislos, die Männer nach Geld jagend, die Frauen nach Vergnügen, alles so endlich, so durchschaubar, so schal, die Köpfe so eng, die Herzen so seicht wie Wasserlachen. Am bittersten aber Enttäuschung an sich selbst, man hatte sich eingebildet, den Gefährten aus der Stickigkeit zu retten, in die sein besseres Blut in dieser Welt des Brodems und der platten Gier verfallen war, sich verhoben an der Aufgabe, ihm nicht gedient und selber das bißchen Lachen verloren, auf das man alle Karten gesetzt hatte. Zum erstenmal riß es sie fort, daß sie Andeutungen machte von halben Geständnissen des Bräutigams schon, die sie zu leicht nahm oder nicht verstand aus sinnlicher Unerfahrenheit sowohl wie auch in dem alles niederringenden Wunsch, ihn, dessen mitgeborne Last und Einsamkeit sie ahnte, kraft ihres fröhlichen Gemütes der Natur zurückzugeben. Wie sie dann gleich nach der Rückkehr von der Hochzeitsreise den Gatten verstört, entfremdet und wild gefunden, erzählte sie, und von der ersten Nacht, in der ihn jene seelisch-körperliche Verzweiflung packte, daß er sich der niedrigsten Fehler zieh und doch nicht über die Lippen brachte, was sie voll Furcht und Mitleid von ihm erflehte, die Beichte. Wie sich die Anfälle dann wiederholt, Anlaß scheinbar aus dem Beruf oder aus seiner Erregung holend, aber in Wahrheit sei es immer das Gleiche gewesen, sie habe es dann aus einem liegengebliebenen Brief erfahren, hier brach Luisa ab und murmelte etwas von älteren Rechten einer anderen und unheimlichen Geboten des Blutes. Da hast du deinen verdammten Joris, dachte die Generalin, schwieg aber still und lauschte mit Aufmerksamkeit, wie Luisa auf tiefem Sinnen wieder den Übergang zu Sebald fand. Der Generalin stieg immer mehr ein großes Bedenken auf; der Sebald ist nichts für Verschmachtende, dachte sie, dem darf man nur überschüssige Kräfte zuwenden: wenn einer eine kleines Tröpfchen Wasser von ihm begehrt, kann sein, der bekommt einen Becher Burgunderwein, wer aber nach Brot schreit, der bekommt Luft. „Daß er lieber hungert als praßt“, sagte Luisa inbrünstig, „das gerade erhebt ihn, und daß er das Wenige ausstreut, entzückt mich am meisten.“ Sie hatte eine traumverlorene Gebärde, als fiele ihr Leichtes aus der offenen Hand, wie sehr diese Gebärde aus ihrem Innersten kam und doch von Sebald stammte, konnte der Generalin nicht entgehen.

„Und doch ist er ein Hamster, ein Geizhals“, sagte sie halb ernst, halb schalkhaft. Luisa blickte verwundert, sie fuhr fort: „Hast du seine Silberschüsseln nie gesehen?“ Luisa schüttelte den Kopf. „Gott mag wissen, wo er sie her hat“, meinte die Generalin; „ich glaube, sie haben einem Onkel gehört, der Bischof war. Mir hat er sie in einer schwachen Stunde gezeigt, denn er hütet sie, wie ein Lindwurm seinen Hort, sie sind von höchstem Wert und aus gediegenem Silber getrieben. Wenn er die geringste von ihnen verkaufen wollte, wäre ihm für lange Zeit geholfen. Aber vielleicht hat er sie nicht mehr.“ – „Doch, er hat sie, er muß sie haben“, flüsterte Luisa mit einem zuckenden Lächeln; „ich glaube ja gar nicht, daß er sich mir anvertraut.“ Die Generalin wiegte den Kopf. Luisa setzte hinzu: „Er hat einmal gesagt, wenn ein Schiff keinen Ballast führt, hat's keinen Tiefgang, dann fängt sich der Wind in den Segeln und trägt's davon. Warum soll er keinen verborgenen Silberschatz mit sich führen? Auf's Haben kommt's ja nicht an, sondern aufs plumpe Zugreifen, und daß er nicht zugreift, wo sein Gewissen allein es verbietet, das eben ist es!“ Sie wurde feuerrot, von den Haarwurzeln bis in den Hals und blickte kriegerisch, bereit, sich auch noch weiter ins Gefecht zu stürzen.

„Weißt du“, sagte da die Generalin und wiegte immer noch den Kopf, „das Zugreifen hängt auch nicht nur vom Willen ab; um zuzugreifen, muß einer ein Mann sein, und wenn ich alles so zusammenhalte, was ich vom Sebald weiß, was ich ihn hab' tun und lassen sehen und wie er seinen Weg geht, möchte ich meine rechte Hand verwetten, daß er nun gerade das nicht ganz so ist.“

„Wie denn? Kein Mann?", stammelte Luisa. „Wie meinst du das, Tante?"

„Ich meine das in sehr simpler Weise", antwortete die Tante lachend; „eben kein Mann, aber natürlich auch kein Weib, uns kümmert's freilich nicht. Gute Nacht, mein Liebling, wir wollen schlafen gehen."

Damit zündete sie eine Kerze an und leuchtete der Nichte wie gewöhnlich bis ins Zimmer.

Luisa verbrachte die Nacht in einem perplexen Zustand, der in den Morgen hinein fortdauerte, so daß sie den Brief ihres Gatten, der auf der Frühstücksserviette lag, gedankenlos in die Tasche steckte, obgleich ein solcher Brief zu den größten Seltenheiten zählte. Sie ging hernach im Garten spazieren, zwischen ihren Brauen zeigte sich eine Falte, als denke sie angestrengt nach oder lasse Vergangenes Punkt für Punkt gewissenhaft in der Erinnerung wieder erstehen. Wie, hatte sie ihr Fühlen an ein Gespenst vertan? Ihr war, als schwirrten am hellen Tage Nachtvögel über ihr mit großen, drohenden Gefiedern. Die Mittagsglocke rief sie ins Haus zurück. Vor der Terrasse, zwischen bienenüberwimmelten Fliederbüschen, erhob sich die alte sandsteinerne Figur, vor der sie oft gestanden, eine Frauengestalt goß Wasser aus einem Füllhorn in ein kleines Steinrund. Luisa blieb auch heute mit gesenktem Antlitz stehen, es fiel ihr auf, daß das Wasser heute nicht floß; der Brunnen mochte abgestellt oder verdorben sein. Sie las den wunderlichen Spruch, der in den Sockel gemeißelt war:

Zeit ward entrückt. Gewässer stockt. Horch auf!
Zeit kehrt zurück. Geh' hin. Was fließt, hat seinen Lauf.

Etwas zwang sie, aufzusehen, da wandelte ihr von der anderen Seite gelassen lächelnd Sebald entgegen, einen Arm um die zärtlich angeschmiegte Schulter eines etwa sechsjährigen Mädchens gelegt, das sich in zappelnden Liebesbezeigungen nicht genug tun konnte. Luisa kannte das Kind, es war die jüngste Tochter der verwitweten Obergärtnerin, ein lebhaftes, sonst scheues kleines Geschöpf. Jetzt war es ganz außer sich, blickte aus begeisterten blauen Augen empor und rief in einem fort: „Daß ich dich nur wiederhab, daß du nur wieder bei mir bist." Sebald errötete, als spräche so ein erwachsenes Mädchen und schüttelte Luisas halb bewußtlos dargebotene Hand. Viel war da nicht zu fragen oder zu berichten. Sebald blickte Luisa an und sprach und dabei überlief es ihn: „Wer weiß, was es kostet, daß ich gekommen bin, aber es war nicht anders, ich hab heraus müssen und da her", schon wollte Luisa nach der kranken Gundl fragen, aber das Zucken seiner Hände verbot es und in seinen Augen das beinahe rasend entschlossene Bekenntnis zum Augenblick. Sie traten miteinander unter die Säulen, an denen junges Weingewinde emporrankte, erst an der Schwelle sprang das Gärtnerkind mit einer schelmisch-leidenschaftlichen Kußhand davon.

Die Generalin war überrascht, zwar pflegte Sebald sich nie anders einzustellen, allein so lange sie Luisa bei sich beherbergte, hatte sie ihn nicht erwartet, selbst so geringe, aber immerhin deutbare Spur von Wunsch entsprach nicht seiner Art. Sie stutzte, geriet in Zweispalt mit sich selbst, wußte nicht recht, was davon zu halten sei, beschloß aber, zuvörderst abzuwarten und den Dingen ihren Lauf zu lassen.

Nachdem schwarzer Kaffee gereicht worden war, zog sich die Generalin zurück, „ihr jungen Leute", meinte sie, „geht wohl in den Garten." Zunächst aber blieben sie allein im kühlen Salon, draußen hatte man die Markisen herabgelassen, das Licht hatte einen gedämpften schmeichlerischen Ton. Sebald sagte: „In Venedig hat einmal einer, es ist freilich über hundert Jahre her, einen kleinen Saal mit wunderbaren fremden Pflanzen schmücken lassen, mit Palmen und Aloen und den seltensten Blumen, die wie Früchte waren, und in den Palmen hingen lebendige Papageien und Sittiche wie Smaragd und Rubin und Kolibris wie Schmetterlinge und dazu asiatische Nachtigallen, aschgrau, die sangen, über alle Maßen schön. Ein Becken war da und darinnen plätscherten winzige chinesische Silberfischchen und auf einem vergoldeten Tisch standen Früchte wie Blumen, aufgeschnittene Melonen und Ananaserdbeeren. Da hinein führte er seine Gäste ..."

„Wer waren denn seine Gäste?"

„Mönche werden's nicht gewesen sein", lächelte Sebald. „Vielleicht Nonnen", antwortete Luisa und fuhr fort: „Und sie aßen die köstlichen Früchte von silbernen Schüsseln, von prächtigen Schüsseln, in reinem Silber getrieben"; sie kam nicht weiter, er hatte sich blitzschnell gewendet, sie lag in einem tiefen weichen Lederstuhl ohne Lehne, er setzte ein Knie dicht neben ihre Knie und forschte: „Man hat von mir geredet? Mit der Frau Tante von mir geredet“, und weiter sehr schnell, sehr bestimmt, zwischen Lachen und Begehrlichkeit, „bös von mir geredet? Was hat die Tante gesagt? Was hat die Frau Luisa gesagt? Antworten! Schnell!“ Er haschte ihre Gelenke. „Oder ich tu weh! Nicht lachen, oder –“

Sie küßten einander mit aller Glut, Luisa hatte beide Hände um seinen Nacken geschlungen. In diesem Augenblick erklang aus einem rätselhaften Irgendwo und Nirgends das silberne Schlagen einer etwas höher gestimmten kleinen Terz. Luisa horchte auf, Sebald löste sich von ihr wie ein Schatten, tastete verwirrt nach seinen Taschen und murmelte: „Viertel Vier. Wer hat denn das Schlagwerk gestellt?“

Luisa erhob sich, nicht langsam, sondern federleicht, ging an den Flügel, schlug die Terz an, die sie eben vernommen hatte, stand einen Augenblick in Sinnen, lächelte dann fast listig und schlug vor, man wolle jetzt in den Garten gehen. Sie schlenderten eine Anhöhe hinan, Luisa zeigte sich fröhlich und gesprächig, Sebald nicht unfroh, aber in sich gekehrt. Von der Höhe blickten sie hinaus auf die mächtige Wasserbahn. „Ein Strom“, sagte Luisa begeistert, „das ist wie ein Riesenzeiger in die weite Welt!“ Sebald ließ seine Blicke unruhig schweifen, bald kehrte er sie ab, und als Luisa die weite Welt pries, wollte es ihr scheinen, als füllten sich seine Augen mit Tränen, ein solcher

Ausdruck kinderbangen Befremdens malte sich in seinem Gesicht. „Daß das alles da ist!“, murmelte er, „da wie ich und du, und wir nicht mehr da, als das alles!“ Ein Schauder überlief ihn. Hastig drehte er sich um, nun fiel der Blick über den Garten zurück auf das behäbige weiße Haus, da wurde er wieder ruhig. „Schönes, gutes Haus“, sagte er, „so etwas möchte man schon besitzen und wär' ein anderer Mensch dabei.“ Im Niedersteigen befragte ihn Luisa zum erstenmal um seine Heimat, seine Kindheit, in seiner Erzählung stieg auch ein Haus auf, nicht so vornehm wie dieses, aber behäbig auch und Garten und Feld dabei, ein Anwesen zwischen Bauerngut und Herrenhof. Während er so neben Luisa herging, malte er es aus, als bekäme er Haus und Hof zurück, als übe nicht das heimatliche Dorf, Zeuge des Niederganges, eine herz- und geistzerquälende, schier vernichtende Beklemmung, als sei nicht Zuflucht und Schutz am sichersten im Straßenlabyrinth der Stadt. Er beschrieb dieses unmögliche Leben so lebendig, daß Luisa ausrief: „Da müßt aber auch eine Frau dabei sein!“ Er antwortete: „Ich wüßt' auch eine, freilich wüßt' ich eine.“

Es geschah nun, daß vor Luisas Augen unter allen Gesichtern ein einziges, einmal gesehenes, auftauchte, das der herben Blonden im Konzert, und sie nickte mit leise verdunkeltem Blick. Es beirrte sie indessen nicht, sie kamen nach Hause, als der Gong zum Tee angeschlagen wurde, und der Tag neigte sich rein dem Abend zu.

Die Generalin kannte Sebald als einen Schmecker

alles Guten, der Tisch war zu Nacht mit besonderen leckeren Gerichten besetzt. „Denn“, sagte sie, „wenn die Jugend bei mir als Rivalin sitzt, muß ich Alte mit meinem Feinsten aufwarten, ganz verzichten will man ja doch nicht auf Anerkennung und spätere Sehnsucht. Überhaupt verzichten! Das sind mir schöne Traumgestalten, die den Verzicht als eine schwere Tugend preisen. Lug und Trug! Nichts leichter, nichts bequemer als Verzicht, denn der Mensch ist von Natur feigherzig und faul. Aber die Hände ausstrecken, anfassen, festhalten, einstehen dafür, das nenn ich Gott den Herrn loben und ein richtiges Leben leben. Ihr Glas, Sebald! Dein Glas, Nichte! Alles Schöne und Starke soll leben!“

Sie stand aufrecht in einem weißen, fließenden Kaschmirkleid, das sie für den Abend angelegt, neben ihr lehnte ein derber Ebenholzstock, denn die Schmerzen im Bein zwangen sie, sich darauf zu stützen; sie schöpfte Maitrank aus einer silbernen Terrine mit großem silbernem Schöpflöffel, füllte die Gläser und trank beiden mit ihren großen Augen lachend zu. „Der ist gut geraten“, lobte sie, „ist auch nach einem höchst besonderen Rezept gebraut. Gift für mein Zipperlein!“, fügte sie hinzu und goß ihr Glas von neuem voll bis an den Rand.

Es mußte in der Tat der Trank nach einem besonderen Rezept gebraut sein; Sebald spürte es, Luisa spürte es. Als es später wurde, setzte sie sich ans Klavier und spielte und sang der Tante Lieblingslied „Frühlingsglaube“. Sie sang: Die linden Lüfte sind erwacht – so zart, und endlich – nun armes Herz, vergiß die Qual – nun muß sich alles, alles wenden – so inbrünstig aus voller Brust, daß es die Generalin seltsam in den Adern spürte.

Sie schellte, die alte Berta trat ein, die Generalin sagte: „Berta, deine Frau ist alt geworden, du mußt sie heut' zu Bett bringen. Zuvor aber schaff der Annalies, daß sie den Herrschaften in ihre Zimmer leuchte." Hernach küßte sie Luisa auf die Stirn, drückte Sebald die Hand, krückte zur Tür, wandte sich, richtete sich majestätisch auf, winkte noch einmal mit leuchtender Stirn und ging.

Annalies kam mit dem Leuchter; weil sie dieses Dienstes aber ungewohnt war, beging sie einen Fehler und führte erst an Sebalds Tür, statt die junge gnädige Frau zu geleiten, die nun dastand und lächelnd sprach: „Gute Nacht, Sebald!" Er verbeugte sich stumm, sie gab nicht die Hand und enteilte.

Sebald fühlte sich mit einem Male wie zerschlagen, er zündete die Kerze auf dem Nachttisch nicht an, die Sternennacht leuchtete hell genug durchs Fenster, er leerte seine Taschen, warf dann alle Kleider mit einem Ruck ab und legte sich mit einem wohligen Seufzer ins Bett. Kaum aber lag er, da begann ein wunderliches Weben, waren es Töne, war es Licht, Traum oder Wachen, es sang leise leuchtend und leuchtete mit Gesang. Schlief er, war er wach, floß Zeit hin, stand sie still? Waren es die Heimchen oder ein schwebender Schritt, genug, die Tür ging lautlos auf, eine Hand leuchtete rosig über einem Nachtlicht, weißes

Gewand floß nieder, darüber ein kleines dunkles Haupt, die Gestalt kam näher, tastete auf dem Nachttisch, ergriff die Uhr, die dort lag, ging damit fort, trug sie ans Fenster, öffnete es, legte die Uhr draußen auf das Sims, schloß das Fenster wieder, kam zurück, stellte das Nachtlicht auf den Tisch, ließ sich auf einen Stuhl nieder und hob mit Luisas Stimme zu reden an.

Sie habe ihm etwas zu sagen, habe ihm etwas mitzuteilen. Es sei ihr unerträglich, daß er denke, sie nasche verstohlen oder gehe mit sich selber um wie ein Dieb, ihr sei schon öfter der Verdacht aufgestiegen, er denke Ähnliches und diese Meinung könne und müsse sie zerstören.

„Denn", fuhr sie fort, „ich bin zwar nicht Herr über mein Leben in Welt und Zeit, wohl aber gehört meine Person mir selbst, alles Recht ist zu mir zurückgegangen, niemand hat teil an mir, ich bin völlig frei, seit drei Jahren schon, und kann mit mir schalten, wie es mir beliebt."

Und mit der gleichen anmutigen Bestimmtheit, mit der sie diese sonderbaren Worte sprach, handelte Luisa auch, bescheiden noch in der letzten Kühnheit, entschlossen genug, um hinzureißen, zaghaft genug, um zu entzücken.

Als Luisa am hohen Morgen in ihrem Zimmer erwachte, lächelten gleichsam alle ihre Glieder, und da sie nun Sicherheit erlangt hatte, war alles Gespensterwesen zerstoben. Als sie zum Frühstück hinunterkam, kehrte die Generalin eben, auf ihren Stock gestützt, zum zweiten Imbiß zurück. Sie rief: „Kind, was bist du heute hübsch, dir muß ein Engel einen guten Morgen gewünscht haben, wäre er doch auch zu mir gekommen und hätte meinen kranken Fuß angerührt." Darüber mußte Luisa wohl oder übel lachen, sie wollte ihr Taschentuch geschickt vors Gesicht bringen, da fiel ein Brief zu Boden, sie hob ihn auf, erkannte Joris Schrift, runzelte die Brauen und erinnerte sich. Die Generalin sagte, nun habe Sebald genug geschlafen, sie trat durch die offene Tür auf die Terrasse unter sein Fenster, rundete die Hand vor dem Mund und rief: „Sebald!" Niemand zeigte sich, sie rief noch einmal, eine Ahnung erfüllte Luisa, sie schlug die Augen auf, dann lächelte sie und als die herbeigerufene Berta verblüfft berichtete, Herr Sebald sei nimmer da, die Gärtnerin habe ihm nach Sonnenaufgang das Tor aufgesperrt, war ihr, als habe sie es längst gewußt, ja, als sei sie mit dieser Gewißheit in sein Zimmer getreten, mit dieser Gewißheit neben ihm in der Kirche gekniet und auf der Lehne des Sofas zur Rechten in seinem Atelier gesessen, mit dieser Gewßheit damals neben Bettine über seine Schwelle getreten, mit dieser Gewißheit aufgewachsen und geboren.

Während sie die Teetasse an den Mund führte, sah sie Sebald auf der Flucht, leicht und weit dahinschreitend, den Morgenwind über Stirn und Augen, und auch dies, wie er sich selber zurücknahm, um sich anders wieder hinzustreuen, war noch Beglückung, noch Bestätigung.

Auch die Generalin wunderte sich nicht. Wer hätte sich über Sebald wundern mögen? Sie rieb nur ihr

Bein und schimpfte leise über die Gebrechlichkeit, die ihr bei ihren Jahren arg verfrüht erschien, gab endlich zu, daß sie ein wenig liegen wolle, und rief die alte Berta, damit diese sie auf ihr Zimmer geleite. Diese erschien, die Generalin humpelte ihr bis zur Tür entgegen und sagte, da habe sie etwas gefunden, Herr Sebald habe seine Uhr vergessen. „Wo denn?“, fragte die Generalin verdrießlich. „Auf dem Fenstersims“, antwortete die Alte, aber das sagte sie schon auf dem Korridor. Luisa blickte verwundert auf, ein leises Plätschern füllte die Luft, sie blickte hinüber zu dem sandsteinernen Brunnen, das Wasser floß wieder aus dem Füllhorn, die Obergärtnerin stand beobachtend dabei und neben ihr das hübsche, scheue Kind.

Luisa öffnete kurz entschlossen den Brief ihres Gatten, las ihn einmal, zweimal, schüttelte den Kopf, las ihn wieder, stand auf, ging in den Garten hinaus und las endlich den Brief zum viertenmal. Hierauf ging sie in das Zimmer der Tante, ihr Leben, das ihr so zerstückt erschienen, denn das war ihre Krankheit gewesen, verschmolz wieder in ein Ganzes und ringsum war ihr alles zugetan und vertraut.

Nun pflegte sie die Generalin, nach einiger Zeit erholte sich die Unverwüstliche wieder, nicht ohne die Hilfe des Klosterneuburger Arztes, und Luisa konnte heimreisen. Sie reiste mit einer wunderlichen Zuversicht, denn in dem Brief ihres Gatten waren die ersten Anzeichen einer Lösung seines unglückseligen Verhältnisses gestanden: er war ohne das Wissen jener anderen verreist und hatte auf dieser Reise Gefallen an einer Frau gefunden, wie er Luisa naiv und offen erfreut berichtete. Diese Verbindung verflog indessen wie Rauch, vollzogen blieb nur die bedeutungsvollere Trennung; die Obermeier heiratete aus Ärger einen Russen und verließ die Stadt. Luisa war dem Gatten geheimnisvoll erneut aus Dürnstein heimgekommen, und viele Jahre später, als Luisa in Krieg und Wirrsal einen Sohn und eine Tochter geboren hatte, fragte sie Joris, wie sie denn mit so wunderbarer Kraft damals von jener kleinen Reise heimgekehrt sei, sie aber antwortete lachend und errötend, das sei dem Maitrank der Generalin zu danken gewesen.

Geschichte einer kärntnerischen Baronin

Novelle

Als unmittelbar nach dem Verfall des alten Reiches die Not in den österreichischen Städten noch höher stieg als während des Krieges, versammelte die verwitwete Generalin von Pachofen ihre Freunde, hauptsächlich aber die heranwachsende Jugend aus den Häusern ihrer Freunde auf ihrem Landgut in Dürnstein. Hier war alles an Nahrung vorhanden, woran es in den Städten fehlte. Aber nicht nur die Körper stärkten sich, auch die über alles Maß erregten Gemüter fanden Sammlung, Meinungen klärten sich in Gesprächen, verborgene Gegensätze traten in ihrer Schärfe weniger beunruhigend, aber desto unerbittlicher hervor. Die jungen Menschen zeigten sich, wenn nicht für eine schrankenlose Freiheit, so doch für jene dumpf aufwühlenden, halb mißverstandenen Ideen aus dem Osten begeistert, der Krieg erschien ihnen als das böse Werk böser alter Männer, nun aber sei das Reich der Jugend angebrochen, das heilige. Väter und Mütter hingegen, denen die Zertrümmerung des Reiches mehr als Ehren und Besitz geraubt hatte, sahen eine ungeheure Kluft aufgerissen zwischen sich und ihren Kindern und die Bitterkeit in ihren verlassenen Herzen überwog fast den Schmerz. Um die stetig wachsende Spannung zu mildern, suchte die Generalin das gesellige Beisammensein der Abende durch Spiele harmloser zu gestalten. Kartentische wurden aufgeschlagen, Schachbretter hervorgeholt, die Generalin selbst aber spielte nie. Eines Abends, als ein heftig niederströmender Regen die ganze Gesellschaft in der gedeckten Glasveranda hielt, ließ sie sich überreden, die einfachsten Regeln des Schachspieles anzuhören, sie setzte sich widerstrebend an das Brett, schob die Figuren einigemal hin und her und stand dann kopfschüttelnd auf. „Bemüht mich nicht", sagte sie wohlgelaunt, „mir begreiflich machen zu wollen, was so fern von mir und meiner Welt ins Gebiet der Speculation reicht. Spiel, das ist für mich eine Sache, die sich den Berechnungen des Verstandes entzieht. Und dann freilich muß es mit Leidenschaft betrieben werden. Ehe wir in Monte Carlo das Spielcasino betraten, nahm mir mein Gatte das Ehrenwort ab, daß ich nicht setzen würde. Ich gab's, aber unter der Bedingung, daß er meinen Arm freigeben und mich auf eigene Faust durch die Säle streifen lassen würde. Ich sage euch, ich habe in dieser einen Stunde mehr durchgemacht, als wenn ich unser ganzes Vermögen verspielt hätte."

Eine junge Nichte, ein blasses Mädchen mit großen, unruhigen Augen, fragte gedehnt: „Hast du denn dein Wort gehalten?"

Die Generalin antwortete: „Hätte ich sonst gelitten?"

„Möglich, daß es besser gewesen wäre, dein Wort zu brechen. Du mußt den Onkel in dieser Stunde gehaßt haben. Ist nicht ein solcher Haß schlimmer als ein gebrochenes Wort?"

„Nichts ist schlimmer als ein gebrochenes Wort!"

antwortete die Generalin sofort mit unerwarteter Strenge. „Gebrochenes Wort ist gebrochene Würde. Freilich muß die Hand, in die es gelegt wird, eine reine und kräftige Hand sein, die eigene Kraft und Reinheit allein tut es nicht."

„Da überlassen Sie aber dem Schicksal einen gefährlichen Anteil an dieser Würde", sagte der junge Mann am Schachbrett. „Wie soll einer die Verantwortung tragen für die fremde Hand, in die er seinen Einsatz legt?"

Die Spielenden an allen Tischen waren aufmerksam geworden und blickten erwartungsvoll auf die Generalin hin. Einen Augenblick hörte man den Regen gegen die Glaswand prasseln, dann erhob die Hausfrau ihre ruhige Stimme und sprach: „Nichts ist ungefährlich, meine Lieben. Gefahr ist schon um uns im Mutterleib. Ich für mein Teil habe auch in den Tagen des Glückes niemals vergessen können, daß gleichsam der Saum meines Kleides beständig feucht bleibt vom Urelement, wie das Gewand der Seejungfer im Märchen. Die Beziehungen von Mensch zu Mensch sind so voll Gefahr, daß alle Welterschütterungen im Grunde dasselbe sind, als ob zwei Augenpaare einander in Haß begegnen. Der tödliche Blick ist wie Moses' Stab, aber erst wenn der Blutquell aufspringt, schaudert die Welt. Der gewaltsame Tod von Hunderttausenden hat die Knie nicht steifer gemacht, die vor dem Sarg einer einzigen jungen Frau in den Staub gesunken sind, und diese junge Frau war eine Märtyrerin und keine Heldin, ja nicht einmal eine Wohltäterin war sie, man sagt, daß sie das Opfer ihres guten Herzens gewesen ist."

„Wer war die junge Frau?", wurde rings im Kreis gefragt. „Warum ist sie gestorben? Und warum haben die Leute vor ihrem Sarg gekniet? Bitte, erzählen Sie uns das. Erzählen Sie uns diese Geschichte!"

Die Generalin blickte eine Weile über die gespannten Mienen hinweg, dann begann sie:

„Die junge Frau, von der ihr hören wollt, hieß Gisela von Trautenberg und wurde in dem Dorf an der heutigen Südgrenze, in dessen Nähe unser Feldspital aufgeschlagen war, die schöne Gisi oder das Fräulein Gisi genannt, obgleich sie seit etwa zwei Jahren mit einem kärntnerischen Baron verheiratet war. Sie hatte von ihren Eltern eine hübsche, schloßartige Villa geerbt und kam während der Jagdzeiten in das Dorf. War ihr Gatte im Feld, so wurde sie von einer kleinen Gesellschaft von Verwandten begleitet; traf es sich aber, daß der Baron Urlaub hatte, dann erschien sie nie anders als mit ihm allein. So sah ich sie auch ein einziges Mal auf einem Spaziergang. Sie hatte den Arm in den des Gatten gelegt und schmiegte sich dicht an ihn, das Abendrot schien beiden ins Gesicht, die Frau hatte das Kinn ein wenig gehoben und die Lider zugedrückt, als wollte sie nicht schreiten und nicht gehen, sondern nur sich hinfühlen durch die laue und doch feurige Luft. Ich trat zur Seite, der Mann schaute flüchtig nach mir und meinem Pflegerinnenkleid, die Frau aber schwebte in ihrer Benommenheit ohne Ahnung an mir vorbei, und als ich mich nach ihr umwandte, zeichnete sich ihr mädchenhafter Körper wie ein Schattenriß auf der roten Sonnenscheibe ab. Ich erinnere mich, daß ich mit einem Herzen voll Wehmut nach Hause kam, und als ich wieder von ihr hörte, war sie tot.

Sie war eines gewaltsamen Todes gestorben, an Gift. Die Mara berichtete es uns während des Abendessens, aber das war am Tage des Unglückes selbst, das sich auf einer hochgelegenen Jagdhütte zugetragen hatte, und da hieß es noch, sie sei erschossen worden, von einem Manne in ihrem Dienst erschossen. Man nannte den Mörder, er hieß Robas, der einzige Sohn einer Witwe, und diente mit seinem Vetter, der gleichfalls Robas hieß, im Trautenbergschen Revier als Jäger. Man hieß sie den schwarzen und den weißen Robas zur Unterscheidung, denn sie waren auch beide auf den Namen Josef getauft. Während dieser Auerhahnbalz waren die beiden zufällig daheim, dem weißen heilte ein Armschuß und der schwarze hatte Urlaub. Der schwarze, so verbreitete es sich mit Schnelligkeit im Dorf, hatte den Mord verübt aus Eifersucht und schändlicher Liebesraserei. Es fehlte nicht an Indizien, viele bezeigten, daß der an sich düstere und grüblerische Mensch in den letzten Tagen wie tiefsinnig herumgelungert habe, auch sei er im Wirtshaus nach langem Brüten in eine fürchterliche Drohung ausgebrochen. Überhaupt war es schlimm mit den Urlaubern, und der Robas hatte auch mit seinem Vetter wüste Streitereien angefangen. Einen Tachinierer hatte er ihn geheißen, und in den Arm habe er sich zu

Fleiß hineinschießen lassen, damit er aus dem Graben komme und nach Haus. Und bei diesem ‚nach Haus' sollte der schwarze Robas die Zähne gefletscht und die Faust nach der Trautenbergschen Villa geschüttelt haben. Daß er in das Fräulein Gisi verliebt gewesen sei, war schon zu schließen aus der Macht, die sie über ihn besaß. Denn solange die beiden Vettern im gemeinsamen Dienst standen, hatten sie sich keinen Tag vertragen, obgleich früher keiner des anderen Feind gewesen war. Aber wann immer die beiden Jäger aneinandergerieten, trat die junge Frau schlichtend dazwischen, der Baron, des Gezänkes überdrüssig, wollte beide entlassen, aber die Baronin bat für sie.

Die Baronin, oder das Fräulein Gisi, wurde nicht müde, für die beiden Widersacher zu bitten, denn Widersacher waren sie im Verlauf der Zeit geworden. Niemand begriff, warum sie sich immer wieder ins Mittel legten. Böswilligem Gemunkel war sie entrückt. Nun aber, da sie tot in der Jägerhütte lag, von dem wilderen ihrer Schützlinge gemordet, erinnerte man sich des befremdlichen Eigensinns und beklagte ihn.

Aber noch ehe die Leiche vom Berg herab in die Villa gebracht worden war, lief ein neues Gerücht um. Diesmal kam es der Wahrheit näher und die Gerichtsverhandlung, die später stattfand, bestätigte seinen Inhalt. Die Baronin war nicht erschossen worden. Sie hatte eine Tasse schwarzen Kaffee getrunken und in dieser war das tödliche Gift. Der Baron war mit einem jungen Gehilfen schon um ein Uhr morgens ins Revier hinausgegangen. Der Gehilfe wußte einen Hahn, der den beiden Jägern über einer Streiterei entgangen war. Darüber hatte es am Abend zuvor einen bösen Auftritt gegeben, und der Baron hatte ihnen wegen ihrer Nachlässigkeit mit der Entlassung gedroht. Der schwarze Robas hatte es auf den weißen geschoben und der weiße auf den schwarzen. Sie waren mit den Messern gegeneinander gefahren, aber die Baronin trennte sie und machte der widerwärtigen Szene ein Ende. Der Gehilfe sagte später aus, die Baronin habe die Nacht nicht geschlafen. Er habe sie durch die Holzwand deutlich seufzen gehört und einzelne Worte flüstern, aber nicht wie zu einem Menschen, sondern als ob sie sich Gott empfehle und ihn um etwas bitte. Als er an die Kammertür klopfte, um seinen Herrn zu wecken, öffnete die Baronin und war völlig angekleidet. Dies war um halb ein Uhr nachts. Um eins küßte der Baron seine Frau und sagte: ‚Wenn du nicht der einzige Mensch wärest, der Gewalt über diese zwei Teufel besitzt, ließe ich dich nicht allein mit ihnen.' Die Frau küßte ihn gleichfalls und sagte: ‚Sorg' dich nicht, die mach ich noch gut.' Der Baron erwiderte: ‚Behüt' dich Gott.' Und sie: ‚Wenn nur Gott dich behütet.' Diese Worte soll sie nach der Aussage des Gehilfen mit halb heiterer, halb feierlicher Betonung gesprochen haben. Weil aber der junge Bursch alles dies fast zitternd vorbrachte und Tränen vergoß, wenn er von der Baronin sprach, wurde diese kleine Beobachtung seiner rückschauenden Aufregung zugeschrieben und nicht sonderlich beachtet.

Und doch lag alles, alles in dieser halb heitern, halb feierlichen Betonung!

Ich erzähle euch diese letzten Morgenstunden der schönen Gisi Trautenberg so, wie sie sich darstellen im Lauf der Verhöre, nach Aussage des Gatten und dem Inhalt eines Briefes an eine Freundin, der dem Gericht zur Verfügung gestellt wurde. Erwartet nicht die Enthüllung eines Geheimnisses. Es gab kein Geheimnis in ihrem Leben. Es gab nur ihr Wesen und ihr Sein, wogend und untergehend in dem Purpur zwischen Himmel und Erde, ihre Liebe.

Der Baron gehörte zu den nicht allzu seltenen Exemplaren der Menschengattung, denen Tiere und einfache Seelen in die Hand laufen wie spielende Kinder. Ich sage nicht allzu selten, denn ich habe diese Erscheinung bei Abkömmlingen physisch hochgezüchteter Familien häufig beobachtet. Auf ihr beruht die oft beredete Treue der Dienstboten in adeligen Häusern. Sie hat mit dem Charakter nichts zu schaffen. Ich habe harte, ja grausame Menschen diese Wirkung ausüben sehen, so gut wie solche von mildester, leutseligster Gemütsart. Dem Baron jedenfalls war sie eigen. Seine Diener hingen in dieser dem Verstand nicht zugänglichen Art an ihm. Und der schwarze Robas war in seiner leidenschaftlich-schwerblütigen, glosenden Beschaffenheit einer Manie verfallen, Eifersucht wühlte ihm das Eingeweide auf, so daß er sich wie eine gereizte Bestie auf seinen Nächsten warf, und dieser Nächste war der weiße Vetter, denn die beiden teilten den Dienst wie zwei Schildwachen vor einem Tor.

Man kannte den schwarzen als einen galligen, melancholischen Burschen, von dem sich niemand eines freien Grußes versah. Aber die Narrheit, die ihn hetzte, seit er Trautenbergischer Jäger geworden war, verstand keiner. Weil er sich absonderte und kein Weib anrührte, hieß es, er sei verliebt in die Baronin. Wie es aber in Wahrheit um ihn stand, wußte keiner, kaum wohl er selbst, aber die Baronin wußte es.

Und sie allein! Sie hatte erraten, hatte es erfühlt, mit ihren aufgelockerten Sinnen, mit ihrer Seele, die war wie frisch gebrochene Ackerkrume. Von ihr kann gesagt werden, daß der Gott sie angerührt hat, daß sie alle erkannte, die in seiner Gefolgschaft hintaumeln, Mann, Weib, Halbkreatur und Tier. War es Wahnsinn, daß sie sich dem Geschlagenen verbunden fühlte, so war es ein heiliger Wahnsinn. Und wenn ich mir die zarte Frau vergegenwärtige, deren Füße fast über der Erde schwebten, das hingegebene Antlitz, das kein unedler Hauch getrübt hat, in dem jede Fiber von Liebe sprach, nichts als Liebe, das köstlichste und reinste kristallene Gefäß, wie sie sich nicht mit Abscheu von dem gequälten Satyr wendete, der seine unverstandene Pein in Flüchen und Drohungen aus sich hinausheulte, ja wie sie sich niederbeugte zu ihm nicht aus Mitleid, sondern fühlend, daß sie eins und einig waren vor dem Gott, dem sie dienten, dann spüre ich das Ewige hinter der Verwirrung und den reinen Strahl, der die Haut der Pfütze färbig macht.

Freilich schreckte sie der Anhauch der ungebändigten Rohheit. Er schreckte sie so sehr, daß er ihr Gewissen umdüsterte. Sie wollte sich reinigen durch ein verdienstvolles Werk. Da tat sie ein Gelübde: wenn Gott ihr den Gatten im Feld bewahre, wollte sie den schwarzen Robas zu einem ordentlichen Menschen machen.

Güte und Vertrauen hielt sie für die ersprießlichsten Mittel und sie hat dafür den Tod erlitten, so daß sie anderen Sinnes nicht werden konnte. Als ihr Gatte in die Sternennacht hinausgeschritten war, stand sie eine Weile auf der Schwelle und schaute ihm nach. Dann begab sie sich in ihre Kammer zurück, las, betete, wenigstens lag ihr Gebetbuch aufgeschlagen auf dem Tisch, schrieb auch einen Brief. Als der Morgen heraufdämmerte, verlöschte sie die Lampe und wartete auf die Sonne. Denn der Stuhl war zum Ostfenster gerückt, da mag sie träumend gesessen sein. Die Sonne hat sie wohl noch einmal über dem zackigen Kamin heraufkommen sehen, denn der Tumult unten in der Jägerstube brach erst um sieben Uhr aus. Die Balken und Bohlen dröhnten dumpf, sie stand auf, nahm ein weißes gehäkeltes Wolltuch vom Nagel in der Tür, öffnete diese, und ich fühl's, wie sie einen Augenblick gelauscht hat. Sie hört, welche Verdächtigungen die Jäger einander in die Zähne werfen, einer dem anderen, sie fröstelt, sie überwindet den Schauder, sie blickt noch einmal nach dem Gebetbuch, das in der Sonne glänzt, sie eilt die Stiegen hinunter, sie tritt in die Gesindestube und steht auf der Schwelle, starr. Die Männer sind ineinander verhakt und verbissen, daß die Glieder wie an einem einzigen Leibe zucken, und das Röcheln ist wie eines einzigen Mannes Röcheln. ‚Ihr Menschen! Ihr Menschen! Robas! Robas!‘, ruft sie laut, noch dringt ihre Stimme durch den Qualm in diesen verlorenen Seelen, sie ermatten, sie lassen voneinander ab, sie stehen da, stieren wild vor sich hin, rücken an den zerfetzten Hemden, ihre Gesichter sind blutig, die Augäpfel blutig, die Adern laufen wie zuckende Schlangen am Hals und an den Fäusten hin, die Haut ist aufgeschwollen, glasig, das Haar stachelig und naß, als hätte der Teufel ihre kochenden Leiber am Schopf aus dem Sud der Verdammten gezogen. Der weiße Robas findet zuerst die Sprache. ‚Mich leidet's nicht mehr dahier!‘, würgt er heraus. – ‚Ich geh. Dir wird's vergolten! Ich geh'!‘ – ‚Der lügt!‘, schreit der andere wie von Sinnen. – ‚Da heißt's immer: Ich geh! Und dann hockt er um so fester. Meinst du, ich geh dir auf den Leim wie der Doktor, der dich wegen des Armschusses heimgeschickt hat? Weiß denn ich nicht, was dich daher zieht? Du gehst? Eher krepierst du auf der Bettstatt, du –‘, er heulte ein fürchterliches Schimpfwort, die Baronin verstand es nicht, wohl aber schrillte ihr die Antwort in den Ohren. ‚Giftmischer!‘, kreischte der andere und taumelt zur Tür. ‚Dich zeig' ich an, Giftmischer!‘ Die Baronin versperrt ihm den Weg. ‚Was tust du!‘, ruft sie. Er starrt ihr in das todblasse Gesicht, er deutet auf den Tisch, wo der dampfende Kaffeehäfen steht, und keucht: ‚Er will mich vergiften. Da drin ist Gift!‘ Im Augenblick fand sie ihre Fassung wieder, ja sie lächelte, sie berührte ihn mit der Hand, sie schüttelte den

Kopf. ‚Robas', sagte sie mit einer leisen, sanften Stimme, ‚erinnere dich doch, jetzt ist es ein Jahr, da hab ich dich im Wald gefunden, im Reisig verkrochen, weiß wie ein Kind, dem graust. ‚Pst', hast du gemacht, ‚pst, Euer Gnaden. Treten Euer Gnaden zurück, dort drüben in den Haseln lauert einer mit einer Flinte.' ‚Warum lauert er denn?', frag ich, ‚du schluckst, du wisperst: ‚Auf mich lauert er. – ‚Wer denn? Ein Wilderer?' – ‚Nein, der Schwarze. Treten Euer Gnaden weg in Gottes Namen, der schießt, er ist völlig toll geworden. Ich hab dir nicht geglaubt, und du hast mir nicht geglaubt, und indessen macht's einen Schrei und unten im Tal geht der Herr vorüber mit dem schwarzen Robas und grüßt mit dem Hut! Da hast du dich geschämt und hast gelobt, den Verdacht von dir zu tun, und zum zweitenmal damals, beim Fuchspassen, hast du mir's selber einbekannt, daß der unheimliche Mondschatten, der hinter dir auf der Blockwand heraufgekrochen ist, nicht der schwarze Robas war. Tut doch nicht so übel aneinander, Leute! Und du, wie stehst denn du dort und schaust mich so an?' Sie tat einen Schritt gegen den anderen, nun lächelte sie schon fast schalkhaft trotz ihrer Blässe. ‚Dich kenn' ich doch, Robas!', sagte sie, ‚mit dir hab ich schon soviel zu schaffen gehabt wie eine Mutter mit einem bösen Kind. Ich seh dir's an, daß es dich reut. Es hat dich immer gereut und es hat dich soviel bittere Pein gekostet. Mensch! Warum tust du dir selber so weh?' Sie faltet die Hände und drückt sie inbrünstig an ihr Herz. Eine heilige Begeisterung färbt ihre Wangen, sie erscheint größer an Gestalt, sie erhebt die Rechte und schlägt mit äußerster Kraft das Zeichen des Kreuzes. ‚Im Namen der Opfer', ruft sie, ‚die Tag und Nacht Unsägliches leiden, verlange ich von euch, daß ihr einander die Hände reicht und euch versöhnt. Tretet her und sprecht: Ich will ablassen von meinem Haß, so wahr mir Gott helfe, jetzt und in der Stunde meines Absterbens, Amen!'

Schwerfällig treten die Männer näher, die Macht des liebenden Herzens schwebt einen Augenblick über ihnen, wie die Verheißung des Paradieses. Da fällt der Blick des weißen Robas auf den Häfen, aus dem noch immer Dampf aufsteigt. Er stutzt: verfärbt sich; hebt die Hand; fährt an die Gurgel; schielt den anderen an, der mit geducktem Nacken zu ihm hinüberschielt. Das Gesicht des schwarzen Robas war schrecklich anzusehen, Wut, höllische Leiden, unbegriffene Marter, Gier, Entsetzen, abergläubische Furcht und Zerknirschung hatten es in wenigen Minuten ausgeweidet, zerhöhlt, zu Asche gebrannt, aus der nur die Augen glimmen, dem Weißen steigt ein Grauen auf – er weicht zurück vor der wunderlich zitternden gekrümmten Hand des Schwarzen, blickt wieder nach dem Häfen, die Baronin fängt den Blick auf, sie begreift, schon ist sie am Tisch, nimmt das Gefäß, ruft: ‚Du Kleingläubiger!', und leert es bis auf den Grund.

Das Unwiderrufliche hat seine Stille sekundenlang um sich. Aber dann brach ein Geheul aus und der schwarze Robas krümmte sich auf den Knien vor der Baronin. Er rutschte herum wie ein Besessener, schlug sich die nackte Brust, zerkrallte sein Gesicht. Da wußte sie, daß sie verloren war. Der andere schrie nicht, er starrte sie nur immer an, daß ihm die Augen schier aus den Höhlen traten und lallte: ‚Es wird doch nicht wahr gewesen sein? Es wird doch nicht wahr gewesen sein?' Nichts anderes brachte er hervor. Die Frau ist dagestanden wie ein Bild. Nur einmal hat sie markerschütternd ausgeschrien: ‚Wann wird mein Mann kommen! Ich will noch leben, wenn mein Mann kommt!' Und da war es auch, daß sie den weißen Robas aufjagte und ihm zurief: ‚Lauf doch! Lauf um den Doktor!' Dabei hat sie die Hände gerungen und die Krämpfe haben angefangen. Der weiße Robas ist gelaufen wie ein Narr. Die Frau ist am Tisch zusammengebrochen und der Mörder ist flach auf dem Boden zu ihr gekrochen und hat in ihren Rocksaum hineingebissen aus Verzweiflung. Gesprochen hat sie noch dies: ‚Gott hat mein Gelübde nicht angenommen und der da ist ein Mörder. Ach Gott! Ach Gott!', rief sie dann, ‚wie kann ich dich so verkennen! Du nimmst mich selber zum Zeichen, daß mein Liebster um so sicherer gerettet wird.'

In diesem Glauben ist sie, ehe der Gatte, ehe der Arzt kam, gestorben. Darum war auch das selige Lächeln auf ihrem Totenantlitz, wie viele bezeugt haben."

Johann Sonnleitner

Begreifen und unterscheiden

Zu Marta Karlweis' Erzählungen

Wie viele österreichische Schriftstellerinnen der Zwischenkriegszeit ist Marta Karlweis heute völlig vergessen, obwohl sie sich zu Lebzeiten weit über die Landesgrenzen hinaus einer großen Bekanntheit erfreute. So publizierte sie die meisten ihrer Bücher zwischen 1919 und 1931 in dem angesehenen Verlag S. Fischer. Mehrere ihrer Romane waren als Vorabdrucke[1] in der *Neuen Freien Presse* zu lesen. Sie war mit Hugo von Hofmannsthal und Arthur Schnitzler bekannt, der trotz seiner abgrundtiefen Antipathie gegen die zweite Frau seines Freundes Jakob Wassermann deren Buch *Eine Frau reist durch Amerika* lobend erwähnt und auch – leider kommentarlos – die Fortsetzung der Lektüre des Romans *Ein österreichischen Don Juan* in seinem Tagebuch vermerkt.[2] Thomas Mann, den Marta Karlweis vor allem in Küsnacht bei Zürich immer wieder besuchte, hat zu ihrer Biographie über Jakob Wassermann ein lobendes Vorwort beigesteuert.[3] Ab den späten zwanziger Jahren sind die Kritiken über Karlweis durchgehend positiv und zuweilen geradezu enthusiastisch.

Der Beginn der Naziherrschaft bedeutet für ihre literarische Karriere einen irreparablen Einschnitt. Nach 1933 erscheint noch – als letztes Buch der 45jährigen

Schrifstellerin – die Wassermann-Biografie im Amsterdamer Querido-Verlag. Für schweizerische und österreichische Zeitungen und Zeitschriften verfasst sie fallweise Beiträge. Ihr völliges Verschwinden aus dem literarischen Leben muss man vor allem der nazistischen Kulturpolitik anlasten. Aber auch die österreichische Nachkriegsöffentlichkeit und Germanistik manifestierten dezidiertes und aus heutiger Sicht beschämendes Desinteresse an der Literatur der Vertriebenen.[4] Diese Defizite zu beklagen, führt allerdings nicht weiter, sondern nur der Versuch, diese qualitativ bemerkenswerten Texte der heutigen Leserschaft wieder anzubieten. Dieses ambitionierte Ziel verfolgt der Wiener Verlag *Das vergessene Buch*, der in den letzten Jahren drei Romane von Marta Karlweis neu herausgebracht hat, nämlich *Ein österreichischer Don Juan* (2015), *Schwindel* (2017) und *Das Gastmahl auf Dubrowitza* (2017). Das mediale Echo auf diese Neuausgaben übertraf alle Erwartungen, und damit steht der großflächigen Wiederentdeckung dieser vielseitigen Schriftstellerin der österreichischen Zwischenkriegszeit nun nichts mehr im Weg.

Insgesamt kann man festhalten, daß die Karrieren schreibender Frauen in der österreichischen Zwischenkriegszeit, nach einer doch beträchtlichen Bekanntheit, die zum Beispiel Maria Lazar, Berta Helene Diener, Else Feldmann, Veza Canetti, Maria Leitner und Anna Gmeyner einst hatten – um nur einige zu nennen – einen ähnlichen Verlauf aufweisen. Sie verschwinden in der Zeit des Dritten Reiches völlig von der Bildfläche, aus ideologischen und/oder aus rassischen Gründen werden ihre Bücher verbrannt, aus den Buchhandlungen und öffentlichen Büchereien entfernt. Lediglich Hermynia Zur Mühlens Werk, 2019 in der Reihe *Bibliothek Stiftung Wüstenrot. Autorinnen des 20. Jahrhunderts* von Ulrich Weinzierl in vier Bänden vorzüglich kommentiert, ist in einer angemessenen Edition greifbar.

Bemerkenswert scheint auch der Umstand, daß die Universitätsbibliothek Wien nur über zwei der acht Bücher von Karlweis verfügt, ebenso lückenhaft sind die Bestände der Österreichischen National- und der Wienbibliothek. Auch die Sekundärliteratur ist nicht gerade umfangreich und bietet zum Teil widersprüchliche und lückenhafte Informationen. Sehr knapp fällt der Eintrag im *Lexikon deutschsprachiger Schriftstellerinnen im Exil* aus.[5] Neben zwei Grazer Diplomarbeiten gibt es nur wenige Aufsätze zu Marta Karlweis, aber immerhin widmet sich die amerikanische Dissertation von Sarah Sabine Painitz[6] Mela Hartwig, Veza Canetti und Marta Karlweis, und Brigitte Spreitzer befasst sich ausführlich mit dieser Autorin in ihrem Buch *Texturen.*[7] Eine neuere anglistische Arbeit über jüdische Exilanten in Kanada[8] referiert u. a. ausführlich die Biografie Charles Wassermanns; der Name Karlweis fehlt aber im Personenregister, obwohl zwei ihrer Texte angeführt werden, nämlich das Geleitwort zum Gedichtband von Anton Frisch *Steine aus Kanada*[9], das Karlweis im Jänner 1952 in Ottawa verfasst, und ihren psychoanalytischen Aufsatz *Zur Frage der Postpartum Neurose*[10], der 1957 in der renommierten Fachzeitschrift *Psyche* erscheint. Ebensowenig Berücksichtigung findet sie im umfangreichen Beitrag Karin Gürttlers über die *Exilschriftsteller in Kanada*, dem wir allerdings wiederum profunde Auskünfte über

Charles Wassermann verdanken.[11] In wenigen Literaturgeschichten findet sich hin und wieder eine nichtssagende Zeile über Karlweis.[12]

Die Dokumentationsstelle für neuere österreichische Literatur bietet zwar Zeitungsausschnitte zu Jakob Wassermann und seinem Sohn Charles, aber keine zu seiner Frau Marta Karlweis. Auch in Killys Literatur- und in Czeikes Wien-Lexikon[13] vermisst man einen Eintrag zu dieser einst so angesehenen Erzählerin der Ersten Republik, die neben Mela Hartwig und Maria Lazar auf der 1930 veröffentlichten Liste *Leset österreichische Dichter!* im *Anzeiger für den Buch-, Kunst- und Musikalienhandel* aufscheint.[14]

Um nur ein Beispiel für die vielen überschwänglich gehaltenen Besprechungen der Werke Karlweis' herauszugreifen: Rudolf Jeremias Kreutz zeigt sich in seiner Rezension des Romans *Ein österreichischer Don Juan* tief beeindruckt von der Könnerschaft und stilistischen Brillanz seiner Schriftstellerkollegin: „Ihr eigenwilliger, sorgsam durchdachter Stil ist unverwechselbar, die Einprägsamkeit ihrer Bilder, Vergleiche, Charakteristiken oft außerordentlich. Die mitleidlose, von Ironie funkelnde Stichhältigkeit ihrer Schlüsse, die fröhliche Grausamkeit ihrer Menschenbeobachtung und -darstellung bezaubert, just weil sie unseren, etwa ein wenig wohlwollenderen guten Glauben gründlich zu widerlegen weiß. Ihre Begriffsformungen gehen den abgegriffenen Banalitäten des Konventionellen weit aus dem Wege, ohne darum verquält oder in fatalem Sinne geistreich zu sein."[15]

***

Marta Karlweis wurde am 27. April 1889 in Wien als Tochter des überaus erfolgreichen Bühnenschriftstellers und Erzählers Carl Karlweis (1850–1901) geboren, der eine beachtliche Karriere im Verwaltungsdienst der Südbahn machte. Wenige Tage vor der Geburt seiner Tochter war er mit seiner Frau Emilie vom jüdischen Glauben zum Protestantismus konvertiert.[16] Martas jüngerer und einziger Bruder Oskar (1894–1956) erlangte als Theater- und Filmschauspieler große Berühmtheit im deutschen Sprachraum und nach 1938 im amerikanischen Exil.

Mit zwölf Jahren (1901) verlieren die Geschwister ihren Vater. Karlweis besucht daraufhin das Mädchenlyzeum der Genia Schwarzwald[16], deren pädagogische Qualitäten sie in einem Artikel in der *Neuen Freien Presse* zum 25jährigen Bestehen der Schule festhält und sich dabei an ihre Einschulung erinnert: „Die blühende junge Frau, der ich, ein mageres Kind im Trauerkleid, zur Einschreibung vorgestellt wurde, fragte mich halb im Scherz, was ich so recht eigentlich mit dem Studium wolle? ‚Begreifen und unterscheiden!' antwortete ich schnell."[17] In dem Text macht sie auch deutlich, wie nachhaltig sie in ihrem weiteren Leben und in ihrem Schreiben von dieser außergewöhnlichen Lehrerin und deren Lyzeum geprägt worden ist.

Nach der Matura muss sie ihren Vormund, „der schon in meiner Kindheit die Stelle des verstorbenen, erleuchteteren Vaters vertrat", um die Erlaubnis bitten, ein Studium an der Universität Wien beginnen zu dürfen.

Diese Einwilligung erlangt sie erst „durch beharrliches Kämpfen und gewichtigen Zuspruch dritter Personen", „obwohl zu dieser Zeit gar nichts Revolutionäres mehr daran haftete, sondern ich fühle mich keinem Glücksumstand in meinem Leben gründlicher verpflichtet als eben diesem, dass jene Umstimmung gelang und ich vor dem gröbsten Dilettantismus wenigstens in dieser Hinsicht bewahrt blieb."[18]

Das kaum begonnene Studium der Psychologie bricht sie nach der 1907 geschlossenen Ehe mit dem Industriellen Walter Stross (1883-1946), der im westböhmischen Liebauthal (Libavske Udoli) eine Textilfabrik leitet, wieder ab. Die Familie Stross ist mit Arthur Schnitzler bekannt.[19] Nach der Geburt der zwei Töchter Bianka (1908) und Emmy (1910) tritt sie 1912 mit der viel beachteten Erzählung *Der Zauberlehrling* in den *Süddeutschen Monatsheften* (Mai und Juni 1912) hervor, die das Wienerische künstlerische Milieu zwischen Boheme und Großbürgertum, zwischen Café Central und einer noblen Innenstadtwohnung mit Garten schildert und 1913 als Buch erscheint.[20] Ein angehender Schriftsteller reflektiert am Ende seine schuldhaften erotischen Verstrickungen mit zwei Schwestern durch ein Anti-Märchen, das er der versammelten Abendgesellschaft vortragen muss. Mit dieser Erzählung markiert Karlweis auch ihre kritische Distanz zur künstlerischen Avantgarde der Vorkriegszeit, der sie sich aber retrospektiv zugehörig fühlte: „Wir bildeten, befreundet und verschwägert, eine Gruppe. Fraglos verbunden waren wir untereinander durch Musik, auch die weniger musikalischen unter uns. In künstlerischen Dingen gehörten wir natürlich zur Avantgarde, aber wir waren österreichisch genug, um nie ganz aus den Fugen zu geraten. Politische Färbung gab es in diesem Augenblick des Krieges kaum, es gab nur den Krieg."[21]

Im selben Jahr, am 17. Oktober 1913, wird am Münchner Residenztheater ihre Konversationskomödie *Der Herrenmensch* aufgeführt, worüber die Wiener Zeitschrift *Der Humorist* durchaus freundlich berichtet: „Das Königliche Residenztheater ließ eine Wiener Dichterin debütieren. Marta Karlweis hat einen literarisch schon wohlakkreditierten Namen geerbt. Ihr künstlerischer Ehrgeiz jedoch geht über das väterliche Volksstück hinaus zum psychologisierenden Lustspiel. Die Komödie *Der Herrenmensch* schildert eine Ehe mit Trübungen, die sich am Ende verflüchtigen. Hermann Bahr hat im *Konzert* ähnliche Motive bearbeitet. Frl. Karlweis versäumt einstweilen noch, ‚recht viel geschehen zu lassen', und begnügt sich mit fein ziselierter Rede. [...] Die Milieuzeichnung ist einstweilen auch das Beste an dem Können der Lustspieldichterin, die Gelegenheit hatte, persönlich für den freundlichen Beifall zu danken."[22]

Ewas kritischer läßt sich *Das literarische Echo* vernehmen, das den üppigen Zitatenschatz der jungen Autorin ausbreitet: „Es ist gewiß schön und gut, wenn eine Dame in der neuesten Literatur Bescheid weiß. In einem schöngeistigen Salon wird sie sogar Aufsehen erregen, wenn sie mit Aphorismen von Friedrich Nietzsche, Bosheiten von Hermann Bahr, Lebensregeln von Arthur Schnitzler und Wortspielen von Peter Altenberg um sich wirft. Aber wenn sie sich dann später hinsetzt und das alles niederschreibt und jeden Spruch einer andern Person in den Mund legt, so wird noch lange keine Komödie daraus. Das hätte sich Maria Karlweis sagen müssen, als sie ihren *Herrenmensch* zusammenstoppelte. ‚Allerlei Lesefrüchte über Liebe und Ehe' wäre ein besserer Titel gewesen. An das Volksstück des Vaters gemahnen nur die Kniehosen, die der Professor Matthias Innerebner anhat, und allenfalls noch die von ihm zur Schau getragene Natürlichkeit, die alles im Leben so furchtbar einfach findet. So z. B. auch, wenn sich ein verheirateter Mann wie er während der Auerhahnbalz alle Nacht mit einem achtzehnjährigen Mädchen – wohlgemerkt: der Tochter einer Hofrätin! – im Gebirgswald herumtreibt und sie nach allen Regeln der Kunst oder, mit ihm zu reden, der Natur abbusselt. Natürlich denken sich die bösen Leute, und zwar nicht nur seine Frau und seine Verwandten und Bekannten auf der Bühne, sondern auch die Zuschauer im Parkett das Schlimmste dabei, und die geduldige Frau Professor, die diesem Herrenmenschen den Spaß nicht verderben möchte, will sich scheiden lassen. Aber da stellt sich denn im dritten Akt zu aller Beschämung (auch der Zuschauer im Parkett schämt sich – für die Dichterin) heraus, daß alles nur ein platonischer Flirt war. Blutenden Herzens schickt der moralische Übermensch sein Mädel, nachdem er es noch einmal abgebusselt, nach Haus und bleibt bei seiner braven Frau, zumal sie seine Geschäfte – er ist Architekt – so gut besorgt."[23]

Während des Ersten Weltkriegs scheint der Name Marta Karlweis-Stross immer wieder bei Wohltätigkeitsveranstaltungen auf, die vor allem vom Wiener Adel und Großbürgertum organisiert werden. 1915 lernt sie im Haus ihrer Schwägerin Emmy Wellesz den damals erfolgreichen jüdischen Schriftsteller Jakob Wassermann kennen, der mit Julie Speyer-Wassermann nicht gerade glücklich verheiratet ist, und geht mit ihm bald eine Beziehung ein. Während Marta Karlweis mit Stross rasch eine einvernehmliche Scheidung erreicht, zieht sich der Rosenkrieg Wassermanns fast ein Jahrzehnt hin.[24] Julie Speyer deckt ihren geschiedenen Mann bis zu seinem Lebensende mit Prozessen ein, der ihr die von Oskar Strnad errichtete Döblinger Villa überlassen muss. Wassermann war schon 1919 mit Karlweis nach Altaussee übersiedelt, wo die beiden eine stattliche Villa beziehen, die einstmals im Besitz von Leopold von Andrian war.[25]

1924 kommt Carl Ulrich, der gemeinsame Sohn von Karlweis und Wassermann zur Welt. Die Scheidung Wassermanns und seine Wiederverheiratung können aber erst 1926 erfolgen. Eine boshafte Bemerkung zu dieser Ehe findet sich in Pierre Bertaux' Tagebüchern, der am 20. Dezember 1927 das Ehepaar Wassermann-Karlweis in Berlin kennenlernt: „Mit Jakob Wassermann gespeist. Er wirkt sehr müde. Das Zusammenleben mit Martha [!] Ex-Karlweis, einem Wirbelwind im Unterrock, muß anstrengend sein."[26]

Der mit Wassermann befreundete Arthur Schnitzler wird immer wieder von Julie Speyer um Hilfe gebeten: „Julie W[assermann] fragt mich und O[lga] um ‚Rath'. Ihre Nachsicht bisher. Aber Martha hasst sie. Sie will nach der Schweiz mit den Kindern. Rücksichtslosigkeit Jakobs, der Martha überall aufoctroyirt. Ihre Streberei, innere Kälte. Bemerkungen der Kinder, der Dienstboten. ‚Was würde mir geschehn, wenn ich sie todtschösse?'

Wir sollen mit Jakob reden. [...] Dabei liebt sie ihn wie früher, aber was jetzt von ihr verlangt wird, kann sie nicht ertragen. Auch dass Marthas Mann so völlig einverstanden, sei nicht wahr – trotz seiner eignen Wege – Unreinliche Geschichten."[27]

Schnitzler mahnt immer wieder zur Rücksichtnahme auf die verlassene Julie und ist auf Karlweis nicht gut sprechen – er bezeichnet sie als „begabtes, künstliches, unwahres hartes Geschöpf"[28], ihn irritiert „ihr socialer Ehrgeiz".[29] Nichtsdestotrotz legt sie ihm immer wieder eigene Texte vor, die er abschätzig als „eine (nicht unbegabte) Äfferei nach Jakob"[30] bezeichnet. Ende August 1916 findet sich der Eintrag: Marta Karlweis „hat erfahren dass wir den Demeter lasen etc. Ich verschweige ihr mein Urtheil nicht. Sie erzählt mir ihre literar. Entwickelung."[31] Wiederum mit negativen Formulierungen bedenkt er ihren historischen Roman *Das Gastmahl auf Drubrowitza*: „[...] ihre Äfferei geht ins geniale; ein Simili Wassermann stellenweise von täuschendem Glanz."[32] Im Herbst 1926 scheint es in seinem Tagebuch zu einer Konfusion zu kommen, denn nach einem Besuch bei den Wassermanns erwähnt er den Abdruck von Marta Karlweis' Roman *Das Kind* im *Neuen Wiener Tagblatt*, der in Flammenschrift auf dem First des Dianabads beworben würde. Im fraglichen Zeitraum findet sich in dieser Zeitung aber lediglich der Fortsetzungsroman seiner Freundin Klara Katharina Pollaczek *Das Kind der Liebe*.[33]

Es ist wohl nicht von der Hand zu weisen, dass die Beziehungen Karlweis – Wassermann – Speyer Schnitzler gegen die erstere eingenommen haben und ihm im Laufe der Zeit auch Zweifel an seinen Einschätzungen gekommen sind, die durch den infamen Schlüsselroman Julie Speyers massiv verstärkt wurden. Ein Jahr nach ihrer Scheidung erscheint Speyers Roman *Das lebendige Herz*[34], der im *Börsenblatt des deutschen Buchhandels* reißerisch beworben wird. Eine Alice Berend spricht von „einem erschütternden Beitrag zur Geschichte der Ehe", Arthur Kahane sieht darin „ein Kunstwerk von ausgesprochen literarischem Wert".[35] Damit verletzt Speyer eben jene Diskretion und Zurückhaltung, die Schnitzler vergeblich von Wassermann und Karlweis gefordert hatte. Speyers Schlüsselroman zielt auf eine systematische Herabwürdigung der Konkurrentin ab, die als berechnend, intrigant und als herzlose „futuristische" Malerin geschildert wird. Speyer fühlte sich überdies in der Figur der Julie Fabiani in Schnitzlers Roman *Therese* porträtiert, er nimmt ihr den „lächerlichen Schlüsselroman" übel und hält sie für eine „pathologische Person".[36] Erst in den späten zwanziger Jahren scheint sich sein Verhältnis zu Karlweis zu entkrampfen. Zu ihrem letzten Roman *Schwindel* findet sich am 10. Mai 1931 bei Schnitzler folgender Eintrag: „Mit Martha [!] über ihren Roman Schwindel, den ich als amüsant erklärt, mich aber nicht ausgekannt habe, vielleicht meine Schuld, wegen Zerstreutheit und Ungeduld (was Jacob sofort acceptirt)."

Die fünfzehn Jahre, die Karlweis mit Wassermann und ihrem gemeinsamen Sohn in dieser ländlichen Idylle verbringt, sind getrübt durch die ständigen Gerichtsprozesse, die Julie Speyer gegen Wassermann anstrengt, der sich in seinem letzten, großteils autobiografischen Schlüsselroman *Joseph Kerkhovens dritte Existenz*, die Qualen dieses langwierige Scheidungsdrama von der Seele schreibt. Marta Karlweis ist unschwer in der Figur der Bettina Herzog zu erkennen, die dem Arzt und Psychotherapeuten Kerkhoven ihr Leid klagt: „[...] wenn man unter der Peitsche lebt, verfolgt von siebenunddreißig Advokaten, jeden Tag die Gerichtsboten im Haus, Prozesse, dass man nicht mehr weiß, wo einem der Kopf steht ... kein Aufatmen, keine Lebenssicherheit keine Hoffnung, dass es je wieder besser wird ..." (181) Auf ihrem Schreibtisch häufen sich „Advokatenbriefe, Gerichtsbriefe, Vorladungen, Exekutionsformulare".[37]

***

Aus den Jahren des Ersten Weltkriegs sind bislang keine Publikationen von Karlweis bekannt. Erst 1919 erscheint bei S. Fischer der 440 Seiten umfassende Roman *Die Insel der Diana*. Diana, die eher die Erziehung eines Knaben genossen hat, heiratet den Sohn ihres Vormundes, einen Aristokraten im diplomatischen Dienst, der sich bald seiner eigenwilligen und spröden Gemahlin entfremdet und mehrere Beziehungen mit Frauen eingeht, die dem Klischee des naturhaft Weiblichen entsprechen. Diana trennt sich von ihrem Mann und unternimmt es, in Form einer weiblichen Robinsonade die Insel der Diana in Istrien, die wegen der Malaria als unbewohnbar gilt, zu kultivieren. Die Ausgabe von Aktien für dieses Unternehmen ermöglicht die entsprechenden kostspieligen Regulierungsarbeiten. Ihr Mann Stefan unternimmt alles, um diese Wertpapiere an sich und damit Diana wieder in seine Abhängigkeit zu bringen. Eine

Aussöhnung scheint sich anzubahnen, aber Diana weigert sich, die Aktien im Besitz ihres Mannes als Geschenk anzunehmen, der sich daraufhin letztendlich das Leben nimmt. Kurz danach bringt Diana das gemeinsame Kind zur Welt.

Der Roman verlangt nach einer radikalen Revision männlicher Imaginationen des Weiblichen[38] und hat deshalb nicht nur Zustimmung gefunden, sondern auch für Irritationen gesorgt. Richard Beer-Hofmann liest seinem Freund Schnitzler daraus „ungeheuerliche Stellen" vor, der nach der Lektüre seine Indignation festhält: „Was für eine scheußliche Sache kann Talent sein, wenn es auf dem Boden von Snobismus, Äfferei und Streberei wuchert."[39]

Unvoreingenommener äußern sich die zahlreichen Rezensenten. Ernst Groth etwa lobt im *Neuen Wiener Tagblatt* „das Fehlen jeder weichen Sentimentalität, jeder wohlfeilen Glückseligkeit".[40] Aus Willi Handls Sammelrezension über *Österreichische Erzähler* seien nur einige pointierte Formulierungen zu Karlweis herausgegriffen: „[Es] wimmelt von Figuren, Belichtungen, Eigenheiten, Zügen, Strichen und Stichen. Manchmal erinnert es schon an feine weibliche Handarbeit. Im ganzen hat es doch den großen Zug, der nur aus dem großen Erlebnis kommt."[41] Im *literarischen Echo* hat ein Heinz Michaelis eine Menge Einwände vorzubringen, um dann doch mit einer positiven Wendung zu schließen: „Es ist eins von jenen Büchern, die einen kühlen Glanz spenden, ohne zu wärmen. Es weist nicht in die Zukunft, sondern wurzelt in einer künstlerischen Vergangenheit, die gespenstisch in unsere Gegenwart hinüberlugt. Aber immerhin bleibt die Bewunderung bestehen für eine erstaunliche artistische Leistung."[42]

Dieselbe kritische Anerkennung erfährt Karlweis' 1921 ebenfalls bei S. Fischer erschienener, historischer Roman *Das Gastmahl auf Dubrowitza*, den sie auch dem auf expressionistische Literatur spezialisierten Leipziger Verleger Kurt Wolff angeboten hatte.[43]

Die wenigen auffindbaren zeitgenössischen Rezensionen, die meist etwas knapp ausfallen, sind voll des Lobes. Das liberale *Neue Wiener Tagblatt* hält den historischen Roman für „eine große Überraschung, und zwar eine der erfreulichsten Art. Mit männlicher Kraft und Kühnheit ist hier die Fahrt der großen Katharina nach der Krim geschildert; ein Gemälde von riesigen Dimensionen und von unerhörter Kraft der Farbe rollt vor dem Leser ab. Asiatischer Prunk, von dem despotischen Günstling Potemkin in die russische Steppe gestellt, ein Siegeszug vergoldeter Barbarei, und hinter diesem Zug ein furchtbares Massenelend, der Hungertod von Tausenden. An Jakob Wassermann muß man denken und seine Schilderung des Zuges nach Babylon. [...] Es ist ganz merkwürdig, wie sehr es der Verfasserin gelungen ist, sich in die Zeit der großen Katharina einzuleben, und wie sie es versteht, diese Zeit auch vor unseren Augen lebendig werden zu lassen. Es ist wirklich, als ob das Russland von damals neu erstünde und unserem Empfinden näher rückte. Dazu kommt eine Sprache von großer Wucht und Eindringlichkeit und Fülle. Mit diesem Buche tritt die Dichterin – man darf sie ruhig als solche bezeichnen – in die allererste Reihe deutschen Schrifttums. A."[44]

Trotz der historischen Unschärfen, die dem damaligen unzureichenden Kenntnisstand geschuldet sind, verdient dieser Roman Beachtung. Er ist insofern singulär, als er auf die großen Figuren, auf die Männer, die Geschichte machen, völlig verzichtet. Vor allem die antidemokratisch gesinnte Autorenriege bediente sich des Genres des historischen und biographischen Romans, der nach 1918 das Bedürfnis nach Geschichte einer politisch zutiefst verunsicherten und daher nach Orientierung suchenden Leserschaft befriedigte.

Die kurrenten historischen Romane um Caesar, Hannibal, Napoleon und seinem preußischen Kontrahenten, dem Reichsfreiherr von Stein, Bismarck u. a. sind gekennzeichnet von einer Dramatisierung und Personalisierung der Geschichte mit einfachen Lösungsangeboten. Die bürgerlichen Deklassierungs- und Ohnmachtserfahrungen konnten durch die Identfikation mit den überragenden Helden zumindest scheinbar kompensiert werden.

Der Roman beeindruckt gerade in den apokalyptisch anmutenden Sequenzen des Verfalls, des Niedergangs, des tausendfachen Todes, der verwesenden Kreatur auf den Straßen durch eine einmalige sprachliche Meisterschaft, die eine bedrückende, fast fieberhaft anmutende Intensität erreicht. Man fühlt sich an die Schreckensbilder eines Hieronymus Bosch erinnert. Auf geradezu schockhafte Weise lässt der Text die sozialen Gegensätze im aufstrebenden Zarenreich aufeinander prallen. Auf der einen Seite das massenhafte, abgrundtiefe Elend, auf der anderen die üppigste Verschwendung und zynische Vergeudung der Resourcen durch die Herrschenden.

Aber in dieser krassen Kontrastierung sozialer Verhältnisse geht der Text nicht auf.

1922 erscheint ihre Übersetzung von Maurice Renards phantastischem Roman *Die Blaue Gefahr* im Münchner Drei Masken Verlag, der dann auch in der *Arbeiter-Zeitung* ab Februar 1923 abgedruckt und in die *Phantastische Bibliothek* des Suhrkamp-Verlages aufgenommen wird.

Aufgrund von Schwierigkeiten und Belastungen privater Natur – das langwierige Scheidungsverfahren Wassermanns, der Umzug nach Altaussee, die Geburt des Sohnes Carl Ulrich (1924–1978)[45], die Heirat mit Wassermann – erscheinen erst nach sieben Jahren wieder zwei Bücher von Karlweis, nämlich *Eine Frau reist durch Amerika*[46] und der Roman *Amor und Psyche auf Reisen*.[47] Beide Texte werden mit einem Begleitwort Jakob Wassermanns versehen, mit dem sie 1927 eine ausgedehnte Reise in die USA unternommen hatte. Während die Kritik den ausgeklügelt konstruierten Künstlerroman, der noch heute in zahlreichen Antiquariaten erhältlich ist, eher reserviert aufnimmt, wird ihr Reisebericht über Amerika durchgehend gelobt. Aufgrund seiner literarischen Form hebe er sich von den gängigen neusachlichen Reportagen wohltuend ab, so Oskar Loerke.[48]

Von dem 1929 im Leipziger Grethlein-Verlag erschienenen Roman *Ein österreichischer Don Juan* bringt der New Yorker Verlag Ives Washburn ein Jahr darauf eine amerikanische Übersetzung heraus. Dieser Roman zielt auf die gnadenlose Entzauberung der Monarchie und die Rekonstruktion der tiefer liegenden Ursachen ihrer Auflösung ab. Er dekuvriert damit die moralische Doppelbödigkeit der herrschenden Schichten der ausgehenden Habsburgermonarchie. Der wohlhabende Wiener Baron Erwein von Raidt ist ein Frauenheld, wie er im Buche steht. Sein Verhältnis mit der schönen Witwe Löwenstein lässt er schnell fallen, als er ihrer bezaubernden 21jährigen Tochter Cecile begegnet. Nachdem diese schwanger wird, bricht er auf der Stelle den Kontakt zu ihr ab. Um das Dekorum zu wahren, verkuppelt er sie mit einem nichtsahnenden Industriellen. Als Cecile den wahren Charakter Erweins endlich durchschaut, ist sie bereits unheilbar krank. Für den einstigen skrupellosen Frauenhelden und Bonvivant vergehen die Jahre weiter mit Liebesabenteuern, Verführungen und Eroberungen, bis ihn schließlich seine letzte Geliebte zu ihrem hörigen Sklaven macht.[49]

1930 gelangt *Schwindel. Die Geschichte einer Realität*, der 1931 bei S. Fischer als Buch herauskommt, zum Abdruck in der *Neuen Freien Presse*. Der Romantitel ist mehrdeutig in dem Sinn, dass er sich vordergründig auf den Kauf einer wertlosen Immobilie als vermeintlich wertvoller und in der Zeit der Inflation sicherer Investition bezieht, die sich aber als windiges Geschäft, als Betrug herausstellt. Andererseits umfasst der Begriff die Lebenspraxis vor allem der Töchter, die die ökonomisch prekären Existenzen und Gefährdungen vor der Großmutter und ihrer Mutter Johanna Schnabel (mit ihren sechs Kindern) verheimlichen und eine bürgerlich intakte Scheinwelt vorgaukeln. Die Aufrechterhaltung dieses Scheins wird wiederum durch Betrügereien erkauft, indem Johannas jüngste Tochter Fritzi, eine Angestellte, über längere Zeit immer wieder kleinere Summen unterschlägt.

Karlweis bietet mit diesem Roman ein desolates Bild der zum Teil selbstverschuldeten ökonomischen Deklassierung des Bürgertums am Ende der Monarchie und in der Ersten Republik. Sie arbeitet mit satirischen und zum Teil grotesken Überzeichnungen, die dem Leser jegliche Anteilnahme an den Figuren versagen. Nichts gebe so sehr das Gefühl der Unendlichkeit als wie die Dummheit. So formuliert Ödön von Horváth sein Motto zu den *Geschichten aus dem Wiener Wald*. Denn die Figuren sind nicht in der Lage, ihre Lebenssituationen rational zu reflektieren, nach Lösungen und Auswegen zu suchen oder sich für den Gang die Politik nur ansatzweise zu interessieren, wie es die fast erblindete Großmutter noch vorgelebt hatte. Der Riss zwischen dem aus einem bürgerlichen Statusdenken resultierenden Ansprüchen und der realen Pauperisierung ist nicht zu kitten; die Verelendung führt nicht etwa zu einer gelebten Solidarität oder zu einem veränderten Klassenbewusstsein, sondern zu Betrug und Schwindel.

Dieser Roman, ebenfalls 2017 im DVB Verlag neu aufgelegt und von der Kritik äußerst wohlwollend aufgenommen, bleibt ihr letztes großes literarisches Werk. In ihrem Geleitwort zu den Gedichten von Toni Frisch reflektiert sie den Verlust der Muttersprache im erzwungenen Exil und macht dadurch auch das eigene literarische Verstummen nachvollziehbar: Das Exil sei mit der Gefahr verbunden, „die geistige Heimat zu verlieren, sich der Muttersprache zu entfremden durch den Zwang, sich ein neues Kultur- und Sprachelement erobern zu müssen, trotz, ja gerade wegen des tröstlichen Zuwachsens einer neuen physischen und geistigen

Heimat. [...] Diejenigen unter uns haben es freilich gut, denen die Sprache nur ein guter oder weniger guter Behelf ist, aber immerhin nicht mehr als ein Mittel, ein Instrument. Für sie trifft die Bezeichnung ‚geistige Heimat', auf die Sprache angewendet, tatsächlich nicht zu. Ein Kaufmann, Ingenieur, Staatsbeamter, ja selbst ein Wissenschaftler oder Lehrer erfüllt seine Aufgabe, wenn er die Tatsachen, die er mitzuteilen hat, in verständlicher Weise an den Mann bringt, völlig unabhängig von den Geheimnissen, vom Rhythmus, Klang und Bildgehalt seiner Worte, so daß es eines intimen innerlichen Verwachsenseins mit der Sprache keineswegs bedarf."[50]

Nach Wassermanns plötzlichem Tod am 1. Jänner 1934 muss sie umgehend ihren Haushalt in Altaussee auflösen und das gemeinsame, mit hohen Schulden belastete Haus, in dem immer wieder Arthur Schnitzler, Hugo von Hofmannsthal, Richard Beer-Hofmann und Leopold von Andrian zu Gast waren, versteigern.[51] Karlweis hatte in den letzten Jahren die antisemitischen Anfeindungen vor allem gegen ihren Mann mit Besorgnis registriert. Bei einer Lesung in München im Frühjahr 1932 war Wassermann mit antisemitischen Protesten konfrontiert worden.

Sie übersiedelt mit ihren beiden Töchtern aus ersten Ehe nach Zürich, während ihr Sohn Carl Ulrich bei seinem Onkel Oskar in Wien bleibt und das akademische Gymnasium besucht. In Zürich nimmt sie ihr Studium der (analytischen) Psychologie, u. a. bei Carl Gustav Jung wieder auf. Für die *Zürcher Weltwoche*, die *Basler National-Zeitung* und die *Pariser Tageszeitung* schreibt sie fallweise Beiträge, unter anderem über Justinus Kerner, Jakob Wassermann und Hermann Hesse.[52]

Zu Ostern 1935 soll Karlweis sich in Wien aufgehalten haben, so Elias Canetti. Er berichtet im dritten Band seiner Autobiographie *Das Augenspiel* über das Begräbnis der neunzehnjährigen Tochter von Alma Mahler-Werfel, Manon Gropius, das seiner Erinnerung zufolge zu einem gesellschaftlichen Großereignis umfunktioniert wurde. In der Nähe der Grabstätte habe sich ebenfalls ein frischer Grabhügel befunden, an dem Marta Karlweis – allzu ostentativ – getrauert habe:

„Es gab aber auch andere, die sich bei dieser Gelegenheit hervortaten, ein wenig abseits zwar, doch immerhin bemerkbar. Für diese war es nicht genug, an der Glorie der schwergeprüften Mutter teilzunehmen, denn es gelang ihnen, mit eigenem, durchaus nicht weniger öffentlichem Schmerz hervorzutreten. Auf einem frischen Grabhügel, erhöht, etwas abseits, aber nicht zu sehr, kniete in inniges Gebet versenkt, Martha, die Witwe Jakob Wassermanns, der vor einem Jahr, beinahe noch auf der Höhe seines Ruhms gestorben war. Sie hatte sich ihren Grabhügel gut ausgesucht, er war von überall einzusehen. Die hageren Hände hielt sie gefaltet, die vor Innigkeit manchmal zuckten, die Augen, streng geschlossen, sahen nichts von der Welt, so gern sie die Wirkung ihrer Abgeschiedenheit vermerkt hätten. Etwas weniger Strenge und man hätte ihnen geglaubt. Das schmale Gesicht sollte in dieser Verfassung innigen Gebetes dem einer abgehärmten Bäuerin gleichen, der Hut, in kluger Voraussicht, war so geformt, daß er an ein Kopftuch gemahnte. Die ganze Veranstaltung war um eine Spur zu nachdrücklich, hätten die Hände seltener gezuckt, die Augen sich hie und da geöffnet, hätte sich das frisch aufgeschaufelte Grab, das ja ein anderes als das des Engels sein mußte, nicht in so offenkundig günstiger Lage befunden, man wäre geneigt gewesen, diese Ergriffenheit für wahr zu halten. Aber der Aufdringlichkeit solcher Umstände mochte man nicht trauen, man fragte sich nicht einmal, wem das Gebet der Martha galt: ihrem Mann, der sich, schwer herzkrank, zu Tode gearbeitet hatte, [...] oder ihrer eigenen Schreiberei: sie hielt sich für besser als ihren Mann und war nach seinem Tod ingrimmig entschlossen, es der Welt zu beweisen."[53]

Dieser medisante Bericht über das spektakuläre Begräbnis am 24. April 1935 auf dem Grinzinger Friedhof wirft doch einige Fragen auf. Ende Jänner hatte sich Karlweis nachweislich in Wien aufgehalten, sie hatte Thomas Mann durch das Kunsthistorische Museum geführt.[54] Jakob Wassermann ist nicht in Wien, sondern in Altaussee begraben. Wann Karlweis' Mutter, Emilie Weiss, 1864 geboren, verstorben ist, konnte nicht eruiert werden, sie wäre außerdem auf dem Matzleinsdorfer protestantischen Friedhof begraben worden. Ebenso abwegig ist die Behauptung, sie wäre nach dem Tod ihres Mannes entschlossen gewesen, der Welt zu beweisen, dass sie ihren verstorbenen Mann als Dichterin übertreffen würde. Im Gegenteil: Sie hat – von der kurzen *Geschichte einer kärntnerischen Baronin* abgesehen – überhaupt keine literarischen Texte mehr veröffentlicht, sondern lediglich die voluminöse Biografie über Jakob Wassermann verfasst.

Ihre Zürcher Zeit ist von häufigen Kontakten mit Thomas Mann geprägt. Er hört am 25. März 1936 ihren Vortrag „vor einem stattlichen Publikum [...] über Hofmannsthal“, den er immerhin als „nicht schlecht“[55] bezeichnet. Am 5. März 1937 berichtet Radio Wien, dass Karlweis in Zürich einen Vortrag über Hermann Hesse halten wird. In die Zürcher Emigrantenszene brachte Karlweis eine spezifisch „österreichische Note“, so Rudolf Jakob Humm über die wenigen Jahre Karlweis’ in Zürich: „In Österreich hatte sie einen ausgezeichneten Roman *Schwindel* geschrieben. In Zürich schrieb sie Wassermanns Biographie, die ich mit ihr zusammen durchging. Und vom ersten Tag an stak sie mit der berühmten Julia, der ersten Gattin Wassermanns [...] in Prozessen, die diese bei uns im Armenrecht führte, nachdem sie schon in Österreich neunzig Anwälte gegen ihren ehemaligen Mann mobilisiert hatte.“[56]

Nachzutragen sind einige Beiträge in österreichischen Zeitungen, die bislang nur partiell bibliographiert sind. Von Belang ist eine Artikelserie in der *Neuen Freien Presse* ab dem 29. Mai 1931 über das Leben, die Ehe und das Werk Adalbert Stifters, von dem ein Brief an Gustav Heckenast im *österreichischen Don Juan* zitiert wird. Weitere Texte zu Stifter aus der Feder Karlweis’ finden sich am 17. Juni 1931 in der *Neuen Freien Presse*, am 20. und 27. Jänner 1935 in der *Wiener Zeitung* über Stifters Tod. Am 14. Juli 1935 erscheint in der *Wiener Zeitung* der lange Artikel *Erinnerung an Hofmannsthal*. Zu Jakob Wassermanns letztem Roman steuert sie ein kurzes Nachwort bei, ohne auf die (auto)biografischen Bezüge einzugehen.[57]

Wegen der zunehmenden Bedrohung Österreichs durch das Dritte Reich und des heimischen Antisemitismus besucht ihr Sohn Carl Ulrich ab Herbst 1935 die Bembridge School auf der Isle of Wight. Er wird 1940 als feindlicher Ausländer interniert und nach Kanada überstellt.[58] Karlweis lehrt ab 1939 an der McGill Universität in Montreal vermutlich Psychologie, sie wendet sich mit Erfolg an den kanadischen Ministerpräsidenten Mackenzie King, um ihren Sohn freizubekommen.[59] Nach dem Krieg betreibt sie in Ottawa eine gutgehende psychoanalytische Praxis. Im Herbst 1965 besucht sie ihre Tochter Bianka, die in der Nähe von Lugano lebt, und verstirbt am 2. November 1965. Sie wird im Tessiner Dorf Muzzano begraben.[60]

Ihr Sohn Carl Ulrich, der sich seit seinem Weggang aus Wien Charles nennt, reist mit seiner Frau Jacqueline nach Ottawa, um den Haushalt seiner Mutter aufzulösen. Die Online-Suche im kanadischen Verbundkatalog nach dem Nachlass der Dichterin fördert keinerlei Ergebnisse zu Tage.

***

Der vorliegende Band versammelt die bislang bekannten Erzählungen und Novellen von Marta Karlweis, wobei nicht auszuschließen ist, dass noch weitere Texte existieren. Das ist allerdings unwahrscheinlich, denn Eckart Früh hatte die Wiener Zeitungen und Zeitschriften der Zwischenkriegszeit bibliografisch sorgfältig ausgewertet, meine ausgiebigen Recherchen auf der einschlägigen Homepage der *Österreichischen Nationalbibliothek* namens *anno* haben ebenfalls keine weiteren

Funde zu Tage gefördert. Die Hinweise der *Neuen Freien Presse* auf weitere Texte der Autorin scheinen ebenso wenig glaubhaft, wie die Behauptung, *Die Insel der Diana*, der über 400 Seiten umfasst, wäre in der *Neuen Freien Presse* als Fortsetzungsroman abgedruckt worden. Auch unter dem Pseudonym, das ihr mehrere Lexika zuschreiben, waren keinerlei Texte auffindbar.

Dass wir den vorliegenden Band mit der Genrebezeichnung ‚Novellen' versehen, ist natürlich ein der bedingten Knappheit geschuldeter Kompromiss, wobei man die Erzählung *Der Zauberlehrling* aufgrund der motivischen Rekurrenzen durchaus auch als – etwas längere – Künstlernovelle bezeichnen könnte. Möglicherweise hat sich Karlweis gescheut, diesen Begriff, der in der zweiten Hälfte des 19. Jahrhunderts eine besondere Konjunktur entfaltete und dadurch einer ästhetischen Abnützung unterworfen war, für ihren ersten publizierten Prosatext zu bemühen, während Thomas Mann seinen, ebenfalls 1912 erschienenen *Tod in Venedig* dezidiert noch als Novelle bezeichnete.

Der Zauberlehrling gelangt zuerst im Herbst 1912 – Marta Karlweis zählte damals gerademal 23 Jahre – in den *Süddeutschen Monatsheften* in mehreren Fortsetzungen zum Abdruck, und ein Jahr darauf erschien im selben Verlag eine Buchausgabe. Die Hauptfigur namens Georg Hübner durchlebt gerade sein 30. Jahr, er scheint dem wohlsituierten Wiener bildungsbürgerlichen Milieu zu entstammen. Sein Onkel Heinrich, der auch die Rolle eines Vormundes einnahm, ist ein angesehener Mediziner und wohnt im ersten Bezirk in der Nähe des Stephansdoms, ein weiterer Onkel ist in Linz Rechtsanwalt. Auch Georg hatte offensichtlich eine juristische Ausbildung genossen, er übt aber keinen entsprechenden Beruf als Anwalt oder Richter aus, sondern ist nicht nur in der künstlerischen Boheme der Caféhausliteraten ein angesehener Dichter, auch in den bürgerlichen Salons schätzt man seine Fabulier- und Erzählkunst. Im Gegensatz zu seinen Onkeln bewohnt er in Untermiete ein bescheidenes Mansardenzimmer, in dem noch im Spätsommer brütende Hitze herrscht – und hier setzt die Erzählung ein, deren Titel sich natürlich auf Goethes berühmte Ballade bezieht, aus der einige Male wenige Verse zitiert werden. Damit ist letztlich auch die wenig tröstliche Finalisierung vorweggenommen. Der als Zauberlehrling apostrophierte Protagonist scheitert sowohl menschlich als auch im entscheidenden Augenblick als Künstler, als Erzähler.

Katharina Steinbach, auch Kitty genannt, ist zu Besuch bei Georg. In diesem stickigen Mansardenzimmer kommt es – trotz beharrlichen Widerstandes der Fünfundzwanzigjährigen – zum Beischlaf. Georg versucht daraufhin, seine Schuldgefühle zu ersticken. Er geht nach diesem Liebesabenteuer noch spät in das Café Central, in dem sich die künstlerische Boheme der Hauptstadt versammelt, u. a. der aus Bayern stammende Maler Seydler, mit dem Georg befreundet ist, der tschechische Komponist Wondratschek, der Anarchist Sauermann, der Schauspieler Lenk usf. Kunst, Kulturkritik und die auch von Otto Weininger inspirierten Debatten über Frauen sind die Gegenstände hitziger Auseinandersetzungen, die Georg mit dem zurückhaltenden Seydler dann enerviert wieder quittiert.

Tags darauf bummelt er durch die Innenstadt und trifft wieder auf Katharina mit ihrer bedeutend jüngeren Schwester Elisabeth, die ihn so nebenher eben als ‚Zauberlehrling' bezeichnet. Ohne sich darüber klar zu werden, fühlen sich die beiden – trotz des beträchtlichen Altersunterschiedes – voneinander angezogen. Dieses erst siebzehnjährige Mädchen mit schwarzen Locken – ihre ältere Schwester Katharina hat rote Haare – ist ungemein spontan und erfrischend aufrichtig. Sie leidet allerdings an einem ausgeprägten Helfersyndrom und meint, alle größeren und kleineren Kalamitäten ihrer Freundinnen bereinigen zu müssen. Ihrem psychologischen Scharfsinn entgeht auch nicht das abgrundtiefe Leiden Georgs an seiner Beziehungsunfähigkeit und Einsamkeit, das sich auch in seinen erzählerischen Impromptus manifestiert. Als er einmal eine Gespenstergeschichte zum Besten gibt, sei er ganz bleich geworden und den Schrecken, den seine Erzählung in ihm selbst hergerufen hätte, den ganzen Abend nicht mehr losgeworden, bis ein Zuhörer „mit einem dummen Witz" die unerträgliche Spannung löst; dieser erinnert eben an die Geister, die man nicht mehr loswerde. Mit dieser etwas vordergründigen Erklärung Elisabeths gibt sich Georg erleichtert zufrieden. Elisabeth hat überdies eine Abneigung gegen die Gesellschaft der Schauspieler und Künstler, für die ihre Schwester und ihre Mutter schwärmen, denn gerade arrivierte Künstler mutierten rasch zu unerträglichen Spießern. Sie lädt Georg zu einem Kostümfest ein, das ihre Mutter in ihrer geräumigen Wohnung in der Wohllebengasse auf der Wieden veranstaltet.

Georg trifft bei seinem alten Onkel Heinrich auch dessen Schwager Leopold. Die beiden alten Herren, zwei enttäuschte Liberale, lassen an der heutigen Jugend, besonders wegen ihrer angeblichen Disziplinlosigkeit kein gutes Haar, sodass der Neffe nach einem üppigen Mittagsmahl das Weite sucht. Zufällig trifft Georg den Maler Seydler, der ihn nach Hause begleitet und ein Porträt von ihm anfertigt. Während er zeichnet, äußert er sich ziemlich schonungslos und kritisch über die „Lebenskomödie" seines Freundes.

Tags darauf suchen die beiden das Kostümfest bei den Steinbachs auf. Georg maskiert sich als Werther, wodurch seine Zuneigung zu Elisabeth, die auch Lotte gerufen wird, unter einem unheilvollen Stern zu stehen. Sie gemahnt ihn an die Anadyomene, die aus dem Meer entsteigende Venus, die er aber mit einem Madonnenbild aus einer venezianischen Kirche assoziiert. Damit verschränkt er erotisches Begehren und sakrale Verehrung.

In dem bunten unterhaltsamen Treiben im Garten, das sich am späten Abend in die Wohnung verlagert, bei Tanz und dionysischer Ausgelassenheit – „jeder Körper ein Schrei" – fühlt er sich unbehaglich. Mit Erbitterung beobachtet er die ungestümen Avancen des Dr. Karinski, der Elisabeth richtiggehend bedrängt. Katharina, die sich ihm gegenüber äußerst distanziert verhält, warnt Georg eindringlich davor, mit ihrer jüngeren Schwester eine Beziehung anzufangen.

Die Hausherrin Cäcilia lädt nun Georg ein, in der Bibliothek ein Märchen zu erzählen, wodurch Elisabeth sich die Rettung vor dem aufdringlichen Doktor und eine Klärung der emotionalen Verwirrungen zwischen ihr und Georg verspricht. Der besorgte und hellsichtige Seydler warnt allerdings seinen Freund eindringlich und vergeblich vor dem Katzenjammer, den die Erzählung hervorrufen würde.

Und in der Tat, das *Märchen von der Stille*, das Georg seinen Zuhörern zumutet, ist eine schlimme Geschichte um einen Holzfällersohn, der allein mit seiner Mutter in tiefster Abgeschiedenheit aufwächst. Bei vollkommener Stille erscheint ihm immer wieder eine weiße Fee, die seiner Mutter bei der Geburt einen Ring ausgehändigt hat, an dessen Besitz eine tödliche Bedingung geknüpft ist. Nur wer im Besitz dieses Ringes ihren Anblick ertrage, wäre zu ewiger Treue fähig. Bei seinen Streifzügen durch den Wald trifft der Junge auf ein rothaariges Mädchen, mit dem er sich verbindet, sie besteht allerdings diese fatale Probe nicht und stirbt. Er begräbt sie mit dem Ring und verlässt den Ort der Stille, zieht in die Stadt, um sich bei einem Kesselschmied zu verdingen. Er wird ein richtiggehender Unhold, heiratet die Tochter des Schmieds, er liebt seine Kinder nicht, und seine blonde Frau erkrankt tödlich vor Kummer. Er reitet in den Wald, um den Ring auszugraben und dadurch seine sterbende Frau zu retten. Aber er kehrt zu spät zurück, so das untröstliche Ende.

Georg unterbricht diese Erzählung einige Male unterbrochen, um Erläuterungen einzuflechten und seiner Erschöpfung Herr zu werden, denn das Märchen – wie überhaupt sein Schreiben – sollte Klarheit und Ordnung in seine Verwirrung bringen, während es nur blankes Entsetzen – besonders bei Elisabeth – und bei ihm selbst nur „quälende Angst und Schmerz“ hervorruft.

Georg gehört zu den „komplizierten Figuren“ – so die abschätzige Bezeichnung Seydlers – wie auch Katharina, der Verführer Karinski, der Schauspieler Lenk und die Künstlergesellschaft im Café Central. Georg ist letztendlich ein würdiger Nachfahre Claudios in Hugo von Hofmannsthals lyrischem Drama *Der Tor und der Tod*, der ja das Leben im emphatischen Sinn verfehlt.

Eine naiv anmutende Naturhaftigkeit zeichnet ein jugendliches Trio, den Maler Seydler und vor allem Elisabeth mit ihrer vordergründigen Simplizität und schlichten Empathie aus. Diese Figuren repräsentieren die „neue Jugend“, die – so darf man folgern – die Stille ertragen könnte, Gegenentwurf zu einer inhumanen, entfremdeten Gesellschaft.

Karlweis stellt in ihrer ersten Erzählung ihre sprachliche Meisterschaft in der Darstellung komplexer psychischer Zustände ihrer Figuren unter Beweis, geradezu auf atemberaubende Weise gelingen ihr die Naturschilderungen besonders im Anti-Märchen, dessen Ton sie bestens trifft, ohne in eine archaisierende Epigonalität zu verfallen. Die junge Autorin flicht literarische Zitate und biblische Mythen mit Unaufdringlichkeit und Eleganz ein, um gleichsam en passant über die letzten Dinge menschlichen Lebens zu räsonieren. Ganz diskret eignet sie sich Stefan Georges berühmtes Gedicht *komm in den todgesagten park und schau* an, um die späten Rosen im Garten der Steinbachs zu schildern. Worauf sie zurecht in späteren Texten verzichten wird, das sind die manchmal etwas langatmig anmutenden kritischen Perorationen gerade der alten Herren, die dann einer angemessenen Pointierung und Verknappung weichen.

In vielen österreichischen Zeitungen wird auf das erzählerische Debüt Marta Karlweis' in den *Süddeutschen Monatsheften* hingewiesen, immer mit der Erinnerung an den damals immer noch populären Vater. Eine einzige ausführliche Rezension konnte aufgefunden werden, nämlich aus der Feder von Vinzenz Chiavacci, dem Mitherausgeber der ersten großen Nestroy-Ausgabe, der mit dem Vater der Autorin eng befreundet war: „Marta Karlweis [...] geht in dem vorliegenden Werke allerdings ganz andere Wege als ihr Vater. Während dieser, ohne sich den modernen Strömungen zu verschließen, noch mit allen Fasern seines Herzens an seiner Zeit hing, steht die Tochter hellseherisch mitten in der Welt der modernen Jugend. Mit kühnem, schonungslosem Griff reißt sie die Decke, die wir mit einem falschen Wort Kultur genannt, von ihren Menschen weg und zeigt uns den fieberhaft pulsierenden Mechanismus des Innenlebens der jungen Leute von jetzt. Ein wildes Stürmen und Drängen im Werdedrang nach großen Taten und brünstiges Verlangen nach wildem Lebensgenuß durchkreuzen sich fortwährend in diesem Hexenkessel der Leidenschaft. Im Café Central wird uns diese Gesellschaft von unfertigen Menschen mit ungestümem Wollen und unzureichendem Können vorgeführt. In ihrem Mittelpunkt steht der junge Doktor Georg Hübner, ein neurasthenischer Stürmer, dessen Innenwelt fortwährend mit großen Plänen und unzähmbaren Begierden erfüllt ist. Die Sinfonie des Lebens wird von schrillen Tönen der Leidenschaft verzerrt. Ihre tobenden Seelen, die sich in tollem Wirbeltanz ungebändigter Triebe streiten und lieben, sich suchen und meiden, können den Ausweg aus den Irrpfaden des Lebens nicht finden. [...] Die Erzählung schließt mit einem stimmungsvollen Märchen, in dem der Held ein verschleiertes Bild seines eigenen Ringens und Kämpfens bietet.

Die Verfasserin hat den Mut, mit den üblichen Überlieferungen zu brechen und uns ein unverschleiertes Bild der inneren Kämpfe und Widersprüche der modernen Jugend zu bieten. Wir suchen vergeblich nach üblichen Beigaben von Sentimentalität und lyrischen Stimmungsbildern; dafür erscheint uns das Innenleben um so plastischer. Der Held selber hofft auf eine bessere Zukunft und hofft auf das kommende Geschlecht: ‚Es ist kein Halt da', sagt er zu seiner Kaffeehausgesellschaft. ‚Der Zweifel hat alles aufgefressen, was Tradition hieß. Gemeinsinn entpuppt sich als Parteilichkeit und Eigennutz, Religion als Muckerei und Geschäft. Wir erschrecken. Chaos ist in uns. Wäre plötzlich Stille um uns her, wir müßten an unserem inneren Getümmel zugrunde gehen.'

Das Buch zeigt uns ein Bild moderner Gesellschaftszustände, das uns manchmal erschreckt, aber dessen innere Wahrheit uns durch die Kunst der Darstellung eindringlich vor die Augen tritt."[61]

***

Ob nun Karlweis die beiden in der *Neuen Freien Presse* 1925 und 1935 abgedruckten Texte *Die Uhr auf dem Fenstersims* und *Die Geschichte einer kärntnerischen Baronin* selbst als ‚Novellen' bezeichnet hat oder ob die Gattungsbezeichnungen von der Redaktion herrühren, entzieht sich unserer Kenntnis. Dass ein Zusammenhang zwischen den beiden Novellen besteht, ist offensichtlich. Beide Male tritt als eine der zentralen Figuren die gealterte Offizierswitwe von Pachofen auf, die ein landwirtschaftliches Gut bei Dürnstein in der Wachau betreibt und mit fester Hand ihren „Weiberstaat“ regiert, denn auf ihrem Gut arbeiten nur Frauen. Ihr Name ist natürlich mit Bedacht gewählt, wer dächte da nicht an Johann Jacob Bachofens *Das Mutterrecht. Eine Untersuchung über die Gynaikokratie der alten Welt nach ihrer religiösen und rechtlichen Natur* (1861). Diese resolute Matrone, die nicht vor harter Feldarbeit zurückschreckt, unterstützt ihre unglückliche Nichte Luisa darin, ihre Eheprobleme – ihr Mann hat eine Geliebte und sie selbst eine kurze, aber leidenschaftliche Beziehung zu einem Maler – zu lösen, es kommt letztendlich zur Aussöhnung mit ihrem Mann.

In der zweiten Novelle schlüpft Pachofen in die Rolle der Erzählerin, die ihren, vor allem jungen Freunden *Die Geschichte einer kärntnerischen Baronin* zum Besten gibt. Sie bemüht sich, die ideologischen Spannungen unter ihren zahlreichen, meist jungen Gästen zu vermindern und Duldsamkeit und Nachsicht zu vermitteln und in ihrem Salon die erhitzten Gemüter bei Spiel, Musik und künstlerischen Diskussionen zu beruhigen.

Ihre Erzählung scheint ein abschreckendes Exempel für die Konsequenzen eines pathologischen Hasses zu sein. Darin gibt es allerdings einige Inkonsistenzen in Bezug auf die beiden Jagdgehilfen des Barons Trautenberg. Die beiden heißen sinnigerweise Josef Robas, sodass der eine der schwarze und der andere der weiße Robas genannt wird. Am Ende der höchst dramatischen Geschichte, in der die herzensgute Baronin einer Vergiftung zum Opfer fällt, bricht der Text abrupt ab, die

Erzählerin und ihre Gäste kommen nicht mehr zu Wort, um über dieses letale Ende gemeinsam zu räsonieren. Man darf vermuten, dass gerade diese knappe Novelle einem größeren Zusammenhang, den vorerst nur die Figur der Generalin Pachofen stiftet, entnommen ist, der uns nicht bekannt ist. Aber vielleicht – und das ist zu hoffen – taucht doch noch einmal der Nachlass der Marta Karlweis auf.

***

Nachdem die erste Fortsetzung der Novelle *Die Uhr auf dem Fenstersims* erschienen war, stellt die *Neue Freie Presse* das bisherige Gesamtwerk der mittlerweile 36jährigen Wiener Autorin den Lesern vor:

„Wir haben mit der Veröffentlichung einer neuen Novelle der jungen, aber über die Heimatgrenzen hinaus, auch im Reich sehr bekannten und geschätzten österreichischen Erzählerin Marta Karlweis begonnen. Marta Karlweis, eine Tochter des unvergessenen Komödiendichters C. Karlweis [...] ist auch den Lesern der *Neuen Freien Presse* längst keine Unbekannte mehr. Sie hat mit ihren ersten Erzählungen in unserem Blatte debütiert und darin sogleich ihre Kenntnis des wienerisch-gesellschaftlichen Milieus, die Klugheit und Feinheit ihrer seelischen Analyse, eine nicht alltägliche Gabe eindringlicher Menschenschilderung erwiesen. Seit diesen Anfängen ist die Dichterin wesentlich gewachsen. Sie gehört zur jungen Erzählergeneration; so hat sie von der väterlichen, behaglichen Art nur die Natürlichkeit und den lebendigen Sinn für plastische Formung übernommen. Ihre Wege und Ziele sind andere, durchaus moderne. Glanz und Farbigkeit zeichnen ihre Darstellung aus; ihre Landschaft- und Seelenschilderung ist durch eigentümliche Verfeinerung, durch jenen Pointilismus gekennzeichnet, den sie außerordentlich beherrscht. In dieser Richtung war ihr erster großer gesellschaftlicher Roman *Die Insel der Diana*, der der sehr begabten Erstlingserzählung *Der Zauberlehrling* folgte. Ein phantastisch veristischer Roman, der, wie die meisten Erzählungen der Dichterin, ein Frauenschicksal in lebendigen Farben vor uns erstehen läßt. In lebenden Farben tritt auch die landschaftliche Umrahmung der Insel Brioni, auf der sich diese Vorgänge ereignen, gleichsam selbst mitwirkend, in die Erscheinung: die Meeresstimmungen sind hier mit nicht geringer Kunst festgehalten. Ein bedeutender Wurf gelang der Erzählerin mit dem Roman *Das Gastmahl auf Dubrowitza*. Eine historische Studie aus der Zeit der großen Katharina von Rußland und ihres Günstlings Potemkin, dessen berühmte Dörfer an dem Leser phantastisch vorübergaukeln. Ein Roman, gleicherweise durch die Lebhaftigkeit des Kolorits wie durch historische Treue fesselnd. In der neuen Novelle von Marta Karlweis, die jetzt in unserem Blatte zur Veröffentlichung gelangt, hat sie sich wieder auf ihr Lieblingsgebiet, auf die Schilderung der Wiener mondainen Kreise und der seelischen Krisen darin begeben. Ein Künstler- und ein Frauenschicksal entwickelt sich hier, mit feinfühligem Verstehen erfaßt, mit voller Beherrschung alles Technischen wiedergegeben. Wir hoffen, mit diesem Werke, das alle Vorzüge der Erzählerin Martha Karlweis in sich vereint, den Lesern eine wertvolle Gabe zu bieten.“[62]

Etwas knapper fällt die Ankündigung der *Geschichte einer kärntnerischen Baronin* in der *Neuen Freien Presse* aus: „Die Autorin hat sich durch eine Reihe aus dem Boden Wiens und der weiteren österreichischen Heimat gewachsener Novellen und Romane, besonders durch den *Österreichischen Don Juan* und durch die in unserem Blatt erschienenen Wiener Gesellschaftsromane *Schwindel* und *Die Insel der Diana*, als Erzählerin von Kraft und Eigenart erwiesen.

Die neue Novelle, die wir unseren Lesern darbieten, ist von starker Handlungs- und psychologischer Spannung. Man wird mit regster Teilnahme den äußeren und seelischen Erlebnissen der eigenwilligen Frau folgen, die aus Güte und verstehendem Mitleid im Gebirge das Opfer eines Verbrechens ward.“[63]

***

Offensichtliche Druckfehler in den Vorlagen wurden stillschweigend bereinigt, die Zeichensetzung behutsam aktualisiert, ohne sie aber den heutigen Gepflogenheiten völlig anzupassen, unterschiedlich geschriebene Namen vereinheitlicht (z.B.: Trautberg und Trautenberg, Dürnstein und Dürrenstein usf.). In Besprechungen wird der Vorname der Autorin durchgehend mit ‚th' geschrieben, auch dies wurde durchgehend korrigiert und Werktitel in den Zitaten kursiv gesetzt.

Meiner Kollegin am Institut für Germanistik, Kira Kaufmann, danke ich für die Korrekturlektüre der Primärtexte und zahlreiche Hinweise, Albert C. Eibl für sein außerordentliches verlegerisches Engagement.

Anmerkungen

1 *Die Neue Freie Presse* vom 24. 4. 1935 verweist auf Vorabdrucke der Romane *Die Insel der Diana* (nicht eruiert) und *Schwindel* (ab dem 13. 12. 1930).

2 Arthur Schnitzler: *Tagebuch 1927–1930.* Wien: ÖAW 1997, S. 296. Weitere Zitate aus Schnitzlers Tagebüchern nur mit Datumsangabe.

3 Marta Karlweis: *Jakob Wassermann. Bild, Kampf und Werk.* Geleitwort v. Thomas Mann. Amsterdam: Querido Verlag 1935.

4 Vgl. Viktor Suchy: *Die Nicht-Heimgeholten. Zur Situation der Exil-Literatur in Österreich* (1975). In: Ders.: *Studien zur österreichischen Literatur.* Zum 80. Geb. hrsg. v. Heinz Lunzer. Wien 1992, S. 161–166.

5 Renate Wall: *Lexikon deutschsprachiger Schriftstellerinnen im Exil 1933–1945.* Freiburg: Kore Verl. 1995, S. 168.

6 Sarah Sabine Painitz: *An Austria Apart: Society and Subversion in the Work of Mela Hartwig, Marta Karlweis, and Veza Canetti.* University of Virginia 2007.

7 Brigitte Spreitzer: *Texturen. Die österreichische Moderne der Frauen.* Wien: Passagen-Verl. 1999, S. 171–180 und S. 205–219.

8 Eugen Banauch: *Fluid exile. Jewish exile writers in Canada 1940–2006.* Heidelberg: Winter 2009.

9 Marta Karlweis-Wassermann: *Zum Geleit.* In: Anton Frisch: *Steine aus Kanada. Deutsche Gedichte.* Wien: Kuno Hoynigg 1952, S. 7–13.

10 Marta Wassermann: *Zur Frage der Postpartum Neurose.* In: Psyche, Jg. 11 (1957), Heft 2, S. 140–155.

11 In: *Deutschsprachige Exilliteratur seit 1933.* Hrsg. v. John Spalek u. Joseph Strelka. Bern: Francke Verl. 1989, Bd. 2, S. 1202-1256.

12 Vgl. Paul Wiegler: *Geschichte der deutschen Literatur.* 2 Bde. Berlin: Ullstein 1930, S. 857.: Karlweis geleite den Helden ihres Romans *Ein österreichischer Don Juan* zu einem bizarren Finale. – Heidemarie Soltau: *Die Anstrengungen des Aufbruchs. Romanautorinnen und ihre Heldinnen in der Weimarer Zeit* In: Gisela Brinker- Gabler: *Deutsche Literatur von Frauen.* 2 Bde. München: C. H. Beck 1988, Bd. 2, S. 200–234. Karlweis gestehe ihren Protagonistinnen „sinnliche Leidenschaft" (S. 223) zu; dieselbe Formulierung findet sich schon in Soltaus Beitrag *Moderne Heldinnen. Frauenlektüre als Spiegel weiblichen Seins.* In: Kristine von Soden, Manuta Schmidt (Hrsg.): *Neue Frauen. Die zwanziger Jahre.* Berlin: Elefanten Press 1988, S. 20–23.

13 Felix Czeike: *Historisches Lexikon Wien in 5 Bänden.* Wien: Kremayr und Scheriau 1994. Czeike verzeichnet Carl Karlweis und dessen Sohn Oskar. (Bd. 3, S. 451). Im Eintrag zu Jakob Wassermann ist das Jahr der Ehescheidung (1915) von seiner ersten Frau Julie Speyer-Wassermann falsch. (Bd. 5, S. 591).

14 *Anzeiger für den Buch-, Kunst- und Musikalienhandel* 71/48 (28. 11. 1930), S. 316f. Für den Hinweis danke ich Aneta Jachimowicz.

15 Zit. n. Marta Karlweis: *Ein österreichischer Don Juan.* Hrsg. v. J. Sonnleitner. Wien: DVB Verl. 2015, S. 232ff.

16 Anna Staudacher: *Jüdisch-protestantische Konvertiten in Wien 1782–1914*. Frankfurt am Main u.a.: P. Lang 2004, Bd 2, S. 774.

17 Marta Karlweis: *Eugenie Schwarzwald und ihr Werk*. In. *Neue Freie Presse* am 8.12.1926, S. 10.

18 Karlweis' Antwort auf die Umfrage: *Die Bilanz der Frauenbewegung*. In: *Die literarische Welt*, 8. Jg., Nr. 10 (4. 3. 1932), S. 3.

19 Schnitzler vermerkt im Tagebuch am 19. 8. 1912 ein Zusammentreffen mit der Familie Stross mit Kindern auf der istrischen Insel Cronghera. Sowohl die Familie Schnitzler mit Kindern als auch der Direktor Walther Stross mit Gattin aus Liebauthal werden auf der *Kurliste der Brioni-Insel-Zeitung* im August 1912 angeführt.

20 Marta Karlweis: *Der Zauberlehrling*. Eine Erzählung. München: Süddeutsche Monatshefte 1912 (Buchfassung 1913).

21 Karlweis, *Jakob Wassermann*, S. 274ff.

22 *Der Humorist* vom 21. 10. 2013 (Beilage zur Nr. 30).

23 *Das literarische Echo. Halbmonatsschrift für Literaturfreunde* 16. Jahrg (Okt. 1913–Okt. 1914), S. 255f.

24 Zu den pekuniären Aspekten der Scheidung vgl. Beatrix Müller-Kampel: *Jakob Wassermann (1873–1934) im literarischen Feld seiner Zeit*. In: *Internationales Archiv für Sozialgeschichte der deutschen Literatur* 30 (2005), 1, 214–243.

25 Vgl. Iris Meder: *Jakob Wassermann, Oskar Strnad und Paul Schulze-Naumburg*. In: Elana Shapira (Hrsg.): *Design Dialogue: Jews, Culture and Viennese Modernism. Design Dialog: Juden, Kultur und Wiener Moderne.*

Wien u. a: Böhlau 2018, S. 427–442.

26 Zit. nach: *Berliner Begegnungen. Ausländische Künstler in Berlin 1918–1933. Aufsätze – Bilder – Dokumente.* Hrsg. v. Klaus Kändler, Helga Karolewski u. Ilse Siebert. Berlin: Dietz Verl. 1987, S. 251 (ED in *Sinn und Form* 1983, H. 2., S. 314ff.)

27 Schnitzler, *Tagebücher*, 6. 8. 1916

28 Schnitzler, *Tagebücher*, 27. 8. 1916,

29 Schnitzler, *Tagebücher*, 11. 5. 1917,

30 Schnitzler, *Tagebücher*, 17. 8. 1916

31 Schnitzler, *Tagebücher*, 27. 8. 1921.

32 Schnitzler, *Tagebücher*, 25. 9. 1921.

33 Z.B. am 7. 9. 1926 im *Neuen Wiener Tagblatt*, S. 13.

34 Julie Wassermann-Speyer: *Das lebendige Herz. Roman einer Ehe.* Leipzig: Bücherlese-Verlag [1927].

35 Börsenblatt des deutschen Buchhandels Nr. 280 (2. 12. 1927): „Mit diesem Roman tritt die noch wenig bekannte Wiener Schriftstellerin vornehm, still und doch gebietend an die Seite ihres früheren Gatten Jakob Wassermann, ihm ebenbürtig zumindest in dem lauteren Bemühen um die Wahrheit und den letzten Sinn der Beziehungen zwischen zwei Menschen. Sie schildert den Zerfall einer Künstlerehe, wie ein führender Geist durch äußere Umstände, Zufälligkeiten, zweckvolles Spiel einer anderen Frau von seiner Familie getrennt wird. Inmitten dieser Seelenkämpfe wächst die Gestalt der ersten Frau zu einer unvergeßlichen Hoheit. Daß sich die Verlassene das Bild des großen schaffenden Mannes trotz aller Irrnisse und Wirrnisse rein erhält, zeugt von der Kraft ihres lebendigen Herzens. Sie, die Mütterliche, hingebend Lie-

bende baut aus den Trümmern der Ehe einen Tempel auf, in dem sie treu und opferbereit ‚die heilige Flamme' hütet, die ein Gott den Menschen gegeben hat."

36 Schnitzler, *Tagebücher*, 21. 5. 1927.

37 Jakob Wassermann: *Joseph Kerkhoven dritte Existenz.* Amsterdam: Querido 1934, S. 181 und 191.

38 Vgl. Bettina Fraisl: *Das Tier in ihr – Körper, Natur und Geschlecht in Marta Karlweis' Roman ‚Die Insel der Diana'*.Http://www-gewi.uni-graz.at/moderne/-heft8f. htm.

39 Schnitzler, *Tagebücher*, 15. 5. und 31. 5. 1919

40 In: *Neues Wiener Tagblatt*, 22. 6. 1919, S. 15.

41 In: *Neue Rundschau* (1919), II, S. 1401–1404.

42 In: *Das literarische Echo* 22 (1919/1920) Sp. 593–599.

43 Vgl. Kurt Wolff: *Briefe eines Verlegers 1911–1963*. Hrsg. v. Bernhard Zeller u. Ellen Otten. Frankfurt u.a.: Büchergilde Gutenberg o. J. (Lizenzausg. H. Scheffler, Frankfurt 1966), S. 591.

44 In: *Neues Wiener Tagblatt* (Abendblatt) 13. 9. 1921, S. 44.

45 Vgl. Katharina Hilbrand: *Charles Wassermann (1924–1978*). Leben und Werk. Graz: Diplomarbeit 2013

46 Marta Karlweis: *Eine Frau reist durch Amerika.* M. e. Vorbemerkung v. Jakob Wassermann. Berlin: S. Fischer 1928. Lediglich die Novelle *Die Uhr auf dem Fenstersims* hat sie im Februar 1925 in der Neuen Freien Presse in zwölf Fortsetzungen publiziert.

47 Marta Karlweis: *Amor und Psyche auf Reisen.* Roman. M. e. Begleitwort v. Jakob Wassermann. Berlin: Volksverband der Bücherfreunde im Wegweiser-Verl. 1928.

48 Oskar Loerke: *Der Bücherkarren. Besprechungen im*

Berliner Börsen-Courier 1920–1928. Hrsg. v. H. Kasack. Heidelberg, Darmstadt: Lambert Schneider 1965, S. 408.

49 Vgl. dazu mein Nachwort zur Neuausgabe des Romans *Ein österreichischer Don Juan*. Wien: DVB Verlag 2015, S. 241–265.

50 Marta Karlweis-Wassermann: *Zum Geleit*. In: Anton Frisch: *Steine aus Kanada. Deutsche Gedichte.* Wien: Kuno Hoynigg 1952, S. 7-13.

51 Vgl. *Wiener Sonn- und Montagszeitung,* 24. 6. 1935

52 Diese Beiträge finden sich in der *Basler National-Zeitung* am 18. 9. 1936, am 9. 3. 1937 und am 4. 7. 1937.

53 Elias Canetti: *Das Augenspiel. Lebensgeschichte 1931–1937.* München: Hanser 1985, S. 210f.

54 Thomas Mann: *Tagebücher 1935–1936.* Hrsg. v. Peter de Mendelssohn. Frankfurt S. Fischer 1978, Eintrag vom 29. 1. 1935.

55 Ebenda, Eintrag vom 25. 3.1936.

56 Rudolf J. Humm: *Bei uns im Rabenhaus. Aus dem literarischen Zürich der Dreissigerjahre.* Zürich, Stuttgart: Fretz & Wasmuth Verlag 1963, S. 41f.

57 Wassermann, *Kerkhoven,* S. 641.

58 Vgl. Hilbrand, *Wassermann*, S. 16ff.

59 Vgl. Gürttler, S. 1246.

60 Alois Mayrhuber: *Künstler im Ausseerland.* Graz. Styria 1995, S. 83.

61 Vinzenz Chiavacci in: *Österreichsche Rundschau* 34 (1913), S. 244

62 *Neue Freie Presse* am 13. 2. 1925, S. 6.

63 *Neue Freie Presse* am 24. 4. 1935, S. 5.

Drucknachweise

Der Zauberlehrling. Eine Erzählung.

Erstdruck in: *Süddeutsche Monatshefte*, 9. Jahrg., 2. Bd April-Sept. 1912), S. 137-153, S. 288-309, S. 431-469. Erste Buchfassung: München: Süddeutsche Monatshefte 1913, 148 S.

Die Uhr auf dem Fenstersims. Eine Novelle.

Erstdruck 1925 in: *Neue Freie Presse.* Morgenblatt. Chronikbeilage in 12 Fortsetzungen am 12. 2., S. 12; 14. 2., S. 11; 15. 2., S. 26; 17 .2., S. 16; 18. 2., S. 11; 19. 2., S. 10; 20. 2., S. 23; 21. 2., S. 10; 22. 2., S. 26; 24. 2., S. 18; 25. 2., S. 11; 26.2., S. 11-12.

Die Geschichte einer kärntnerischen Baronin. Novelle.

Erstdruck in: *Neue Freie Presse* 24. 4. 1935, S. 5 (Ankündigung); S. 10 (Beginn); 25. 4. 1935, S. 15 (erste Fortsetzung); 26. 4. 1935, S. 10 (Schluß).

WEITERE ENTDECKUNGEN

IM VERLAG

DAS VERGESSENE BUCH

Carl Laszlo (1923–2013)

FERIEN AM WALDSEE

März 1944. Die deutsche Wehrmacht besetzt Ungarn. Als Jude wird der gerademal 20-jährige Carl Laszlo mit seiner gesamten Familie aus seiner Heimatstadt Pécs (Fünfkirchen) nach Auschwitz-Birkenau deportiert. 45 seiner Familienmitglieder werden sofort bei ihrer Ankunft in den Gaskammern ermordet. Der junge Mann übersteht eine erste Selektion durch Dr. Josef Mengele. Doch Auschwitz ist erst der Anfang. Bis zu seiner Befreiung durch heranrückende sowjetische Truppen im Frühjahr 1945 durchlebt Laszlo die Hölle der nationalsozialistischen KZ-Vernichtungsmaschinerie in vier weiteren Todeslagern: Sachsenhausen, Buchenwald, Ohrdruf und Theresienstadt. Der 1955 erstmals unter dem düster-ironischen Titel *Ferien am Waldsee* publizierte und seitdem zu Unrecht in Vergessenheit geratene fiktionalisierte Überlebensbericht des später in Basel und darüber hinaus weithin bekannten Kunstsammlers, Schriftstellers und Psychoanalytikers Carl Laszlo ist eines der frühesten literarischen Zeugnisse des Holocaust – und ein seltenes Dokument der ästhetischen Bewältigung des letztlich unsagbar bleibenden Grauens.

„Ein großer Text, ein zeithistorisches Zeugnis.“

– Alex Rühle, **Süddeutsche Zeitung**

Mit einem Nachwort zu Leben und Werk Carl Laszlos von ALEXANDER VON SCHÖNBURG

Maria Lazar (1895–1948)

LEBEN VERBOTEN!

Berlin 1931. Es hat sich ausgetanzt. Die Roaring Twenties sind vorbei. Die Weltwirtschaftskrise hat die Bürger fest im Griff. Ernst von Ufermann, Partner eines angesehenen Berliner Bankhauses, steht kurz vor dem Bankrott. Auf dem Weg zum Flughafen werden ihm seine Papiere gestohlen. Das Flugzeug fliegt ohne ihn los. Als es kurz nach dem Start abstürzt, glaubt alle Welt, dass auch er unter den Opfern ist. Ufermann packt die Gelegenheit beim Schopf. Im Dienst einer jungen nationalsozialistischen Gruppierung nimmt er eine neue Identität an und taucht alsbald in Wien unter. Seine hübsche Ehefrau, die schon lange eine geheime Affäre mit Ufermanns Kompagnon unterhält, streicht derweil die exorbitante Lebensversicherungssumme ihres Mannes ein. Ein rasantes Katz- und Mausspiel um Verrat und Lüge beginnt, bei dem nur eines sicher zu sein scheint: Für Ufermann bleibt das Leben verboten.

„Schnelle Szenenwechsel, temperamentvolle Dialoge und eine hämmernde Sprache, die an Slapstick erinnert und den Sarkasmus von Karl Kraus, machen ‚Leben verboten!' zu einem einzigartigen Zeitroman. Nach ‚Babylon Berlin' könnte man sich vorstellen, dass sogar eine Verfilmung erfolgreich wäre."

– Andrea Seibel, **DIE WELT**

„Eine todtraurige, wahnsinnig komische und äußerst unterhaltsame literarische Entdeckung."

– Denis Scheck im **SWR2 lesenswert Quartett**

DIE VERGIFTUNG

Maria Lazars expressionistischer Erstlingsroman ist eine faszinierende Mischung aus Sittenroman und autobiographischer Familiengeschichte. Zugleich ist es eine Tour de Force literarischer Selbstbehauptung. In dreizehn, zyklisch angeordneten Kapiteln umkreist das Werk das Leben der zwanzigjährigen Protagonistin Ruth, erzählt von ihren Ängsten, Hoffnungen und Unzulänglichkeiten, von ihrer zerstörerischen Liebe zu einem namenlosen, älteren Mann und ihrem mit brutaler Vehemenz ausgetragenen Kampf gegen die Vereinnahmungsversuche der überdominanten Mutter. Lazar schrieb ihn 1915, als sie gerademal zwanzig Jahre alt war, in einer mächtigen, vernichtenden Wendung gegen die moralisierend-restaurative Lebenswelt des Wiener Großbürgertums vor Beginn des Ersten Weltkriegs; eine Welt, die sie als das jüngste Kind einer vermögenden, jüdischen Wiener Familie bestens kannte, in der sie sich aber niemals wirklich heimisch fühlte.

„Man fragt sich, warum und wie das Werk ein Jahrhundert lang der Aufmerksamkeit entgehen konnte."

– Sandra Kerschbaumer, **Frankfurter Allgemeine Zeitung**

„Eine so eigenwillige und eine so starke Sprache hat man lange nicht mehr vernommen, [...]."

– Michael Rohrwasser, **Wiener Zeitung**

„Ein Antibürgerbuch. Ausdrucksstark, expressionistisch [...]"

– Peter Pisa, **Kurier**

DIE EINGEBORENEN VON MARIA BLUT

Österreich zu Beginn der 30er Jahre. Im beschaulichen Kurort Maria Blut beginnt es zu brodeln. Auf den Straßen, am Marktplatz und in der Kirche wird getuschelt: Hat dieser oder jener nicht eine Halbjüdin zur Mutter? In nur wenigen Monaten spitzt sich die Lage zu: Radikalisierte Männergruppen marodieren durch die Straßen und skandieren: „Heil! Heil!" Wunderheiler und falsche Propheten tauchen auf und verkünden den bevorstehenden Weltuntergang, deklassierte Adelige schimpfen auf die ‚Saurepublik', und schließlich steht auch noch die örtliche Konservenfabrik in Flammen. Klammheimlich, wie ein schleichendes Gift, breitet sich die NS-Ideologie in einem österreichischen Provinznest aus – und am Ende ist nichts mehr, wie es war.

„[...] ein trefflich böser satirischer, nun neu edierter Roman über das Heraufdämmern des Nationalsozialismus in einer kleinen österreichischen Provinzstadt."

– Franz Haas, **Neue Zürcher Zeitung**

„[...] ein kleines literarisches Wunderwerk."

– Thomas Mießgang, **DIE ZEIT**

Marta Karlweis (1889–1965)

SCHWINDEL
GESCHICHTE EINER REALITÄT

Mit ihrem letzten Roman *Schwindel*, der 1931 bei S. Fischer erscheint, zeichnet Marta Karlweis mit Verve und viel Sinn für soziale Abgründe ein erschütterndes Bild des ökonomisch deklassierten Bürgertums im noch kriegstraumatisierten Österreich der Ersten Republik. Über drei Generationen hinweg verfolgt sie das Schicksal einer höchst exemplarischen Kleinbürgerfamilie, deren ganze Existenz auf einer langen Kette aus Betrügereien zu fußen scheint. Dabei arbeitet Karlweis bewusst mit satirischen und grotesken Überzeichnungen und begründet damit eine Tradition weiblichen Schreibens, die Veza Canetti in der *Gelben Straße* aufgreift und die später bis zur Schreibpraxis der Nobelpreisträgerin Elfriede Jelinek führen wird.

„‚Schwindel' ist ein Roman von großer Wucht, vom ersten Absatz an."

– Bettina Eibel-Steiner, **Die Presse**

„Das Raffinierte am ‚Schwindel' ist, wie klug und weitsichtig Marta Karlweis das Unglück von Ungebildeten schildert."

– Hedwig Kainberger, **Salzburger Nachrichten**

„In ‚Schwindel' erzählt Marta Karlweis souverän und mit satirischer Schärfe die Verfallsgeschichte einer Familie."

– Karl Wagner, **Der Falter**

EIN ÖSTERREICHISCHER DON JUAN

Marta Karlweis' 1929 erstmals erschienener Roman entlarvt auf psychologisch raffinierte Weise die Heuchelei und moralische Doppelbödigkeit der herrschenden Schichten zur Zeit der ausgehenden Habsburgermonarchie: Der wohlhabende Wiener Baron Erwein von Raidt ist ein Frauenheld, wie er im Buche steht. Sein Verhältnis mit der schönen Witwe Löwenstein lässt er schnell fallen, als er ihrer bezaubernden 21-jährigen Tochter Cecile begegnet. Nachdem diese schwanger wird, bricht er auf der Stelle den Kontakt zu ihr ab. Um sich selbst zu schützen, verkuppelt er sie mit einem nichtsahnenden deutschen Industriellen. Als die junge Cecile endlich den wahren Charakter Erwein von Raidts durchschaut, ist sie bereits unheilbar krank. Für den einstigen skrupellosen Frauenhelden und Bonvivant vergehen die Jahre weiter mit Liebesabenteuern, Verführungen und Eroberungen – bis ihn schließlich seine letzte Geliebte verwandelt und zu ihrem hörigen Sklaven macht.

„Ebenso wie Joseph Roth gilt Karlweis' eigentliches Interesse dem Untergang der k.-u.-k.-Monarchie. Doch liegt ihr jede Nostalgie fern. Entlarvt wird eine bigotte, misogyne Operettengesellschaft."

– Florian Welle, **Süddeutsche Zeitung**

„Es ist ein Abgesang auf die vermeintlich heile Welt von gestern, den Marta Karlweis hier anstimmt – ein glänzend geschriebener, bitterböser Roman, der die Wiederentdeckung der Autorin und ihres Werks befeuern sollte."

– Michael Omasta, **Der Falter**

DAS GASTMAHL AUF DUBROWITZA

1921 erscheint im renommierten Verlag S. Fischer in Berlin Marta Karlweis' einziger historischer Roman. Das ungewöhnliche Buch behandelt die berühmte Fahrt der russischen Kaiserin Katharina der Großen durch ihr Reich. In ihrer Vorstellung sieht sie es in voller Blüte und will sich jetzt, auf dem Höhepunkt ihrer Macht, selbst ein genaues Bild davon machen. Um der Kaiserin den Reichtum und die Fortschrittlichkeit ihres Reiches vorzugaukeln, bedient sich ihr Günstling Fürst Potemkin eines perfiden Tricks. Er lässt schmucke Holzfassaden fiktiver Dörfer und Städte hinter ihr abbrechen und immer wieder neu vor ihr aufstellen, je weiter die Reise geht. Diese Maskerade lässt sich jedoch nicht ewig aufrechterhalten. Das Lebenswerk der Zarin, das ihrem Volk lang andauernden Segen und Wohlstand hätte bringen sollen, bricht irgendwann wie ein gigantisches Kartenhaus donnernd in sich zusammen.

„Marta Karlweis schreibt ohne Weichzeichner, manchmal distanziert, fast spöttisch, dann wieder mit großer Nähe zu ihren Figuren."

– Bettina Eibel-Steiner, **Die Presse**

„Ein echtes Kind seiner Zeit und des ausklingenden Expressionismus [...]"

– Franz Haas, **Literatur & Kritik**

Else Jerusalem (1876–1943)

DER HEILIGE SKARABÄUS

Bis die Gestapo ihn 1933 beim S. Fischer Verlag in Berlin beschlagnahmte und kurz darauf verbrannte, hatte der Skandalroman *Der heilige Skarabäus*, der erstmals 1909 erschienen war, bereits 22 Neuauflagen erlebt. In diesem als Unsittenroman verdammten Buch eröffnet die damals schon bekannte Verfasserin einen schonungslosen Blick auf die Vergnügungssucht und das Laster des Bürgertums im Wien des ausgehenden 19. Jahrhunderts. Anhand des buntbewegten Treibens im sogenannten „Rothaus“, das von einer üblen Absteige bald zu einem der vornehmsten und bestbesuchtesten erotischen Salons der Stadt wird, schildert sie nicht nur den Aufstieg und Untergang eines einzelnen Bordells, sondern entwirft auch gleichzeitig eine kritische wie hellsichtige Sozial- und Gesellschaftsstudie. Das ausführliche Nachwort der bekannten Germanistin Brigitte Spreitzer führt zum ersten Mal ein in Leben, Werk und Wirkung einer der umstrittensten und zugleich faszinierendsten Literatinnen der österreichischen Moderne.

„Ein Skandalroman über das Wiener Rotlichtmilieu, der kurz nach seinem Erscheinen im Jahr 1909 für Furore sorgte.“

– Anna Steinbauer, **Süddeutsche Zeitung**

„Jerusalems Text lässt sich [...] als eine Art Gegenentwurf zu einem der berühmt-berüchtigten Dirnenromane der Wiener Jahrhundertwende lesen, der 1906 anonym erschienenen Josefine Mutzenbacher.“

– Clemens Ruthner, **Der Standard**

*Alexander Pschera (*1964)*

VERGESSENE GESTEN

Das Leben konkretisiert sich in seinen Gesten. Sie sind Atem und Rhythmus der Existenz. Ein Reichtum von Gesten gibt ein volles Leben zu erkennen, umgekehrt erscheint ein gestenloses Leben stummer als stumm. Viele altbewährte Gesten, Handbewegungen, Mimiken, Gewohnheiten und Aussprüche sind im letzten Jahrhundert dem Vergessen anheimgefallen. Das liegt daran, dass unser Alltag einförmiger, monotoner und gegenstandsloser geworden ist: Wer keinen Hut hat, kann ihn nicht lüpfen, wer keine Nelken mehr pflückt, kann sie sich nicht ins Knopfloch stecken. Alexander Pschera unternimmt es in seinen weit verzweigten essayistischen Miniaturen, die schönsten Gesten des alten Kontinents vor dem Vergessen zu retten und zugleich deutlich zu machen, was noch alles mit ihnen verloren zu gehen droht.

„[...] Alexander Pschera hat gerade ein Buch über all die schönen Dinge geschrieben, die er ‚Vergessene Gesten' nennt: Zeitungsartikel ausschneiden, Urlaubsfotos einkleben, Gedichte auswendig lernen, etwas im Lexikon nachschlagen, vor sich hin pfeifen, Ansichtskarten schreiben, jemandem die Tür aufhalten [...] und vieles mehr."

– Alexander von Schönburg, **BILD am Sonntag**

„Eine[ ] Sammlung kurzer Nekrologe auf allerlei reizende Konventionen, die von der Furie des Verschwindens aus dem Alltag vertrieben werden oder bereits vertrieben worden sind."

– Michael Klonovsky, **Acta diurna**